2020年度教育部人文社会科学研究一般项目"消费者技术反应行为对颠覆性创新产生市场绩效影响机理研究"

中小企业创新生态系统构建及政策支撑体系研究

侯军利 著

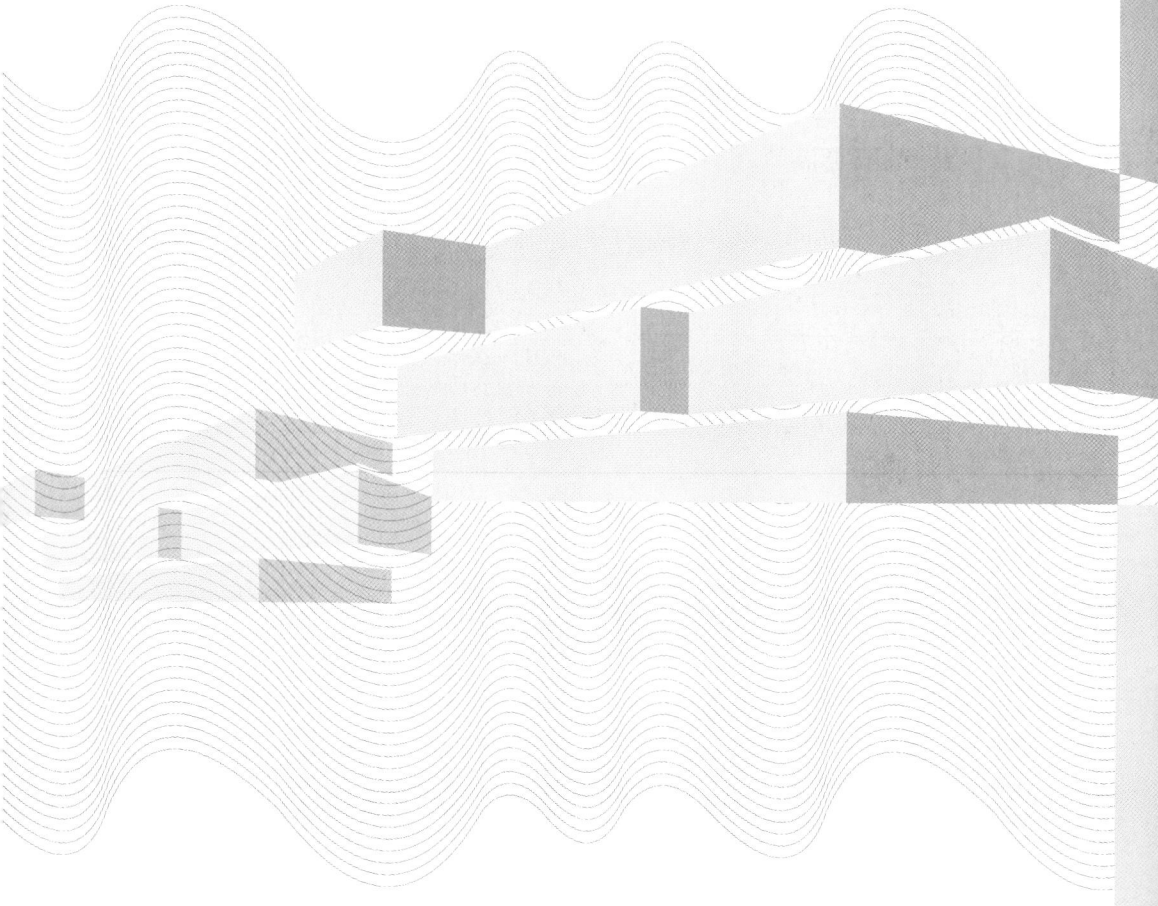

中国社会科学出版社

图书在版编目（CIP）数据

中小企业创新生态系统构建及政策支撑体系研究 / 侯军利著.
—北京：中国社会科学出版社，2020.12
ISBN 978-7-5203-8489-6

Ⅰ.①中… Ⅱ.①侯… Ⅲ.①中小企业—企业创新—研究—中国 Ⅳ.①F279.243

中国版本图书馆 CIP 数据核字（2021）第 098099 号

出 版 人	赵剑英
责任编辑	宋燕鹏
责任校对	石建国
责任印制	李寡寡

出　　版	中国社会科学出版社
社　　址	北京鼓楼西大街甲 158 号
邮　　编	100720
网　　址	http://www.csspw.cn
发 行 部	010-84083685
门 市 部	010-84029450
经　　销	新华书店及其他书店
印　　刷	北京明恒达印务有限公司
装　　订	廊坊市广阳区广增装订厂
版　　次	2020 年 12 月第 1 版
印　　次	2020 年 12 月第 1 次印刷
开　　本	710×1000　1/16
印　　张	16
字　　数	223 千字
定　　价	95.00 元

凡购买中国社会科学出版社图书，如有质量问题请与本社营销中心联系调换
电话：010-84083683
版权所有　侵权必究

前　言

创新价值链视角下企业创新行为模式演化过程是研发创新、技术创新、产品和市场创新的不同顺序演化，核心企业的创新行为模式演化具有"正向性"特征，而非核心企业的创新行为模式演化具有"逆向性"的特征。位于价值链高端的核心企业，拥有多元体系化能力，能够带动地区经济发展，支配、控制创新价值链中其他企业的创新行为模式演化。然而，创新价值链的延续与升级更取决于核心企业与非核心企业的动态博弈，即非核心企业通过自身体系化能力的提高，对创新价值链中原有核心企业实现逆向式赶超的过程。核心企业所具备的多元体系化能力是非核心企业在创新价值链中创新行为模式演化的终极目标，而非核心企业的创新行为模式演化更是创新价值链永续发展的基础。因此，本书主要研究在创新价值链视角下，非核心企业嵌入核心企业占据支配地位的创新价值链中以及其创新行为模式演化的规律及特点，希望为非核心企业的发展壮大及地区经济发展提供有力的支撑。具体研究包括：

第一，基于创新价值链视角下的体系化能力界定核心企业与非核心企业。(1) 本研究在现有学者的研究理论的基础上，以创新价值链视角出发，提出在地区性的产业集群中，任何行业都存在着自身发展的创新价值链，核心企业是位于创新价值链上游的企业，对其他下游企业具有支配和控制权力；核心企业掌握着其所在行业的优势资源、核心技术、具备多元体系化能力，同时，在其与创新价值链中其他企业进行合作的过程中，能够带动其他企业的技术提高，对其他企业具有知识溢出效应；核心企业拥有自主品牌的自主创新能力，其自主品牌产品在市场上可以保持较为稳定的优势地位。（2）非核心企业是与核心企业相对应的概念，任何产品与服务的创新都是基于创新价值链理论，即有创意的产生、转化、扩散的过程，而在此创新价值链中必有处于中下游的新兴企业、或是中小企业，或是小规模处于被领导、被支配的企业，这些企业被称为非核心企业，非核心企业的概念是局部的、有限的。同时，借助于上述核心企业的概念，相对核心企业而言，非核心企业是在创新价值链中位于中下游的企业，受核心企业的领导与支配，没有控制权，且尚未掌握其所在领域的优势资源与关键性技术，尚无自主创新能力及自主品牌，缺乏市场的核心竞争力。

第二，创新价值链中非核心企业创新行为模式演化路径研究。创新价值链（IVC）理论将创新分为"创意产生——创意转换——创意扩散"三个阶段。因此，基于创新价值链视角下企业的创新行为模式演化既受制于企业在创新价值链中的位置，同时受制于企业自身体系化能力的高低。非核心企业初期的单一体系化能力决定了其嵌入创新价值链的位置，位于创新价值链中的不同位置决定了非核心企业实现创新行为模式演化路径。对这一演化路径的分析，本研究选用了跨案例对比分析的方法，运用扎根理论、深度访谈、文本分析等方法对案例企业进行深度分析，结果表明，虽然案例企业的创新行为模式演化路径具有发散性和差异性，但其最终聚焦于研发体系化与品牌体系化能力等多元体系化能力，具有收敛性与一致性。因此，创新价值链视角下的非核心企业创新行为模式的演化路径具有单一体系化能力向多元体系化能力演化的规律性。

第三，创新价值链中非核心企业创新行为模式演化的绩效分析。基于《沈阳经济发展状况大调研（高新技术产业）调查问卷》数据，通过对1189家高技术产业的非核心企业企业家精神、知识吸收能力、外部环境以及创新行为绩效四个潜在变量的结构方程模型检验与分析，验证了企业家精神对创新绩效、知识吸收能力的正向促进作用；外部环境对知识吸收能力、企业家精神的负向作用。同时，根据所选企业的特征区分为创新型企业、技术型企业和混合型企业，并对三类企业中的企业家精神对创新绩效的影响进行了对比分析，结果发现，不同类型的企业家精神对创新绩效的影响存在差异性，不同类型的企业家精神受外部环境的影响也存在差异性。

通过对创新价值链中非核心企业创新行为模式演化的研究，一方面提出了核心企业与非核心企业的判断标准，另一方面提出了非核心企业创新行为模式的演化路径。同时，提出了非核心企业创新行为模式演化过程中的关键性要素，为全面提升非核心企业创新行为模式演化，促进非核心企业成长提供了参考性意见，具有较强的理论与实践研究价值。

目 录

第一章 绪论 ………………………………………………………（1）
 第一节 研究背景 ……………………………………………（1）
 第二节 研究意义 ……………………………………………（8）
 第三节 研究内容与创新点 …………………………………（12）
 第四节 研究方法与技术路线 ………………………………（15）
 第五节 本章小结 ……………………………………………（18）

第二章 理论研究基础 ……………………………………………（19）
 第一节 创新生态系统理论 …………………………………（19）
 第二节 产业集群理论 ………………………………………（25）
 第三节 创新价值链理论 ……………………………………（33）
 第四节 非核心企业与核心企业 ……………………………（34）
 第五节 创新价值链视角下企业创新行为模式 ……………（48）
 第六节 创新价值链视角下企业创新行为模式影响因素 ……（52）
 第七节 本章小结 ……………………………………………（60）

第三章 非核心企业创新行为模式演化的多案例分析 ………（61）
 第一节 案例选择与资料收集 ………………………………（61）
 第二节 案例企业介绍 ………………………………………（67）
 第三节 案例企业比较分析 …………………………………（76）
 第四节 非核心企业创新行为选择关键要素 ………………（87）

第五节 本章小结 ………………………………………（97）

第四章 非核心企业机会认知、行为决策与企业家
　　　　精神的文献分析 ……………………………………（98）

第一节 文献检索与分析 …………………………………（99）

第二节 可视化分析结果 …………………………………（106）

第三节 创新机会的新解读 ………………………………（111）

第四节 本章小结 …………………………………………（114）

第五章 基于案例分析的机理模型构建 ………………………（118）

第一节 差异化创新行为模式演化路径 …………………（118）

第二节 创新行为模式演化影响因素分析 ………………（123）

第三节 非核心企业创新行为模式演化机制：创新
　　　　价值链与体系化能力 ……………………………（133）

第四节 本章小结 …………………………………………（142）

第六章 非核心企业创新行为模式演化的绩效分析
　　　　——基于企业家精神视角 …………………………（143）

第一节 企业家精神与创新行为模式 ……………………（143）

第二节 研究假设提出 ……………………………………（145）

第三节 变量测度与指标设定 ……………………………（150）

第四节 研究方法与数据分析 ……………………………（156）

第五节 信度与效度检验 …………………………………（163）

第六节 结构方程模型分析 ………………………………（167）

第七节 结果分析 …………………………………………（174）

第八节 本章小结 …………………………………………（177）

第七章 培育企业家精神对非核心企业创新行为影响
　　　　——以东北地区为例 ………………………………（179）

第一节 理论模型与研究假设 ……………………………（180）

第二节 研究方法 …………………………………………（184）

第三节 实证分析 …………………………………………（188）

第四节　本章小结 ……………………………………………（192）
第八章　创新生态系统构建的政策支撑体系 ……………………（194）
　　第一节　创新要素生态环境 …………………………………（194）
　　第二节　创新要素结构优化与创新主体协同 ………………（200）
　　第三节　技术资源结构调整与产业结构 ……………………（207）
第九章　结论与展望 ………………………………………………（211）
　　第一节　研究结论 ……………………………………………（211）
　　第二节　研究不足及展望 ……………………………………（214）
附　录 ………………………………………………………………（216）
参考文献 ……………………………………………………………（223）

图表目录

图目录

图1-1　创新价值链框架……………………………………（ 4 ）
图1-2　创新价值链各阶段创新主体…………………………（ 6 ）
图1-3　论文研究框架…………………………………………（ 13 ）
图1-4　技术路线图……………………………………………（ 17 ）
图2-1　"技术——组织——机会"三维立体模型……………（ 47 ）
图2-2　创新价值链视角下核心企业—非核心企业动态变化……（ 48 ）
图2-3　创新价值链中企业创新行为模式演化………………（ 52 ）
图3-1　上海汽车集团发展历史………………………………（ 69 ）
图3-2　长城汽车集团发展历史………………………………（ 70 ）
图3-3　BYD公司发展历史 …………………………………（ 72 ）
图3-4　企业在创新价值链中的"技术"演化路径 …………（ 80 ）
图3-5　品牌技术升级匹配路径………………………………（ 86 ）
图3-6　基于技术双重属性基础上的核心技术演化…………（ 93 ）
图3-7　创新价值链下非核心企业演化路径…………………（ 96 ）
图4-1　1990—2017年文献数量变化趋势……………………（101）
图4-2　1990—2017年文献阶段性变化趋势 …………………（101）
图4-3　1990—1999年文献词云图……………………………（102）

图 4-4　2003—2008 年文献词云图 …………………………… （103）
图 4-5　2009—2011 年文献词云图 …………………………… （104）
图 4-6　2012—2014 年文献词云图 …………………………… （105）
图 4-7　2015—2017 年文献词云图 …………………………… （106）
图 4-8　不同阶段关键词频率趋势……………………………… （107）
图 4-9　文献网络关联图………………………………………… （109）
图 4-10　关键词网络关联图 …………………………………… （110）
图 4-11　创业者创业机会认知与创业行为理论模型 ………… （112）
图 5-1　上汽集团词云图………………………………………… （119）
图 5-2　长城汽车词云图………………………………………… （119）
图 5-3　比亚迪汽车词云图……………………………………… （119）
图 5-4　上汽集团体系化关联图………………………………… （124）
图 5-5　长城汽车体系化关联图………………………………… （125）
图 5-6　比亚迪汽车体系化关联图……………………………… （125）
图 5-7　创新价值链与体系化能力：非核心企业创新行为
　　　　模式演化……………………………………………… （133）
图 5-8　非核心企业演化过程中的路径选择…………………… （137）
图 5-9　创新价值链中非核心企业"逆向式"创新行为模式
　　　　演化路径……………………………………………… （139）
图 5-10　非核心企业创新行为模式演化机理图 ……………… （141）
图 6-1　非核心企业创新行为模式演化的绩效分析：
　　　　基于企业家精神视角………………………………… （144）
图 6-2　企业家精神及其影响的理论假设模型………………… （146）
图 6-3　假设模型图……………………………………………… （150）
图 6-4　初始结构方程模型……………………………………… （167）
图 6-5　模型 I 实证检验结果…………………………………… （169）
图 7-1　企业家创业认知与创新行为理论模型………………… （181）
图 7-2　假设模型图……………………………………………… （184）

图 7-3 结构方程模型……（189）

图 7-4 企业家技术关联对企业创新行为的影响机制：基于实证结果的推断……（193）

表目录

表 2-1 不同生态系统方法的比较——改编自 Pilinkienė 和 Mačiulis（2014）……（24）

表 2-2 核心企业与非核心企业区分标准……（37）

表 2-3 创新价值链中核心企业与非核心企业对比分析……（38）

表 2-4 核心企业与非核心企业企业家精神差异比较……（40）

表 2-5 非核心企业界定理论梳理……（44）

表 3-1 企业近三年排名……（64）

表 3-2 访谈资料……（66）

表 3-3 案例数据一级编码……（66）

表 3-4 案例企业基本概况汇总……（73）

表 3-5 非核心企业单一体系化能力嵌入创新价值链……（78）

表 3-6 边缘性技术成长阶段关键构念及引用语举例……（81）

表 3-7 专业技术发展阶段关键构念及引用语举例……（82）

表 3-8 核心技术研发阶段关键构念及引用语举例……（84）

表 3-9 非核心企业技术升级影响因素……（95）

表 4-1 不同阶段关键词频统计……（107）

表 4-2 创业机会实现与企业家精神……（116）

表 5-1 体系化能力动态演化……（123）

表 6-1 变量测度——企业家精神……（151）

表 6-2 变量测度——知识吸收能力……（153）

表 6-3 变量测度——创新绩效……（154）

表 6-4 变量测度——外部网络环境……（155）

表 6-5 样本企业区域分布情况（N=1190）……（158）

表 6-6　样本企业产业类型的分布情况统计（N=1190）……（160）
表 6-7　样本企业基本特征的分布情况统计（N=1190）……（160）
表 6-8　样本企业基本统计情况……（162）
表 6-9　统计性描述（N=1190）……（163）
表 6-10　可信度高低与 Cronbach's α 系数对照表……（164）
表 6-11　测量模型……（165）
表 6-12　潜变量相关系数及 AVE 的平方根……（166）
表 6-13　测量变量与潜变量之间的相关性……（168）
表 6-14　标准化的直接效应、间接效应和总效应……（169）
表 6-15　结构模型路径系数与假设检验……（174）
表 6-16　样本企业特征分布……（175）
表 6-17　模型对比分析……（175）
表 7-1　变量测试及编码……（185）
表 7-2　统计性描述（N=491）……（186）
表 7-3　测量模型……（187）
表 7-4　潜变量相关系数及 AVE 的平方根……（188）
表 7-5　测量变量与潜变量之间的相关性……（189）
表 7-6　标准化的直接效应、间接效应和总效应……（190）
表 7-7　模型对比分析……（191）

第一章 绪论

第一节 研究背景

一 现实背景

全球价值链背景，国际型企业的创新行为模式演化分为自上而下和自下而上，自上而下是全球性的国际化企业在创新价值链的全阶段"治理"。自下而上的创新是价值链的"升级"过程，使区域或国家在价值链中的位置得到提高并从中获取利益[1]。我国国内企业创新价值链行为也可分为"自上而下"和"自下而上"。"自上而下"是从创新价值链的高处——创意产生阶段开始进行创新，强调运用自主创新的方式获取核心技术和知识产权，并伴随着创新活动的"高风险，高收益"，其创新行为由创新价值链上游——知识创新环节、创新价值链中游——新知识转化为新技术，即创新价值链下游——新技术应用[2]。"自下而上"是沿着创新价值链的低端——创意扩散，从模仿创新开始根据自身资源禀赋特点逐渐向价值链

---

[1] Gereffi G., Global Production Systems and Third World Development. in B. Stallings (eds.), *Global Change, Regional Response*, New York: Cambridge University Press, 1995, p. 9.

[2] 任志成：《战略性新兴产业创新价值链锻造方向选择研究》，《南京社会科学》2013年第6期。

高端攀升，在创新价值链攀升的过程中逐渐实现了自身的多元体系化能力。

企业价值一直以来是企业追逐的主要目标，企业在创新活动中的价值增值是企业从事创新活动的重要目标。企业的创新价值是基于创新价值链基础上的创新产出的价值。嵌入创新价值链中，并逐渐成为创新价值链中的核心企业是企业实现最终利润的主要方式，创新价值链是非核心企业创新行为实现的重要基础。在创新价值链视角下，所有参与主体共同努力能创造出更多的商业价值，实现企业的价值增值和顾客的价值增值[①]。"互联网+"的外部环境的变化打破了原有单个企业封闭性创新行为模式和原有的企业间的竞争模式。科学技术、全球化的知识与经济的发展及消费者消费需求与方式的变化，使企业所处的经济环境和技术突破所需要的知识结构变得日渐多样化、复杂化，市场环境的复杂与竞争格局的多变加速了不同创新主体间的双边合作、垂直合作通过不同方式改变为网络动态性的合作，因此，创新行为模式逐渐从工程化、机械化走向生态化、有机化。企业间合作关系动态演化的过程中，产生了竞争关系，此时，创新价值链中的核心企业与非核心企业之间形成了"竞—合关系"，即竞争与合作的关系。众多处于创新价值链低端的非核心企业希望向价值链高端不断攀升，拥有更多的竞争优势与资源。

事实上，从创新价值链低端升级到高端并突破"低端锁定"不仅对于我国国内企业是亟待解决的问题，我国的国际大型企业也同样存在着此类问题。在国际视角下，全球价值链的嵌入可以为企业带来巨大的资源和资本，并且拥有继续开展自主研发活动的基础。借鉴于全球价值链嵌入及升级的视角，创新价值链中的企业需要通过自身体系化能力的完善实现各创新主体间的有效配合应对外部环境的变化，运用有效的多元体系化能力实现创新价值链的价值增值。非核心企业在创新价值链中的初始体系化能力

---

① 梁运文、谭力文：《商业生态系统价值结构、企业角色与战略选择》，《南开管理评论》2005年第1期。

的嵌入到最终拥有多元的体系化能力，实现创新价值链中的位置提升是突破"低端锁定"的重要影响因素。

对于我国企业而言，更多的是以"自下而上"的创新行为模式实现其所在创新价值链中的位置攀升，以我国汽车产业为例，据统计2014年，中国汽车产量为2372.29万辆，占全球汽车总产量的27.11%，较2005年增长315.63%；2014年，中国汽车销量为2349.19万辆，占全球汽车总销量的26.65%，较2005年增长308%[①]。据中国汽车工业协会统计分析，2015年12月，汽车产销保持了回升态势，环比和同比自10月后连续三个月保持增长，产销量双双超过260万辆，再创历史新高[②]。然而，据统计2015年1—12月我国发动机和电动机进口数量为149252万台，同比增长 -11.8%[③]。可见，基于全球价值链视角，我国汽车产业已在全球价值链范围内实现了由创新价值链末端（创意扩散）向创新价值链中端（创意转化），甚至是创新价值链高端（创意产生）阶段跃升，实现了创新价值链的升级过程。上汽、长城、比亚迪等成功的案例企业为研究在创新价值链中由非核心企业向核心企业转变的创新行为模式演化提供了现实基础。

二 理论背景

在公司和产业层面的价值链表明了创新生态系统中各企业间相互依存的有序性，创新价值链（innovation value chain，简称IVC）是知识获取、转换与开发利用的循环往复过程，即企业通过收集创新所需要的知识（知识源），将其转化为创新成果（新产品或新工艺），并最终推向市场实现企业发展（销售额增加、生产率提高等）的过程。创新价值链的过程分为三

---

① 2015年中国汽车行业发展概况分析（图），中国产业信息网，http：//www.chyxx.com/industry/201601/377724.html。

② 2015年我国汽车产销量分析，中国产业信息网，http：//www.chyxx.com/industry/201608/438209.html。

③ 2015年我国发动机和电动机进口数量统计，前瞻数据，前瞻网，http：//www.qianzhan.com/qzdata/detail/148/160214-3475ad41.html。

个阶段,即创意的产生、转换和扩散①和六个临界点,即部门内、跨部门、企业外获取新创意、创意的选择与开发、创意的扩散。Stephen Roper②进一步详细指出了三个环节分别代表:创新源的获取、创新源转化为新产品、新产品转化为企业业绩。Hansen将上述创新过程与价值链理论整合提出了"创新价值链模型",即创意产生（Idea Generation）、创意转化（Idea Conversion）和创新扩散（Idea Diffusion）③。创意产生阶段是企业部门内部、外部以及跨部门间萌发的新想法、新创意;创意转化阶段是经过技术可行性分析后筛选新创新、研发新产品阶段;创意扩散阶段是将创新产品推向市场的过程。这三个过程实现了从创意到商品的链状创新价值增值过程。这意味着科技创新发展到现阶段已不是企业单纯技术创新行为,需要与企业的研发行为、市场创新行为以及产品创新行为进行整合的创新行为的集合体（如图1-1）。

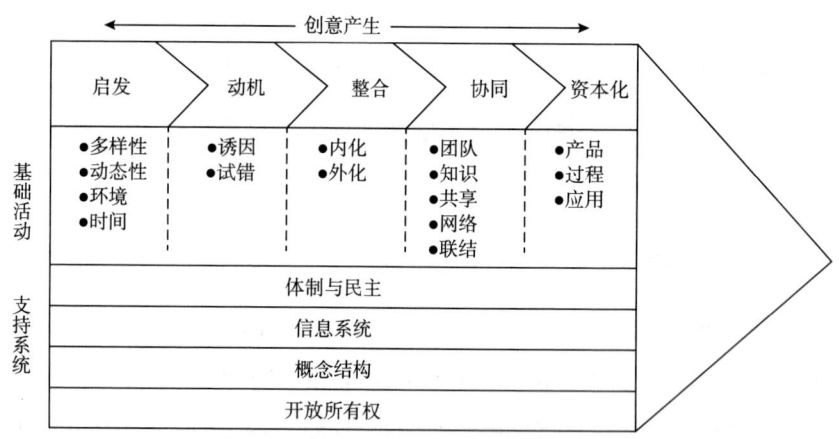

图1-1 创新价值链框架

资料来源：The Innovation Value Chain Eight case-studies of Swedish manufacturing, Per Hässler Oscar Lindblad Mathias Pagels-Fick.

---

① Hansen Morten T., "BirkinshawJulian. The Innovation Value Chain", *Harvard Business Review*, Vol. 6, Six 2007, pp. 121-130.

② Stephen Roper, Jun Du, James H. Love., "Modelling the innovation value chain", *Research-Policy*, Six 2008, pp. 961-977.

③ Hansen, M. T., Birkinshaw, J., "The Innovation Value Chain", *Harvard Business Review*, Vol. 5, Five 2000, pp. 121-130.

从技术视角看，创新价值链是对技术创新三个环节的分解，其中包括基础研究、应用研究和实验发展[1]，又可称为科技创新价值链。科技创新价值链下科技创新源到成果产业化全过程中，由一系列相互独立、相互联系的多元创新主体链接而成，形成了以组织节点（创新源、原创构想、技术设计、实验原型、技术孵化、技术商业化和技术成果产业化）与链接单元组成的链接模式，使得科技开发价值不断增值[2]。从产业视角看，按产业不同，可分为农业创新价值链、工业创新价值链、信息产业创新价值链、高新技术产业创新价值链等。在产业中，又可按行业特点进一步细分，如农业可分为种子创新价值链、农化创新价值链、水产创新价值链等。也可按作物细分为水稻创新价值链、玉米创新价值链、小麦创新价值链等。从空间视角的角度，存在"区域创新价值链"，区域创新价值链的5个环节包括：创新源动力；创新产生环节；创新主体转化创新概念；创新结果或创新效果的实现；创新实现对创新动力、创新产生和创新转化的反馈作用[3]。区域创新价值链是一种区域内部由相差主体联结协作而成的链式结构[4]。区域内的科研机构、高校或企业运用地理集中的优势进行产业组织的优化，按照市场交易和专业化分工原则，在自己最具优势的创新价值链环节上发挥作用，从而形成区域创新价值链。区域创新价值链可以促进区域整体经济发展，促进价值链中企业不断提升技术向创新价值链的高加工度和高附加值的核心环节攀升。从全球的视角看，全球价值链更偏向于全球性的专业化分工[5]。全球价值链理论源于企业竞争战略理论，即企

---

[1] 余泳泽、刘大勇：《创新价值链视角下的我国区域创新效率提升路径研究》，《科研管理》2014年第5期。

[2] 黄钢：《农业企业科技价值链创新管理研究》，博士学位论文，四川大学，2006年，第21页。

[3] 张慧颖、吴红翠：《基于创新过程的区域创新系统协调发展的比较研究——兼析天津市区域创新复合系统协调性》，《情报杂志》2011年第8期。

[4] 董理、莫琦：《需求导向下的区域创新价值链的构建及其机制分析》，《特区经济》2010年第6期。

[5] 刘志彪：《基于内需的经济全球化：中国分享第二波全球化红利的战略选择》，《南京大学学报（哲学·人文科学·社会科学版）》2012年第2期。

业所创造的价值来自于价值链中某些特定的活动,而企业战略是获得竞争力的关键。

创新价值链的主体包括企业、科研机构、大学、投资机构(包括公共和私人投资)、政府、中介机构、推广机构等,以上创新主体在创新价值链创意产生、创新转化及创意扩散不同阶段作用不同(如图1-2)①。创新价值链的"创意产生——创新转换——创意扩散"三个阶段,其中创意产生阶段创新主体包括供应商、企业内部科研机构、外部科研院所等中介机构及高校,此阶段创新主体的主要任务是进行技术创新与突破,产生新的创意;在创意转换阶段,创新主体主要包括制造商、企业技术人员及创新活动的管理者,此阶段的主要任务是将创新的概念或技术应用于实践中,创造出新的产品或服务,此阶段伴随着企业的产品和服务创新行为;在创意的扩散阶段是创新的成果商业化转化阶段,创新的成果由分销商转移到消费者,此阶段企业的主要任务在于商业模式的创新,扩大产品宣传力度,确定品牌形象等。创新最终的效果又会反馈到之前的三个阶段,以便于再次开展创新活动。

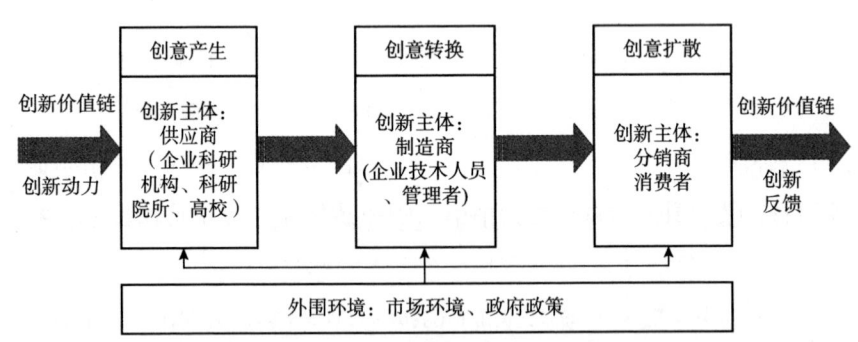

图1-2 创新价值链各阶段创新主体

迈克尔·波特在《竞争的优势》一书中提出了企业价值链管理理论,

---

① 黄钢、徐玖平、李颖:《科技价值链及创新主体链接模式》,《中国软科学》2006年第6期。

即企业价值链增值的过程。其核心思想是系统工程管理思想中的"链科学",即任何企业或组织都是全球价值链网络中的一个组成部分,企业间的竞争已不是企业的个体活动,而是价值链网络系统中的群体竞争与合作,以价值链条集合体为特征的网络系统已成为市场经济的主体,每一个企业都有其独特的价值链[①]。

基于创新价值链视角下的企业创新行为模式是发明创造和商业化过程相结合的过程,是企业在创新价值链"创意产生——创意转化——创意扩散"不同阶段所涉及的创新活动。美国的人类学家曾指出"行为是文化的函数",对于企业而言,在"硬实力"与"软实力"的竞争中,硬实力可以被他人模仿和超越,而基于思维、文化、意识基础上的软实力——创新行为,是企业一切创新活动的本质[②]。

综上所述,创新价值链理论模型已成为学术界广泛认可的价值创造模型,即基于创新价值链视角下,企业创新活动可分为三个阶段"创意产生——创意转化——创意扩散",创新价值链视角下的企业创新行为模式表现为三个不同阶段的创新活动。创新活动本身是一个系统,作为创新活动主体的企业需要以单一的体系化能力嵌入创新系统中去,这种体系化能力表现为生产体系化能力、技术体系化能力、科研体系化能力、市场体系化能力以及管理体系化能力等,在系统中企业主体与周围环境有着相互影响的作用,在这种相互作用中,创新活动的主体要适应环境不断地调整和改善自身,使自身的体系化能力由单一的体系化能力向多元体系化能力演化,即企业的体系化能力的演变是一个动态发展的过程。

---

① 田冠军:《价值链管理理论和运用:戴尔模式分析》,《中国管理信息化》2009 年第 13 期。

② Kline, S. J. & Rosenberg, N., *An Overview of Innovation: The Positive Sum Strategy*, Washington: National Academy Press, 1986, pp. 285–288.

第二节　研究意义

一　理论意义

（一）扩展创新价值链理论应用范围

现有学者在创新价值链理论应用中主要围绕着，创新价值链中的技术创新①、创新价值网络②、创新价值链绩效③、创新成果转化④、产学研合作⑤以及创新价值链基础上的企业间创新协作⑥。少有关注创新价值链视角下的企业创新行为模式及其演化规律这一微观视角，因此，从企业微观视角，研究处于创新价值链"创意产生——创意转化——创意扩散"不同阶段的企业的创新行为，及企业行为模式演化机制是本研究主要内容。

本研究认为创新价值链的概念是全球商品链、全球价值链的概念延伸，创新价值链是通过对区域资源、信息和能力等要素的重新配置和整合，实现"创意产生——创意转化——创新扩散"的链状价值增值过程，企业创新价值链存在"正向流"创新价值增值过程，也存在"逆向流"的反馈机制，有助于创新价值增值。创新价值链中的创新活动既包括技术创新也包括组织创新，既包括企业内各部门间的创新协作也包括企业外多主体（顾客、竞争者、供应商、高校、投资者和科研机构政府等）之间的协同创新，同时，在这一过程中需要不断进行原始创意的筛选及对外部创新

---

① 张怀民、汤萱、王卉珏：《企业核心竞争力——技术创新和技术创新价值链》，《科技管理研究》2002 年第 6 期。
② 范兆斌、苏晓艳：《全球研发网络、吸收能力与创新价值链动态升级》，《经济管理》2008 年第 11 期。
③ 胡吉明：《创新型国家的信息服务体制与信息保障体系构建——基于创新价值链的信息服务转型》，《图书情报工作》2010 年第 3 期。
④ 刘家树、菅利荣：《知识来源、知识产出与科技成果转化绩效——基于创新价值链的视角》，《科学学与科学技术管理》2011 年第 6 期。
⑤ 王尧：《基于创新价值链的产学研合作模式研究》，《生产力研究》2012 年第 10 期。
⑥ 严炜炜：《基于知识创新价值链的跨系统协同共享博弈分析》，《图书馆论坛》2013 年第 1 期。

环境的动态适应。

(二) 丰富企业创新行为模式

现阶段基于企业创新行为模式的研究更多的集中于大型企业，忽视了中小企业的创新行为模式在经济发展过程中的贡献。中小企业通过开发大型制造商所忽略的利基市场，或为大型工业企业提供中间产品，如美国经济的发展过程中中小企业一直坚守在美国经济的工业领域。我国的中小企业更是如此，在研究团队对辽宁省中小型制造业企业的长期跟踪访谈的过程中发现，任何大型的制造企业都会存在着一批为其进行零部件配套生产的中小企业。经过长时间的发展，部分中小企业已发展成为大型企业并有其配套的下游供应商。因此，单纯的用大、中、小型企业来分析企业间的这种互相竞争、相互替代的现象似乎已不足以解释上述经济现象。在此基础上，本研究引入了核心企业与非核心企业的概念，并着重对创新价值链中非核心企业的创新行为模式演化进行深入分析。

此外，长期以来，学者们一直关注于在产业集群中核心企业的带动和引领作用、核心企业对非核心企业的知识溢出效应，而极少关注于非核心企业向核心企业转变的逆向式创新过程。在"互联网＋"平台及创新驱动发展的政策下，我们可以看到许多公司在创新的时代异军突起，如比亚迪、小米、华为等企业。这些企业从非核心企业成长为核心企业，占据领先的技术、市场份额的背后一定存在着后发企业在追赶过程中值得借鉴的内在机制。因此，本研究通过案例与实证的研究相结合的方法，深度分析非核心企业创新行为模式。

(三) 探索创新价值链视角下非核心企业创新行为模式演化机制

非核心企业在创新价值链攀升的过程中受制于多种因素，这是一个复杂的系统工程，而这一复杂的过程在研究中我们可以通过追溯历史的方式更清晰的展示出他样的共性与个性。尽管每一个非核心企业实现创新的过程和路径各有不同，但最终都是由单一的体系化能力逐渐发展成为拥有多元体系化能力的核心企业，而在这一个复杂的系统中，各种体系化能力是相互融合、有机统一的整体。因此，对于众多的中小型企业而言，其通常是创新价值链中的非核心企业，由于资源和资金的约束，难以进行自主研发式的"自上而下"的创新行为模式演化，因此，"自下而上"的创新行为模式演化是非核心企业价值链位置升级的主要方式。

分析非核心企业在其所处创新价值链中的创新行为模式及其演化规律，可以为我国目前的众多非核心企业的创新行为模式发展路径提供借鉴，虽然每个企业的模式是不同的，但体系化能力却是其创新行为模式演化过程中发展的重要特征。本书结论有利于促进更多的非核心企业成长为核心企业。

二 实践意义

（一）为非核心企业成长为核心企业提供理论指导

创新行为更是一个系统性的行为[①]。创新系统是企业内部的各组成部分与环境因素的相互作用，通过技术的扩散、外溢、吸收和引进所产生的新的技术或知识，并用于实践的生活中，创新所涉及的各部分构成了有机整体。企业的创新行为均源于外界环境的刺激，其中包括社会和市场需求、竞争压力和技术进步，而企业内部创新动力为经济利益的最大化，创新活动的合理预期及与其他企业间的竞争与合作关系。企业出于内部动力和外部环境因素的考虑，最终会在创新价值链"创意产生——创意转化——创意扩散"三个阶段的创新活动间选择。非核心企业的创新行为模式演化，有利于深入探索中小企业发展路径，为产业发展提供理论借鉴。

创新价值链中核心企业与非核心企业直接或间接的技术合作能够赋予非核心企业技术逆向效应，以往的研究者曾指出技术创新的领导者对创新价值链中技术创新的跟随者存在动态溢出效应，这种溢出效应既表现出专利性质的溢出效应，如专利的购买与使用，同时也包括非专利性质的溢出

---

① 牛建涛、慕静：《基于复杂适应系统理论的物流企业科技创新行为模式研究》，《科技管理研究》2010年第2期。

效应,如某些独占性的商业机密,技术创新中的领导者身份是动态变化的。①

(二)提升区域创新效率,促进地区创新活力

创新价值链的创意产生、创意转换和创意扩散3个阶段中,各阶段的创新效率具有明显的空间相关性,即创新价值链存在着空间外溢效应②。同时,产品创新效率与知识创新效率之间、产品创新效率与科研创新效率之间都具有明显的价值链外溢效应。创新外溢是促进经济持续增长,保证报酬递增的根本原因③。虽然,外溢的知识因其自身的共享性不可避免的会产生"搭便车"的行为,但"个体更改与集体非最优化"的矛盾并没有出现。Agarwal和Gort④的研究中发现,企业推出新产品到竞争者提供同质产品的平均时间由20世纪初期的30多年减少到了20世纪末的3年多。由此可见,在某种程度上创新外溢可以促进私人企业的创新活动,能够更好地提升创新效率,促进区域或集群整体发展。此外,基于创新价值链视角可以针对其中效率低下的环节进行单方面的技术、研发或是产品的突破,发挥地区区域优势,提升区域整体创新效率⑤。

(三)降低创新活动风险,促进创新产出

创新活动伴随着较高的风险性与不确定性,并制约多数企业选择引进吸收而不是自主创新,极大了影响了企业的自主创新能力以及创新能力积累。同时,创新活动的成败不仅局限于科研能力的强弱,同时与企业创新

---

① Szabolcs Blazsek, Alvaro Escribano., "Patent propensity, R&D and market competition: Dynamic spilloversof innovation leaders and followers", *Journal of Econometrics*, Vol. 5, 2016, pp. 145 – 163.

② 余泳泽、刘大勇:《我国区域创新效率的空间外溢效应与价值链外溢效应——创新价值链视角下的多维空间面板模型研究》,《管理世界》2013年第7期。

③ Romer, P. M., "NewGoods, Old Theory and the Welfare Costs of Trade Restrictions", *Journal of Development Economics*, Vol. 43, 1994, pp. 5 – 38.

④ Agarwal, R. and M. Gort. "First Mover Advantage and the Speed of Competitive Entry: 1887 – 1986", *Journal of Law and Economics*, Vol. 41, 2001, pp. 161 – 178.

⑤ 余泳泽、刘大勇:《创新价值链视角下的我国区域创新效率提升路径研究》,《科研管理》2014年第5期。

转化过程中的创新管理能力,及成果转化过程中的营销能力息息相关。因此,若企业独立完成创新活动的全过程,极易因某一阶段的能力不强增加创新所带来的风险。同时,利润的驱动更会使企业满足于生产低加工度和低附加值的产品而不是参与核心零部件的生产,严重阻碍了企业的创新发展。因此,创新价值链可以促进价值链中的企业协同合作,促进区域整体创新发展。

第三节 研究内容与创新点

一 研究内容

本书在之前学者对企业创新行为模式、创新价值链的理论研究的基础上,深入研究了创新价值链中非核心企业的创新行为模式及其演化机制。特别是在创新价值链中,非核心企业向创新价值链更高位置攀升过程中多元体系化能力的形成。在回溯分析现有企业曾经作为非核心企业的创新行为模式的基础上,运用实证分析方法对非核心企业创新行为模式的影响因素进行了检验并最终选出结论(如图1-3)。

二 创新点

(一)界定了核心企业与非核心企业的分类标准

本书突破了传统企业类型区分标准(以企业规模将企业区分为大、中、小型企业),通过引入创新价值链理论,依据创新价值链"创意产生——创意转化——创意扩散"三个阶段,区分创新价值链不同阶段的企业创新行为"研发创新——技术创新——产品和市场创新",通过引入体系化能力以及创新价值链成熟度概念界定产业集群中有非核心企业与核心企业,深入扩展了现有理论中非核心企业与核心企业的分类标准。

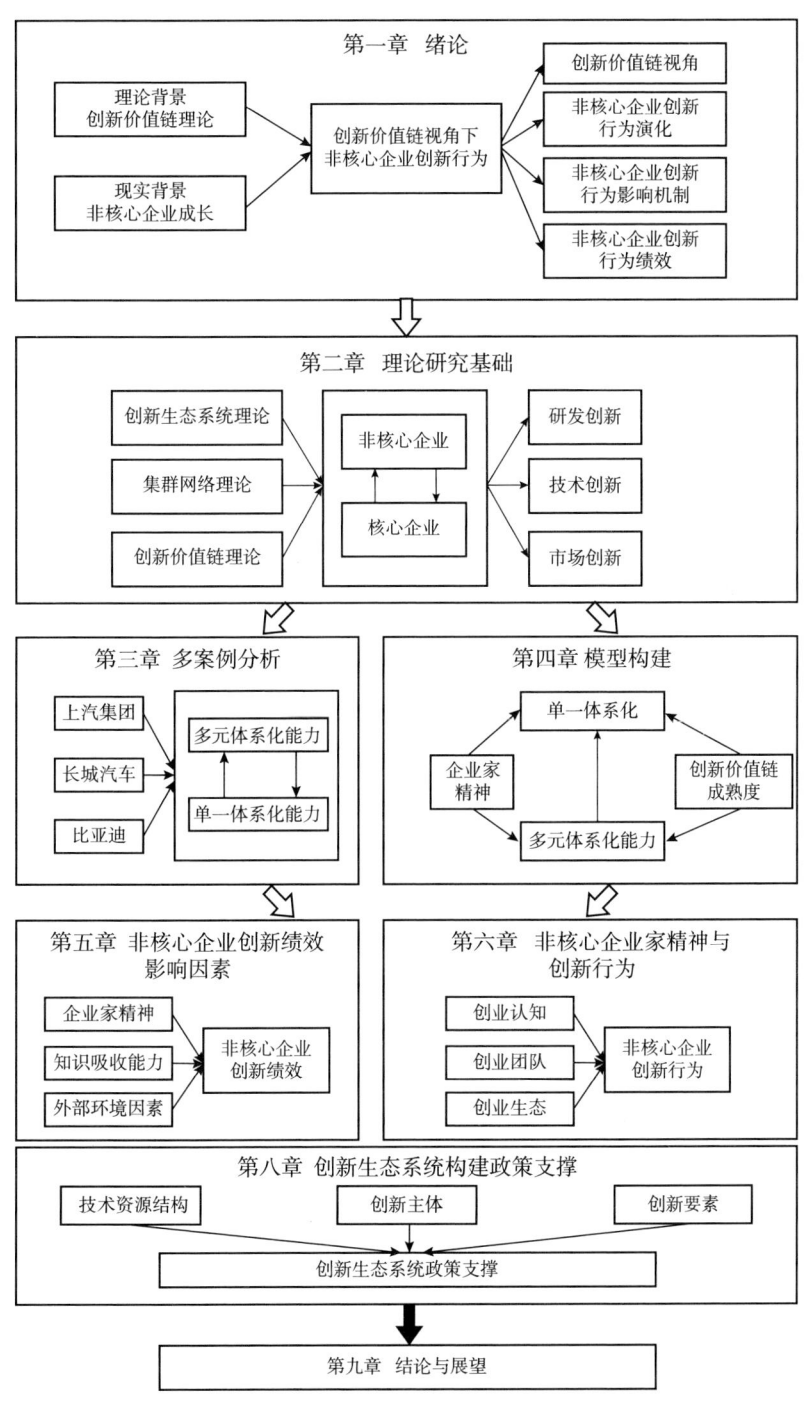

图1-3 论文研究框架

（二）构建了创新价值链视角下非核心企业创新行为模式演化的机理模型

以创新价值链理论为基础，基于非核心企业、核心企业以及企业创新行为模式相关理论，通过引入上汽集团、长城汽车以及比亚迪汽车进行多案例比较分析，通过探索案例企业在创新价值链嵌入、创新价值链升级过程中的创新行为模式演化，辨析出非核心企业创新价值链升级过程中体系化能力由"单一体系化能力"向"多元体系化能力"演化的一般规律；同时，解析了非核心企业体系化能力动态演化的过程及影响因素，通过案例企业的拓展分析，阐释了多元体系化能力受制于企业家精神、知识吸收能力以及外部环境的共同作用与影响，进而构建了创新价值链视角下非核心企业创新行为模式演化的机理模型，有助于演化集群网络中非核心企业的创新行为模式研究，弥补现有企业创新行为模式演化的研究空缺。

（三）建立了非核心企业创新行为模式的绩效评价指标体系

基于多案例深度挖掘的机理模型，结合文本分析、关联网络分析以及深度访谈，建立非核心企业创新行为模式绩效的评价指标体系。其中，从企业家精神、知识吸收能力以及外部环境三个方面测度非核心企业创新行为模式绩效。运用因子分析、结构方程等计量方法，分析了上述潜在变量对创新行为模式绩效影响的显著性，依据创新价值链中参与不同阶段创新活动对企业类型进行分类，其中包括研发型、技术型和混合型，结合创新价值链不同类型的企业家精神（研发型企业家精神、技术型企业家精神、混合型企业家精神），探析创新价值链中不同类型企业家精神对企业创新行为模式绩效异质性影响，为不同类型非核心企业发挥企业家精神对创新绩效的促进作用提供新思路。

第四节　研究方法与技术路线

一　研究方法

本书的研究问题较为复杂、新颖，单纯从对现有文献的梳理上很难得出创新的观点，本书中提出的非核心企业、创新行为等概念是较为新颖的概念，难以从现有的理论结果中给予明确的界定。因此，本书在研究方法上选取了文献分析、问卷分析、跨案例分析、深度访谈与实证相结合的方法。

（一）文献探讨与理论分析

文章研究主要通过中国知网、万方数据库及 ScienceDirect 外文数据库等网络数据库和《中国工业经济》《管理世界》等技术经济学核心期刊等近 1000 篇文献进行整理与理论分析，掌握创新价值链、非核心企业、创新等最新的理论进展，在此基础上融入了非核心企业创新的驱动因素，在此基础之上构建本书的理论模式与指标体系。

（二）文本分析与深度挖掘

通过实地调研与访谈，对案例企业进行一手资料的搜集工作，同时通过互联网媒介的作用搜集相关企业的二手资料，并对互联网访谈中的视频进行了文字的转录，在对案例企业资料进行搜集的过程中，作者充分意识到互联网时代给研究者提供更多、更好的素材库。在对文献资料进行处理的过程中，本书采用了 Nvivo 软件对文献资料进行了编码处理，在文本分析过程中，本书运用了 Rstudio 软件对文本资料的词频、关联词项深度的文本挖掘。运用统计软件对文本进行的分析与深度挖掘为本书的研究工作做出了重大贡献。

（三）案例分析与问卷分析

案例分析方法在回答"是什么""为什么"的问题上较为明确，在阅读了大量的扎根理论、质性分析书籍与文献的基础上，本书在案例分析的过程中充分运用了质性分析、扎根理论等对案例资料以及访谈资料进行了深入分析。为了解非核心企业创新过程中的关键性因素，本书从非核心企业微观视角出发，借助研究团队对于沈阳高新技术企业的调查问卷、上门访谈、电话跟踪及相关领域专家的深度访谈，探索作为非核心企业创新行为模式演化过程中的关键性要素，为评价模型构建提供资料支撑。

（四）统计分析方法

基于非核心企业创新行为的相关理论文献、研究进展与趋势、结合技术经济学、新制度经济学、比较经济学、社会学等理论分析基础上，运用因子分析法等方法，同时运用团队已有的区域性数据库，对非核心企业创新行为模式的驱动因素建立模型进行实证分析。本书统计分析工具主要采用社会科学统计SPSS软件20.0。

（五）结构方程分析

基于沈阳市高新技术企业的调查问卷，构建了企业家精神、知识吸收能力、外在环境以及创新绩效四个潜在变量，运用最小二乘结构方程通过Smartpls3.2.6进行了模型估计与实证研究，并得出结论。

二 技术路线

根据技术路线图（图1-4），本书沿着问题提出——理论分析——案例及实证研究——得出结论的思路，分为如下步骤展开研究。

（一）界定创新价值链下非核心企业与核心企业差异性创新行为

通过文献收集以及研究团队多年来对沈阳地区中小企业的调研访谈，从理论和实践出发，重新认知核心企业与非核心企业在企业规模、企业类型、创新活动的基本特征差异，进而深入认知非核心企业与核心企业在创新行为上的差异性。

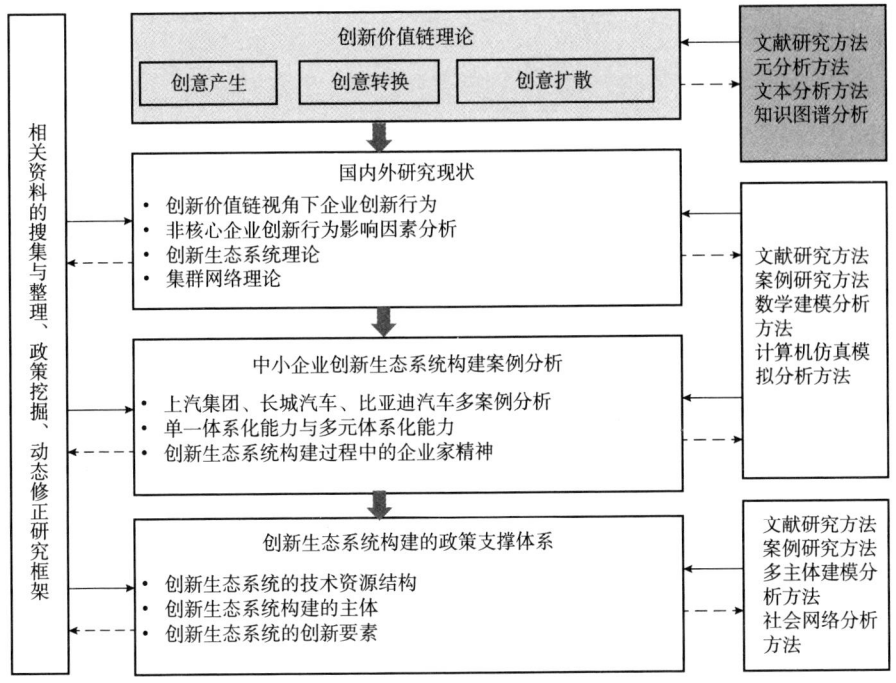

图1-4 技术路线图

（二）构建非核心企业创新行为模式演化的机理模型

结合非核心企业与核心企业的创新行为差异性，从创新价值链视角出发，分析非核心企业创新行为模式演化的路径，探索非核心企业创新行为模式演化过程中的影响机制。

（三）案例与实证研究

通过跨案例的分析，从实践角度，运用扎根理论分析同一产业中不同非核心企业向核心企业演化过程中，路径的收敛性与差异性；通过沈阳地区高新技术企业的调查问卷，分析企业家精神在非核心企业创新行为模式演化过程中的重要作用。

（四）研究结论

结合理论研究、跨案例分析以及实证研究的基础上，得出创新价值链视角下非核心企业创新行为模式演化的过程，伴随着企业由单一体系化能力向多元体系化能力的蜕变，在这一过程中，企业家精神起到了重要的促进作用。

第五节　本章小结

创新活动本身是一个系统，作为创新活动主体的企业需要以单一的体系化能力嵌入创新系统中去，这种体系化能力表现在生产体系化、技术体系化、科研体系化、市场体系化以及管理体系化等能力，在系统中企业主体与周围环境有着相互影响的作用，在这种相互作用中，创新活动的主体要适应环境不断地调整和改善自身，使自身的体系化能力由单一的体系化能力向多元的体系化能力演化。此外，创新的复杂适应系统由许多主体组成，如企业家、科研团队、竞争者、替代者和上游供应商等，在企业整个的创新过程中，系统内的各部分主体都要共同演化，共同参与到创新活动中，避免复杂创新系统因企业的历史发展，在后续的创新活动中存在路径依赖性。分析非核心企业在其所处创新价值链中的创新行为模式及演化路径，可以为我国目前的众多非核心企业的创新行为模式提供借鉴，虽然每个企业的模式是不同的，但体系化能力却是其创新行为模式演化的重要特征。创新价值链中非核心企业的创新行为模式研究的理论与实践意义，在于以创新价值链视角研究企业的创新行为模式及其演化路径，明确创新价值链理论在地区产业发展中的作用。通过非核心创新行为模式演化，研究促进非核心企业创新价值链中创新升级的影响因素。

第二章 理论研究基础

第一节 创新生态系统理论

一 商业生态系统

今天,产业被分成大量细分领域,每个细分领域都生产专门的产品、服务和技术。特定产业中企业之间的互动程度令人震惊,数百家组织甚至经常参与单一产品的设计、生产、分销或实施①。在这种情况下,不能仅从部门角度来看待企业,而必须将其视为属于更大、更复杂和无边界的实体,我们称之为商业生态系统②。

商业和生态系统之间的类比最早出现在 Rothschild《生态学:资本主体的必然性》一书中。许多出版物采用了同样的类比,尽管它们是从不同角度来看的。在出现的几个类比中,最著名的是产业生态系统、数字商业生态系统和创业生态系统③。这些类比已经在许多出版物中以隐喻和类似

---

① Iansiti M., Levien R., *The keystone advantage: What the new dynamics of business ecosystems mean for strategy, innovation, and sustainability.* Harvard Business School Press, 2004, p. 200.

② Rothschild ML., *Bionomics: the inevitability of capitalism*, 1st edt. H. Holt, New York, p. 1990.

③ Pilinkienė V., Mačiulis P., "Comparison of different ecosystem analogies: The Main economic determinants and levels of impact", *Procedia Soc. Behav. Sci.*, Vol. 156, 2014, pp. 365 – 370.

的形式被使用。然而，尽管这些术语在研究中使用频繁，但在如何定义和如何应用这些术语上还没有明显的一致意见。此外，这些术语通常看起来可以互换，并且经常被不恰当地使用。为了理解BE的概念，理解它的起源、语义（semantics）和结构，以及当前对该主题的研究是至关重要的。

Rothschild的理论认为资本主义是组织（企业/商业、公司、市场、经济体）通过适应环境和通过成功特征的"遗传"遗传寻求保存自己的演化结果。Rothschild说，在商业生态系统中，两个因素是决定演化变革速度的关键：技术创新和市场竞争。其主要贡献之一是他将经济体视为一个生态系统的视界，在这个生态系统中，组织是关系网络中的节点，受其环境中关键关系的制约。Rothschild没有对科学严谨性做出任何承诺就建立了他的类比，而是将类比作为一种建立起经济演化和资本主义竞争力视界逻辑理解的手段。用他的话说，"生态系统和经济之间的类比要有用，就不需要完美"。

二 创新生态系统

IE作为一个概念最初由Moore[①]提出，被称为"商业生态系统"（BE）。这个概念是通过竞争和合作的互动，以"商业机会"为重点的逻辑分析单元发展起来的。Moore的BE演化概念是基于以下工作：Nelson和Winter[②]、Anderson[③]、Rothschild更具体地说，Astley和Fombrun和Astley。Moore工作的哲学灵感来自Gregory Bateson的著作《心灵与自然》（*Mind and Nature*），生物学和进化论作为"商业生态系统"概念的技术构建而

---

① Moore J., "Predators and prey-a new ecology of competition", *Harv. Bus. Rev.*, Vol. 713, 1993, pp. 75 – 86.

② Nelson R., Winter S., *An evolutionary theory of economic change*. Belknap Press of Harvard University Press, Cambridge, 1982, p. 200.

③ Anderson P., "Review of ecological models of organizations. ecological models of organizations.", GlennR. Carroll", *Adm. Sci. Q.*, Vol. 343, 1989, pp. 503 – 507.

言，利用 Wilson 的著作《生命的多样性》建立了生态系统理论。Moore 将"商业生态系统"定义为"一个由相互作用的组织和个人（商业世界的有机体）基础支持的经济共同体（economic community）"。作为一个引导性概念，很明显，几个实体在"商业世界"背景下是相关的。Moore 的研究以竞争性技术环境基础，侧重于领导力和战略。因此，他提出了侧重于商业机会的概念。一些公司是 Moore 研究的组成部分，它们是 AT & T，Geo-Partners Research Inc.，Intel Corporation，Hewlet-Packard，Royal DutchShell Group 和 Sun Microsystems。在"经济共同体"背景下，Moore 说，"经济共同体生产对顾客有价值的商品和服务，顾客本身就是生态系统的成员"。这表明了他提出 BE 作为一个网络面向传递给客户的价值的意图。"成员组织还包括供应商、主要生产商、竞争者和其他利益相关者。"将竞争对手纳入同一个生态系统的一部分是各种商业网络分析模型中的一个创新概念。

"随着时间的推移，它们（生态系统参与者）共同发展自己的能力和角色，并倾向于与一家或多家中央公司设定的方向保持一致。"随着时间的推移茁壮成长，系统（生态系统管理）必须通过管理者和企业家的有意行为和协调努力来适应商业环境的变化。Moore 认为："那些担任领导角色的公司可能会随着时间的推移而改变，但是生态系统领导者的功能受到共同体的重视，因为它使成员们能够朝着共同的愿景前进，调整他们的投资，并找到相互支持的角色。"这些生态系统没有固定的边界，它们与商业生态系统的其他成员一起处于动态协同演化的运动中。同样，Torre 和 Zimmermann[①] 将 IE 定义为一种互惠/相互（reciprocal）交换的经济环境，不同关系类型充当相互作用系统。然而，IE 理论的一个显著特点是，其假定技能和角色的共享可能会发生，在某些情况下，甚至没有领导霸权，这种共享也可能发生。

---

① Torre A.，Zimmermann JB.，"Des clusters aux écosystèmesindustriels locaux"，*Rev. Econ. Ind.*，Vol. 52，2015，pp. 13–38.

值得一提的是，在 IE 中，长期财富是由关系决定的，而不是由交易决定的。在共享能力方面，Remneland 和 Wikhamn[①] 认为 IE 可以通过构建开放创新模式，实现在公司边界之外进行价值创造战略。同样，Gawer 和 Cusumano[②] 声称，在 IE 中，"价值共创过程旨在共同为生态系统的终端用户创造更多价值，而不是单个参与者各做独立参与者生成价值"。最近发展起来的最深入、最封堵的研究工作之一就是出版物《理解商业生态系统》。这项工作是由三次关于生态系统的年度圆桌会议的结果演变而来的：2010 年和 2012 年国际战略管理协会（AIMS）以及 2011 年加拿大管理科学协会（ASAC），目标是提出一种整合这些学术活动中发现的各种问题的综合体。

在过去几年里，有许多其他贡献。最新的研究来自 Shi 和 Rong。他们的案例研究允许商业生态系统理论构造迈出第一步。这项工作系统地考察了新兴产业背景下的创新生态系统，同时从根本上探索和识别了创新生态系统的四个基本领域：创新生态系统的关键构建要素、要素配置的典型模式、生命周期的五个阶段过程、从公司角度来看的培育战略和流程[③]。他们先前贡献包括提出了"6C 框架"，用于分析从案例公司收集的数据，并识别三种 IoT 创新生态系统模式。

三 生态系统类别

Moore 提出的 BE 概念是在互联网泡沫（或网络泡沫）期间发展起来的。这一事件是 Moore 研究中的关键参考之一，因为 1990 年至 1993 年间，硅谷仍能感受到它的负面影响，并引发了新的商业战略。在同一时期，出现了新的跨行业关系和新的生产替代品。此外，出现了创业浪潮，新商业

---

① Remneland B., Wikhamn W., "Structuring of the open innovation field", *J. Technol. ManagInnov.*, Vol. 8, 2013, pp. 173–185.

② GawerA., "Bridging differing perspectives on technological platforms: Toward an integrative framework", *Res. Policy*, Vol. 437, 2014, pp. 1239–1249.

③ Rong K, Hu G, Lin Y, Shi Y, Guo L., "Understanding business ecosystem using a 6C framework in internet-of-things-based sectors", *Int. J. Prod. Econ.*, Vol. 159, 2015, pp. 41–55.

模式和新技术（例如 IoT，云服务和 3D 打印机）。所有这些因素创造了新的和更复杂的商业网络，随着互动产生了新的产品和服务。

2002 至 2004 年间，哈佛商学院的 MarcoIansiti 教授和他的合作者定义了 IE 结构和动态的新概念，包括定义 IE 中参与者的不同角色及其策略。Iansiti 在其书《基石优势》（*The Keystone Advantage*）中描述了一种组织理解复杂商业网络运转（behave）、探索策略制定、创新和运营管理可能性的方式。

2001 至 2004 年间，Nachira 等人[1]提出了数字商业生态系统（DBE）的概念，其针对的是科技型中小企业。一年后，Moore 开始使用这项研究的术语 DBE。与 DBE 相关的研究是由 GoDigital 发起的，旨在促进欧洲中小企业采用 ICT。Nachira 的研究涉及对"ICTs 催化社会经济发展"的新解释，强调 IE 与其局部数字表征（数字生态系统 the digital ecosystem）之间的协同演化。一年后，Moore 开始在他的研究中使用这个术语。

2004 年至 2006 年期间，Peltoniemi 和 Vuori[2] 以及 Peltoniemi 等人做出了两项主要贡献：创新生态系统的五个关键特征（复杂性 Complexity、自组织性 Self-organization、涌现性 Emergence、协同演化 Co-evolution 和适应性 Adaptation）以及采用系统复杂性和演化理论拟议的治理框架。在 2004 年至 2013 年期间，DenHartigh 和他的同事提出了新的角色类型，治理框架和生态系统健康度量。

在 2006 年至 2013 年间，Adner 和他的同事将创新生态系统视为技术相互依存的结构[3]。2012 年，Adner 在其工作《广角镜头：成功创新者怎样看到另一个缺失》（*The Wide Lens: What Successful Innovators See That Oth-*

---

[1] Nachira F., Nicolai A., Dini P., Le Louarn M., Leon LR., Digital business ecosystems", The European Commission, 2006. p. 201.

[2] Pilinkienė V., Mačiulis P., "Comparison of different ecosystem analogies: The Main economic determi-nants and levels of impact", *Procedia Soc. Behav. Sci.*, Vol. 156, 2014, pp. 365 – 370.

[3] Adner R., "Match your innovation strategy to your innovation ecosystem", *Harv. Bus. Rev.*, Vol. 844, 2006, p. 98; Adner R., Kapoor R., "Value creation in innovation ecosystems: How the structure of technological interdependence affects firm performance in new technology generations", *StrategManag. J.*, Vol. 313, 2010, pp. 306 – 333.

er Miss）中提出了创新生态系统价值创造的理念。Adner[①]在他的书中明确指出，其工作是 Moore 工作的延续。其工作的目的之一就是回答此类问题，"技术相互依赖结构如何影响企业绩效？"以及"如何在创新生态系统中制定创新策略？"

2015 年，在 Rong 和 Shi 进行的一项研究中，对理论的比较分析考虑了两种被视为制造业背景下潜在挑战的趋势：互操作性（interoperability）和不确定性。该案例研究以移动计算产业为基础。在各种理论（GMVN、商业网络、供应链、国际战略联盟、产业集群等）中，IE 被认为是最适合应对当今新兴产业挑战的理论。

最后，在 Pilinkien 和 Mačiulis 的论文《不同生态系统类比的比较》的比较表中总结了 IE 类比。该表对创新生态系统出版物中出现的不同概念差异进行了比较。并非所有这些都与 Moore 的 IE 理论有关（见表 2-1）。

表 2-1 不同生态系统方法的比较——改编自 Pilinkienė 和 Mačiulis（2014）

生态系统类比	产业生态系统	创新生态系统	数字商业生态系统	创业生态系统
环境	地方；产业环境	从地方到全球；组织间、政治、经济和技术环境	从地方到全球；数字环境	地方；具体地点
参与者	制造商与消费者	企业家；大型和小型企业；教育机构；研究机构和实验室；风险投资公司；金融市场；政府机构	研究与教育组织；创新中心；小型和大型企业及其协会；地方政府和公共行政部门	金融资本；教育机构；文化；纸质措施；人力资本；市场；政府机构；非政府机构；企业家；大型和小型企业
影响生态系统绩效的关键因素	产业与环境互动；生态系统参与者之间的互动	资源、治理、策略与领导、组织文化、技术。生态系统参与者之间的互动	服务和技术解决方案，业务和知识；生态系统参与者之间的互动	机会、技术人才和资源；生态系统参与者之间的互动

---

① Adner R., *The wide lens: A new strategy for innovation*, Portfolio/Penguin, New York, 2012. p. 300.

第二节 产业集群理论

一 集群网络

尽管缺乏直接面向非核心企业的相关研究,但是,可以通过梳理与非核心企业相关的集群网络研究进展,集群网络中核心企业的相关研究趋势,以及创新价值理论相关研究发展,来为本项研究提供理论支持。

(一)集群网络研究现状与发展动态

作为全球竞争的重要组织形式,集群网络是当今国内外学者关注的一个热点领域。网络包括节点和关联两个重要元素,而各节点的链接方式,各组成部分的相互位置和相互关系,决定着集群资源的分布状况和整合深度,决定着集群中各主体的行为方式,进而影响着集群整体的行为取向[1]。集群网络是企业为了扩大生存空间而形成的一种组织形态[2]。产业集群网络、创新网络相关研究大都受"国家创新体系(NIS)"[3]思路的影响。该种观点认为不同创新要素之间构成的诸多关系网络,是技术创新得以开发、引进、改进和扩散的重要媒介。集群网络能形成不同类型的正式、非正式关系,通过集群内的网络化能够促进技术创新,强化集群、网络与企业创新的互补效应[4],这些可以反映本地、区域和国家创新方面的创新能力。在多维性和复杂性特点的集群网络中,由于核心企业在网络中占据主

---

[1] Holmlund, M., "The D & D Model-dimensions and Domains of Relationship Quality Perceptions", *Service Industries Journal*, Vol. 3, No. 3, 2001, pp. 13–36.

[2] Bianconi G., Barabasi A. L., "Competition and multiscaling in evolving networks", *Europhysics letters*, Vol. 54, No. 4, 2001, pp. 436–442.

[3] Freeman, C., *Technology Policy and Economic Performance: Lessons from Japan*, London: Printer, 1987, p. 400.

[4] Gnyawali Devi R., "Srivastava Manish K., Complementary effects of clusters and networks on firm innovation: A conceptual model", *Technology Management*, Vol. 30, 2013, pp. 1–20.

导地位，多数的研究直接将集群网络研究定位于为基于核心企业的创新网络研究。

组织的开放性越强，越有助于提升网络整体价值创造水平及企业创新能力。不同规模的企业在集群网络中的地位是不同的，核心企业通常是大企业，而非核心企业通常是小企业。到底何种规模的企业更具有创新积极性，一直是学术界争论的焦点。随着产业发展和成熟，"熊彼特Ⅰ型"模式会演变为"熊彼特Ⅱ型"模式，大企业将成为主要的创新者；当出现根本性创新时，"熊彼特Ⅱ型"模式将被"熊彼特Ⅰ型"模式取代[1]。包含企业、各种技术、市场、大学、私人研究机构以及制造商之间的伙伴关系，能够使大企业和小企业更加容易进行创新[2]。在集群网络中，虽然更多的创新不断地转向中小型企业，但是大企业占企业创新主导地位并未改变；良好的大学、研究机构、小企业和大企业的交互关系是创新网络充满动力的关键。以大企业为中心的合作伙伴关系网络和实践社区结构是一种有效的创新系统，跨组织的创新网络对于新兴技术领域的创新尤为重要[3]。集群企业的专业化和模块化发展并不能决定集群的连通性，而集群企业的规模却决定着集群网络化的水平，大企业与集群网络的全球化水平显著正相关[4]。

（二）集群网络中的核心企业优势研究

随着理论界对集群网络、中大企业创新功能、企业规模与网络结构关系的研究，占据网络优势位置和关键资源的核心企业逐渐进入研究者的视

---

[1] Klepper, S., Entry, Exit, "Growth and Innovation over the Product Life Cycle", *American Economic Review*, Vol. 86, 1996, pp. 562 – 583.

[2] Rothwell Roy, Leader, "External networking and innovation in small and medium-sized manufacturing firms in Europe", *Technovation*, Vol. 1, 1999, pp. 93 – 112.

[3] Valk Tessa van der, Maryse M. H., Chappin, Govert W. Gijsbers, "Evaluating innovation networks in emerging technologies", *Technological Forecasting and Social Change*, Vol. 1, 2011, pp. 25 – 39.

[4] Crawford Seth, "What is the energy policy-planning network and who dominates it? A network and QCA analysis of leading energy firms and organizations", *Energy Policy*, Vol. 45, 2012, pp. 430 – 439.

野。集群网络中核心企业的竞争优势与企业所拥有的资源密切相关，创造和保持企业持续竞争优势的资源必须具备 4 个性质：即价值性、稀缺性、不可模仿性和不可替代性[1]。企业间网络中存在着拥有大量关系的中心企业，而这些中心企业的分布特征显示，在网络中心企业中还存在超级中心企业（super-hub firms），它们趋向于拥有更多的关系伙伴。核心企业位于网络中心位置，是网络中的知识转移和扩散中心，能影响网络成员的认知以及对新产品或服务的采用[2]，在构建创新网络、选择网络成员和创新任务分配上具有一定的影响力。在成熟产业集群中，核心企业在集群隐性或显性知识网络中的中心位置，对产品创新具有显著影响。企业网络中的核心企业具有较强的网络组织和管理能力，能够增强创新网络成员的产出绩效（响应能力、财务绩效、效率、效用以及创新性）。可见，核心企业相关研究大多集中于创新网络的形成与核心企业成长、核心企业网络优势以及核心企业影响力等方面。这些研究在解释大企业或核心企业如何控制网络中的非核心企业方面具有参考价值，但对于非核心企业成长以及非核心企业对网络结构、演化影响的解释相对乏力。

（三）集群网络中的非核心企业创新研究

关于此类问题的研究，基本延续着中小企业创新的研究视角，更多的是关心这类企业如何从网络中获益，而较少关注非核心企业创新对网络演化的影响。集群网络作为资源集聚、信息共享的一种制度安排，能够为资源相对匮乏的中小企业提供更多的技术机会。基于供应链关系形成的良好的、紧密的多元化关系有助于增强中小企业的创新能力。内部技术能力是技术投资效果的重要决定因素，网络对内部能力具有补充作用，能够产生

---

[1] Barney J. B., "Firm resources and sustainable competitive advantage", *Journal of Management*, Vol. 17, 1991, pp. 99 – 120.

[2] Cho Y., S., Hwang J., Lee D., "Identification of effective opinion leaders in the diffusion of technological innovation: A social network approach", *Technological Forecasting & Social Change*, Vol. 79, 2012, pp. 97 – 106.

协同效应而非替代它,技术投资战略加强了网络和投资有效性之间的关系①。网络中个人关系和专业关系并存,会影响创新扩散的动态变化。从技术能力的视角看,网络中上、下游水平以及开发联盟对产品开发的影响,取决于新企业技术能力的专业化程度。中小企业对网络的依赖度决定其创新行为模式的选择②。当然,也有学者持相反的意见,认为在大企业和小企业之间的技术合作中,尽管这种合作关系通常能够使大、小企业都获得好处,但非对称性的合作关系有时候也会损害中小企业的利益。上述研究从不同角度说明,以中小企业为主的非核心企业,其技术能力是整合外部网络资源,确保创新成功的关键。

(四)集群网络的结构与演化研究

创新集群或网络的演化过程中涉及企业、企业间关系与网络结构的互动演化,与核心企业和非核心企业相对位置变化存在着高度相关关系。分散化的网络合作伙伴间的选择过程,推动了网络多重均衡结构的实现,通过对正逐步显现出均衡结构的网络的特性研究,可以再现 R&D 创新网络的演化过程。网络中的企业能力与网络之间确实存在累积性的、非递归的、自我强化的关系,某一个时刻的企业能力能够激发或限制网络能力的发展,同时也增加了进入新网络的能力基础;反过来,任何时刻的网络发展都会有助于企业形成更高水平的能力,并达到更高一级的能力边界③。特殊网络结构会对集群的绩效具有重要影响,保持长期、持续的、适宜的开放水平有助于组织学习绩效的最大化。不同产业从正式和非正式关系中获取知识以及互补性资产的差异性,影响着企业获取资源的类型和来源,

---

① Voudouris Irini, Lioukas Spyros, Iatrelli Maria, Caloghirou Yannis, "Effectiveness of technology investment: Impact of internal technological capability, networking and investment's strategic importance", *Technovation*, Vol. 7, 2012, pp. 400 – 414.

② Gardet Elodie, Fraiha Shady, "Coordination Modes Established by the Hub Firm of an Innovation Network: The Case of an SME Bearer", *Journal of Small Business Management*, Vol. 4, 2012, pp. 216 – 238.

③ Dantas Eva, Bell Martin, "The co-evalution of firm-centered knowledge networks and capabilities in late industrializing countries: The case of Petrobras in the offshore oil innovation system in Brazil", *World Development*, Vol. 39, No. 2011, pp. 1570 – 1591.

进而影响企业在创新网络中的行为模式①。网络个体层面的资源与网络层面的因素交互作用更易形成良好的支撑性的系统资源。网络演化与嵌入性之间的关系，是网络资源以及嵌入网络中的创新（开发、生产与应用）交互作用的一种结果。集群网络中的网络化行为及其交互作用是体系惯例形成的原因，体系宏观层面的演化结构受体系异质性以及帕累托效率的初始条件影响。受限于外部环境和企业内部机制，网络演化与其形成的初始条件高度相关，其演化具有路径依赖的特征，但又无法准确地预知，当供应链网络中的企业倾向于采用长期合作战略而非短期合作战略时，通常会形成更高水平的稳定结构和适应度。然而，借助于解耦或退耦，即脱离网络，从关系的转换中学习（learning by switching），也可能是突破原有合作藩篱，构建新集群网络的一种路径。

（五）集群网络的治理与政策支持研究

区域集群呈现出显著差异化的小世界特征，关注不同网络模块间的网络化活动是支撑网络关系良好发展的关键②。追求本地创新参与者之间的协同效应是绝大多数地区产业政策的基本指向。区域创新网络的空间和组织结构、创新环境等对创新政策的效果具有显著影响。创新网络中的企业创新绩效的提升，是通过合理的过程安排、结构和治理系统的设计来实现的。在一个大的产业密集区域，本地环境对企业创新行为尤为重要。集群网络中的绝大多数合作伙伴都是"本地的"，因此，目前集群网络相关政策大都集中在了本地化网络的构建上，强调本地合作关系的建立，而忽视与外地知识交流的重要性③。

---

① Salavis Isabel, Sousa Cristina, Fontes Margarida, "Topologies of innovation networks in knowledge-intensive sectors: Sectoral differences in the access to knowledge and complementary assets through formal and informal ties", *Technovation*, Vol. 6, 2012, pp. 380 – 399.

② Kajikawa Yuya, Takeda Yoshiyuki, Sakata Ichiro, KatsumoriMatsushima, "Multiscale analysis of interfirm networks in regional clusters", *Technovation*, Vol. 30, 2010, pp. 168 – 180.

③ De Jong Jeroen P. J., FreelMark, "Absorptive capacity and the reach of collaboration in high technology small firms", *Research Policy*, Vol. 39, No. 1, 2010, pp. 47 – 54.

（六）国内集群网络研究的趋势

与国外研究趋势大体一致，集群网络演化和核心企业仍然占据着研究的主导地位。国内关于集群网络的相关研究，基本与国际同步，在借鉴国外相关研究理论和方法基础上，围绕中国元素和中国经济转型的特定内涵，形成了一批高质量成果。核心企业对战略、创新网络演化的作用[①]、核心企业创新以及核心企业领导力等相关问题引起国内学者的极大关注。关注中小企业型产业创新网络结构与模式[②]，引入社会网络、模块化、竞争合作关系、协同创新等理念，为多样化集群网络研究提供了新视野。

通过引入社会网络理论中的强关系、弱关系分析方法，集群网络中的关系强度[③]等研究得到了更多关注。社会网络分析方法的引入，为集群网络和非核心企业创新行为分析提供了一种新工具。在行动者网络中（Actor network theory，ANT）中，网络涉及技术关系、经济形式、政治结构和社会过程，是一个突出异质性、多元性和复杂性的关系型聚合体的"行动者网络空间"。知识创造与生产是由多种异质行动者相互作用、彼此建构而形成的网络动态过程。该理论强调"追随行动者"，即从各种异质的行动者中选择一个，并以此为核心行动者，通过追随特定核心行动者的方式，清晰展示以此行动者为中心的网络建构过程，对于解释核心行动者的创新演化机理和创新决策具有参考价值。集群网络中的行动者，包括核心企业和非核心企业之间的地位和角色是可以转换的。不同创新行动者之间通过"转译"（translation）来实现相互知识的交流，某一行动者的角色是通过其他行动者而得到界定的。知识传递方式和知识节点特性等对创新知识的流动及其效率有显著影响[④]。

[①] 党兴华、王方：《核心企业知识权利运用对技术创新网络关系治理行为的影响——基于管理能力角度的实证研究》，《科学学与科学技术管理》2012年第12期。

[②] 池仁勇：《区域中小企业创新网络的结点联结及其效率评价研究》，《管理世界》2007年第1期。

[③] 潘松挺、蔡宁：《企业创新网络中关系强度的测量研究》，《中国软科学》2010年第5期。

[④] 毕克新、黄平、李婉红：《产品创新与工艺创新知识流耦合影响因素研究——基于制造业企业的实证分析》，《科研管理》2012年第8期。

企业通过自身的网络能力占据着独特的网络位置（中心度与核心度），这种特定的位置为企业带来优势创新资源。在 R&D 联盟网络环境下，R&D 联盟网络中心性和结构洞等位置属性，均能够通过高新技术企业联盟能力中介作用，对高新技术企业竞争优势产生正向影响[1]。核心节点的形成存在路径依赖，网络中核心节点的形成及演化是优先连接机制作用的结果[2]。网络中不同节点的创新行为特征对知识转移的收益会产生影响，合作行为和自主行为的组合可以分散风险，提高收益的稳定性。网络规模大、网络开放、网络资源异质性较高的研发网络能为核心企业带来更高的产品创新绩效[3]。

创新网络中企业个体与网络结构的互动演化成为一个新的研究领域。创新网络演化可以分为初始、裂变、集聚和重组四个阶段；地理邻近、社会邻近、认知邻近三种邻近性综合作用于创新网络结网与知识流动，并且这种作用具有积累性。社会资本中的关系资本积累与认知资本之间存在着不平衡关系，影响着网络均衡水平。有学者从市场和技术不确定性角度，或是社会资本和结构洞角度研究嵌入性与网络的生成与演化。本地与超本地两类网络的功能整合和知识整合是促进集群企业创新能力跃迁的必要条件。在技术—制度的共生演变过程中，快速持续的创新发展激发了大量创新网络扩张与核心企业成长的交互作用[4]。任务、学习、合作和风险都将对集群网络中的核心企业、非核心企业的创新演化产生影响，网络生成期任务维度权重大，网络成长期关系维度权重大，网络成熟期学习维度权重大[5]。

---

[1] 赵红梅、王宏起、徐建中：《R&D 联盟网络位置对高新技术企业竞争优势影响研究》，《华东经济管理》2013 年第 11 期。

[2] 刘凤朝、姜滨滨：《联盟网络核心节点形成及其影响因素研究》，《管理学报》2013 年第 5 期。

[3] 魏江、徐蕾：《知识网络双重嵌入、知识整合与集群企业创新能力》，《管理科学学报》2014 年第 2 期。

[4] 蒋军锋：《创新网络与核心企业共生演变研究进展》，《研究与发展管理》2010 年第 5 期。

[5] 刘晓燕、阮平南、李非凡：《基于关键成功因素的技术创新网络动态伙伴选择模型》，《软科学》2014 年第 7 期。

良好的网络生态也影响着集群网络中的企业创新行为。不同的创新网络，技术和地理的分散或收敛方式不尽相同，与之匹配的组织学习及其顺序也存在差异，这种差异化的学习对企业创新绩效有着显著影响。文化嵌入通过影响集群创新系统的结构和行为进而影响集群的竞争优势，集群长期可持续发展，必须实现文化的适度嵌入[①]。集群网络的生态环境通过对企业创新能力的倒 U 型影响而对企业创新绩效产生倒 U 型影响。在合作创新网络中，由于目标、资源投入的不均衡性、联盟绩效考核和利益共享机制的不健全等也会诱发各种冲突，这些冲突对创新绩效有很大影响，而基于文化同质性的生态环境可能弥合这种矛盾[②]。

与核心企业的相关研究不同，国内关于非核心企业创新行为的相关研究甚少，多数研究是从企业规模角度，即从集群网络中的中小企业视角来展开的。由于部分核心企业在规模上可能属于中小企业，因此该类丰富的、高质量研究将为本书研究提供重要的理论支撑。外部开放度与内部要素参与度，影响着中小企业内外网络的协同演化。集群网络中的产业链和创新链的形成及耦合演进，为中小企业创新能力的培育提供了战略思路。科技型中小企业与其上下游企业间的外部关系学习能力以及内部知识整合能力越强，越能够将外溢知识内化为自身的技术能力，从而提高中小企业的创新绩效[③]。在集群网络中，企业创新模式与创新能力之间呈现出显著的螺旋式交互影响作用，而企业学习则在这一过程中起到了重要影响。强化网络嵌入性能够提升中小企业的动态能力，促进中小企业成长。这些研究成果给本书的启发就是，需要探索集群网络中非核心企业技术能力成长，以及非核心企业与核心企业的协调性问题。

---

① 魏江、向永胜：《文化嵌入与集群发展的共演机制研究》，《自然辩证法研究》2012 年第 3 期。

② 周荃、王乃有、马香媛：《产业技术创新战略联盟冲突类型与影响因素的关联分析》，《科学学研究》2014 年第 3 期。

③ 李贞、杨洪涛：《吸收能力、关系学习及知识整合对企业创新绩效的影响研究——来自科技型中小企业的实证研究》，《科研管理》2012 年第 1 期。

第三节 创新价值链理论

基于系统观点的集群网络理论和方法将为本书研究提供一种相对宏观的视角，而最近兴起的技术创新价值链研究思路则为本书研究提供一个相对微观的视角。该思路整合了技术创新理论与价值链理论，国外研究一般以 IVC（innovation value chain）命名，即创新价值链，其发展历程可追溯到全球商品链（GCC）[1]、全球价值链（GVC）[2]、全球生产网络（GPN）[3]以及知识价值链（KVC）[4]等概念。技术创新价值链在很大程度上是与创新全球化相对应的一个概念，把 R&D 国际化看作创新价值链的延伸，这些研究主要集中在了两个方面：1. 在理论上将创新的价值实现过程进行分解，划分出相互衔接的若干阶段；2. 根据理论模型探讨 IVC 不同环节之间的交互关系。知识获取、转换与开发利用的循环往复过程即为创新价值链，也就是企业通过收集创新所需要的知识（知识源），将其转化为创新成果（新产品或新工艺），并最终推向市场实现企业发展（销售额增加、生产率提高等）的过程。研究创新价值链各环节以及各要素之间的关系，使知识的附加价值问题[5]得到了关注。创新过程可以分成三个阶段（创意的产生、转换和扩散）和六个临界点（部门内、跨部门、企业外获取新创意，创意的选择与开发，创意的扩散）[6]。创新价值链主要包括探索（Ex-

---

[1] Gereffi G., *Global Production Systems and Third World Development*: *Global Change*, Regional Response, 1995, p. 200.

[2] John Humphrey, "How does insertion inglobal value chains affect upgrading in industrial clusters", *Regional Studies*, Vol. 9, 2002, pp. 1017–1027.

[3] Dieter Ernst, LinsuKim, "Global production networks, knowledge diffusion, and local capability formation", *Research Policy*, Vol. 31, 2002, pp. 1417–1429.

[4] Powell T., "The Knowledge Value Chain (KVC): How to fix it when it breaks", *Proceedings of the 22nd National Online Meeting*, Medford, 2001, pp. 301–312.

[5] Roper Stephen, James H. Love, Karen Bonner, "Firms' knowledge search and local knowledge externalities in innovation performance", *Research Policy*, Vol. 46, 2017, pp. 43–56.

[6] Hansen M. T., Brikinshaw J., "The innovation value Chain", *Harvard Business Review*, Vol. 85, 2002, pp. 121–135.

ploration）、审查（Examination）、开发（exploitation）三个主要阶段，"催化剂"（如行业协会、孵化器、技术学校等）在各阶段衔接中具有积极作用。在企业创新能力与生产力之间的相互促进关系中，外部知识源会影响企业的创新决策而非创新绩效。

我国学者对 IVC 问题的探索，起步于对技术创新与技术创新价值链的关系的研究。限于研究积累和数据资料，至今主流期刊发表的创新价值链相关学术论文，平均下来每年仍不足 2 篇。有学者根据吸收能力的因果积累效应，分析了全球研发网络对我国创新价值链动态升级的影响，也有学者从国家创新价值链的形成角度出发，探讨了基于创新价值链的信息服务的社会化发展问题，并将创新价值链延伸到区域创新层面。基于创新价值链分析框架，有学者探究了知识来源、产出与科技成果转化绩效的链式关系。有学者应用创新价值链理论对三种常见的产学研合作模式：技术转让模式、合作研发模式和共建实体模式进行重新阐释，并以企业与学研在创新价值链不同阶段的结合方式为维度对产学研合作模式进行拓展。还有学者基于知识创新价值链的跨系统协同共享需求基础上，利用博弈方法揭示创新主体协同共享的动态学习过程和进化稳定策略。可见，我国此类问题研究无论研究规模还是研究深度都还有很大的拓展空间。

第四节 非核心企业与核心企业

一 企业分类及特征

（一）分类标准

迄今学者对于核心企业与非核心企业做出了多种分类标准。全裕吉和陈益云[①]以企业是否具备核心技术创新能力对中小企业的技术创新进行了

---

① 全裕吉、陈益云：《从非核心技术创新到核心技术创新：中小企业创新的一种战略》，《科学管理研究》2003 年第 3 期。

区分，指出核心企业能够掌握核心技术，而核心技术对技术领域企业的发展起到了至关重要的作用，能够带动区域整体技术的发展。核心技术的创新是一个极其复杂的过程，并同时伴有较高的风险，需要企业具备较高的市场能力和技术商业化的能力，因此，在核心技术创新领域，中小企业通常以非核心技术为切入点进行嵌入，之后经过渐进式创新或是衍生性创新，通过自身的知识积累、创新能力和资源等基础性要素的积累，转入该领域核心技术的研究与开发。因此，从企业所掌握的技术层面，核心企业是掌握了该领域的核心技术，并且能够带动该项核心技术在更大范围内得到发展和应用的企业。

从产业集群层面，产业集群中的企业可划分为核心企业及配套企业，随着产业的发展与壮大，集群中少数企业掌握核心技术与资源，成为集群中的核心企业，同时会产生与之相对应的相关配套企业。核心企业与配套企业之间是合作模型或存在着潜在竞争模式[1]。核心企业与配套企业之间需要彼此合作，协同创新，在零部件与同质产品的成本与销售价格达到最佳利润率，才会提升整体利润。这种分类标准更趋向于创新价值链的上游企业与下游配套企业间的合作关系。

从核心企业控制力视角来看，在产业创新网络中核心企业是知识与技术的溢出者，同时核心企业对网络中的非核心企业，主要是中小企业存在着控制力，并对其他企业有直接或间接的知识溢出效应，间接效应是通过关系质量和知识转移这两个中介产生的影响[2]。核心企业对非核心企业的控制力还体现在行业进入壁垒的设置。项后军、裘斌斌和周宇[3]从不同集群演化过程的视角下指出，在核心企业形成的现有的同质性产业集群中，核心企业会形成较高的进入壁垒，对其他企业有着控制和抑制作用，特别

---

[1] 杜欣、邵云飞：《集群核心企业与配套企业的协同创新博弈分析及收益分配调整》，《中国管理科学》2013年第S2期。

[2] 王伟光、冯荣凯、尹博：《产业创新网络中核心企业控制力能够促进知识溢出吗？》，《管理世界》2015年第6期。

[3] 项后军、裘斌斌、周宇：《核心企业视角下不同集群演化过程的比较研究》，《科学学研究》2015年第2期。

是能够抑制新创企业的企业家精神或创业精神，在以核心企业为主导的同质性产业集群中很难出现新创企业。因此，传统的产业集群通常是由核心企业主导的产业集群，在传统产业集群中核心企业与中小企业的合作是从创新链的后端向创新链的前端转移①。

从企业的创新能力视角，核心企业更热衷于自主创新能力的提升，这一提升过程不是盲从性的，而是通过组织间的信任和沟通，最终提升了核心企业的创新绩效②。此外，自主创新网络中的核心企业能够在不同自主创新阶段对行动者进行调整，以加强企业的自主创新能力。从另一方面讲，这一结论进一步验证了集群网络中核心企业对非核心企业的控制力。

从企业创新生态系统的构建视角，未来企业的竞争必须借助于创新生态系统的发展，企业间协同发展、共同创新③。纵观国内外企业，海尔、IBM、微软件、苹果、沃尔玛等企业都已借助于以自身为核心的企业创新生态系统在市场环境与国际竞争中不断巩固自身的核心地位，保持着竞争优势。在创新生态系统中通常会存在一个或多个核心企业，它们是创新主体，是系统中的核心，并且能够与外界个人或组织建立不同层次的合作关系，在创新生态系统的发展过程中，核心企业起到了至关重要的作用。核心企业在系统中处于中心位置，并且有充分的组织能力与知识构建系统维持以自身为核心的创新网络，同时能够整合系统中的内部和外部资源为己所用，即拥有较强的体系化能力，并适当的分享给网络中的其他企业，能够通过整合与合作决定其他企业的去留，拥有该企业中独特和尖端的技术与资源，通过系统的创造性获取外部市场的优势。

---

① 许强、应翔君：《核心企业主导下传统产业集群和高技术产业集群协同创新网络比较——基于多案例研究》，《软科学》2012 年第 6 期。
② 刘锦英：《核心企业自主创新网络演化机理研究——以鸽瑞公司"冷轧钢带"自主创新为例》，《管理评论》2014 年第 2 期。
③ 蒋石梅、吕平、陈劲：《企业创新生态系统研究综述——基于核心企业的视角》，《技术经济》2015 年第 7 期。

表2-2　　　　　　　　核心企业与非核心企业区分标准

视角	分类标准	学者年份
核心技术	拥有核心技术，独特或关键性技术	孙冰和周大铭（2011）[1]
产业集群	对其他企业有控制力，选择和决定其他成员去留	Williamson 和 De Meyer（2012）[2]
创新能力	提供创新平台，拥有自主创新能力，能够带动其他企业创新活动	Iansiti 和 Levien（2004）[3]；Scholten（2012）[4]
创新生态系统	拥有关键资源系统中心领导位置，构建、影响并且维持系统，整合、共享创新资源	Nambisan（2013）[5]

现有学者分别从是否掌握核心技术、是否在产业集群中起到引领和带动作用、是否具备自主创新能力及是否有能力构建区域创新生态系统及创新平台对于核心企业概念与非核心企业概念进行了区分。

（二）企业特征

创新价值链中核心企业与非核心企业间的相互依存的关系有利于提升网络整体价值创造水平及企业创新能力[6]。创新价值链中的核心企业与非核心企业从企业规模、控制力、体系化能力、所在位置均有显著差异（见表2-3）。不同规模的企业在创新价值链中的地位是不同的，核心企业通常是大企业，而非核心企业通常是小企业。到底何种规模的企业更具有创新积极性，一直是学术界争论的焦点。虽然，包含企业、各种技术、市

---

[1] 孙冰、周大铭：《基于核心企业视角的企业技术创新生态系统构建》，《商业经济与管理》2011年第11期。

[2] Wiliamson. P. J., Meyer. D. A., "Ecosystemadvantage: how to successfully harness the power of partners", *California Management Review*, Vol. 4, 2012, pp. 24 – 46.

[3] Iansiti. M., Levien. R., "Strategy as ecology", *Harvard Business Review*, Vol. 3, 2004, pp. 51 – 62.

[4] Scholten. S. Scholten. U., "Platform based innovation management: directing external innovational efforts in platform ecosystems", *Journal of The Knowledge Economy*, Vol. 3, 2012, pp. 14 – 184.

[5] Nambisan. S. Zaher. S. A., "Entrepreneurship in global innovation ecosystems", *Academy of Marketing Science*, Vol. 1, 2011, pp. 4 – 17.

[6] Krenz P., Basmer S-V, Buxbaum-Conradi S., Wulfsberg JP., *Hamburg Model of Knowledge Management. ZähM, editor. Enabling Manufacturing Competitiveness and Economic Sustainability*, Munich: Springer International Publishing, 2014, pp. 389 – 394.

场、大学、私人研究机构以及制造商之间的伙伴关系的大企业较小企业更加容易进行创新①。然而，在集群网络中，存在着一批以核心企业为中心的众多规模较小，灵活度却较高的非核心企业，凭借创新网络中跨组织的整合能力实现了自身在创新价值链中的高速发展，特别是在一些新兴产业的新兴技术领域②。同时，这种以核心企业为中心的合作伙伴关系网络和实践社区结构是一种有效的创新系统③，特别是集群中非核心企业的专业化和模块化发展保证了产业链的连通性，在一定程度上决定了集群网络化水平④。

表2-3　　　　　　创新价值链中核心企业与非核心企业对比分析

	核心企业	非核心企业
企业规模	大	中、小
控制力	强	弱
体系化能力	多元化	单一
创新价值链位置	高端	中、低端
创新行为模式	自上而下	自下而上

（三）企业家精神差异

关于企业家精神的探讨已成为近年来众多学者所热议的主要对象。企业家的数量和质量对一个国家的经济发展至关重要⑤，企业家精神关乎于

---

① Rothwell Roy, Leader. ,"External networking and innovation in small and medium-sized manufacturing firms in Europe", *Technovation*, Vol. 11, 1991, pp. 93 – 112.

② ValkTessa van der, Maryse M. H. Chappin, GovertW. Gijsbers. ,"Evaluating innovation networks in emerging technologies", *Technological Forecasting and Social Change*, Vol. 1, 2011, pp. 25 – 39.

③ CoralloAngelo, TaifiNouha, PassianteGiuseppina. ,"Strategic and Managerial Ties for the New Product Development", *The Open Knowledge Society*, Vol. 19, 200, pp. 398 – 405.

④ Erkus-Ozturk Hilal,"The role of cluster types and firm size in designing the level of network relations：The experience of the Antalya tourism region", *Tourism Management*, Vol. 30, 2009, pp. 589 – 597. Crawford Seth,"What is the energy policy-planning network and who dominates it? A network and QCA analysis of leading energy firms and organizations", *Energy Policy*, Vol. 45, 2012, pp. 430 – 439.

⑤ Garcés-Ayerbe, C. , Rivera-Torres, P. , & Murillo-Luna, J. L. ,"Stakeholder pressure andenvironmentalproactivity：Moderating effect of competitive advantage expectations", *Management Decision*, Vol. 2, 2012, pp. 189 – 206.

企业发展的问题和国家或地区经济发展的质量[1]。企业家精神作为创新要素，对经济绩效的影响取决于其在生产性和非生产性行为间的企业家资源配置，即在创新行为与扩散新技术之间的配置。企业家精神通过企业家行为和企业家能力体现，企业家的行为与决策有别管理者，管理者仅是对企业习惯模式中的行为和决策，而企业家（entrepreneur）要扮演许多不同的角色，如领导、动员等工作，他是熊彼特意义上的创新者。在熊彼特模型中，企业家利润是经济增长的关键所在，企业家是第一个引入"新组合"的人[2]。企业家是拥有个人人格魅力与勇气的，能够指挥大大小小团体或组织的经济活动[3]。

核心企业的特殊地位决定了企业必须积累一定的相关知识存量，特别是基本原理和操作技术，其企业家具有较强的创新认知，是"创新型企业家"；相反，"模仿型企业家"热衷于引进创新，即在现有的产品中找到任何可以创新改进的方向。这种模仿引进创新可以促使一个国家迅速获得更好国家的收益，模仿活动能使所有工业化国家很快分享它们当中任何一国成功增长政策的成果。通常情况下，模仿者需要具备高度的创新能力与企业家精神，特别是在市场创新上，为产品找到新市场的任务经常需要一些想象力与敏感性，此外，这一过程迫使模仿者对转移的产品和技术进行一些创新性的改进，而这些改进对使用者来说是名副其实的改善，具有直接生产性。模仿者与初始创新者的竞争过程中，获得胜利的唯一机会就是提供一种改进或者更便宜的产品，即"复制细节＋改进"。正是模仿者对原始技术的改进工作将那些新颖的项目由纯粹的求知欲转化为对经济运行的均价贡献。

---

[1] Soriano, D. R., & Huarng, K. H., "Innovation and entrepreneurship in knowledgeindustries", *Journal of Business Research*, Vol. 10, 2013, pp. 1964–1969.

[2] [美] 约瑟夫·熊彼特：《经济发展理论》，何畏等译，商务印书馆2000年版，第35页。

[3] [美] 鲍莫尔等：《好的资本主义，坏的资本主义以及增长与繁荣的经济学》，刘卫、张春霖译，中信出版社2008年版，第50页。

表 2-4　　核心企业与非核心企业企业家精神差异比较

价值链位置 企业类型	上游			中游			下游			企业家特质
	冒险性	开创性	创新性	冒险性	开创性	创新性	冒险性	开创性	创新性	
核心企业	***	***	***	**	**	**	*	*	*	创新型企业家
非核心企业	*	*	*	*	*	*	***	***	***	模仿型企业家

综上所述，企业家精神在企业的不同发展阶段起到了至关重要的作用，非核心企业创新赶超过程，或是成功上升为核心企业的过程，伴随着企业家在创新活动中的角色转换，即从"模仿型企业家"转换为"创新型企业家"，在这一转换过程中，企业家精神中的创新性、开创性以及冒险性的不同组合对非核心企业创新行为模式演化的作用也会呈现出差异性，最终影响企业的创新绩效。

二　核心企业概念界定

随着理论界对集群、网络中大企业创新功能、企业规模与网络结构关系的研究，占据网络优势位置和关键资源的核心企业逐渐进入研究者的视野。集群网络中核心企业的竞争优势与企业所拥有的资源密切相关，创造和保持企业持续竞争优势的资源必须具备 4 个性质：即价值性、稀缺性、不可模仿性和不可替代性[1]。企业网络中存在着拥有大量关系的中心企业，而这些中心企业的分布特征显示，在网络中心企业中还存在超级中心企业（super-hub firms），它们趋向于拥有更多的关系伙伴。核心企业位于网络中心位置，是网络中的知识转移和扩散中心[2]，能影响网络成员的认知以及对新产品或服务的采用[3]，在构建创新网络、选择网络成员和创新任务分

---

[1] Barney J. B., "Firm resources and sustainable competitive advantage", *Journal of Management*, Vol. 17, 1991, pp. 99–120.

[2] Hansen, M. T., "KnowledgeNetworks: Explaining Effective Knowledge Sharing in Multiunit Companies", *Organization Science*, Vol. 5, 2002, pp. 232–248.

[3] Cho Y., S., Hwang J., Lee D., "Identification of effective opinion leaders in the diffusion of technological innovation: A social network approach", *Technological Forecasting & Social Change*, Vol. 79, 2012, pp. 97–106.

配上具有一定的影响力①。在成熟产业集群中，核心企业在集群隐性或显性知识网络中的中心位置，对产品创新具有显著影响②。企业间网络中的核心企业具有较强的网络组织和管理能力，能够增强创新网络中成员的产出绩效（响应能力、财务绩效、效率、效用以及创新性）③。目前，核心企业相关研究大多集中于创新网络的形成与核心企业成长④、核心企业网络优势⑤以及核心企业影响力⑥等方面。

价值论指出企业创新活动的根本是以价值增值为目标，即实现创新价值链全过程。本书在借鉴现有核心企业与非核心企业的分类标准中，以创新价值链这一全新的视角对核心企业与非核心企业进行界定。在任何产业的创新价值链中，不同的企业位于创新价值链中的不同阶段或节点，这一位置又进一步决定了企业的创新行为模式及对内部资源与外部资源的体系化能力，即处于创新价值链高端的企业致力于研发创新、技术创新等行为，且具备较强的研发体系化与技术体系化的能力，因此，创新价值链核心企业对下游企业具有支配和控制作用；同时，核心企业掌握的优势资源及核心技术，能够控制下游非核心企业；此外，因其较强的研发、技术及生产体系化能力，使其拥有塑造自主品牌的能力，因此，核心企业拥有市场体系化的能

---

① Perks H., Moxey S., "Market-facing innovation networks: How lead firms partition tasks, share resource and develop capabilities", *Industrial Marketing Management*, Vol. 8, 2011, pp. 1224 – 1237.

② CasanuevaCristobal, CastroIgnacio, J. L. Galan. "Informational networks and innovation in mature industrial clusters", *Journal of Business Research*, Vol. 5, 2013, pp. 603 – 613.

③ SprallsIII, S. A., HuntS. D., Wilcox, J. B., "Extranet use and building relationship capital in interfirm distribution networks: the role of extranet capability", *Journal of Retailing*, Vol. 87, 2011, pp. 59 – 74.

④ Manuela Presutti, CristinaBoari, LucianoFratocchi, "The evolution of inter-organisational social capital with foreign customers: Its direct and interactive effects on SMEs' foreign performance", *Journal of World Business*, Vol. 11, 2016, pp. 760 – 773.

⑤ Zaheer Akbar, Bell Geoffrey G., "Benefiting from network position: firmcapabilities, structuralholes, andperformance", *Strategic Management Jouranl*, Vol. 26. 2005, pp. 809 – 825. Adner Ron, Kapoor Rahul. , "Value creation in innovation ecosystems: How the structure of technological interdependence affects firm performance in new technology generations", *Strategic Management Journal*, Vol. 31, 2010, pp. 306 – 333.

⑥ SprallsIII, S. A., Hunt S. D., Wilcox, J. B., "Extranet use and building relationship capital in interfirm distribution networks: the role of extranet capability", *Journal of Retailing*, Vol. 87, No. 1, 2011, pp. 59 – 74.

力。综上所述，本书以创新价值链视角界定的核心企业的特征即是拥有多元体系化能力，能够控制或影响创新价值链中其他企业的创新行为。

三 非核心企业概念界定

现有学者的研究中关于非核心企业的概念尚没有统计的界定，多从两个视角进行论述，即产业集群视角和企业规模视角。在企业规模理论中，集群的模型分为中小企业集聚式和大企业引领式，在大企业引领式的集群模型中，大企业具有引领作用，因此被称之为核心企业，而与其相对应的小企业处于被引领的地位，被称为非核心企业；在产业集群理论视角中，多是在全球价值链理论基础上，以企业在全球价值链中的位置来判断企业是核心企业还是非核心企业，即在全球价值链中处较高位置、具有支配权与话语权的企业为核心企业，相反处于较低位置、没有支配权及话语权的中下游企业为非核心企业。

集群内企业间的发展模式呈现出了两种模式，即中小企业集聚式和大企业引领式。在中小企业集聚式的产业集群中，中小企业间的关系是竞争的关系，企业的生存主要以"同质产品＋专业化市场"为依托。产业集群内的企业规模较小，分工方式以同质化横向分工为主，技术的溢出效应主要表现为模仿式创新，企业间的竞争关系大于合作关系，企业间的创新战略为跟随式创新战略。而对于大企业引领型的集群，整个集群内部企业处于完整产业链的异质化纵向分工，多以大企业为中心，大中小型企业共同发展，中下游的中小企业为核心大企业的配套企业，他们之间的关系为大企业与供应商的关系，技术溢出效应为示范与协作效应即核心企业领先发展，其他企业跟随式发展。由此可见，在核心企业与非核心企业共存的大企业引领式中，大企业处于产业创新价值链的上游，对其他中小企业有知识溢出和控制力，这种模式的发展更有利于地区产业链的完善与资源的优化配置，而位于产业价值链下游的中小企业可以通过与大企业的这种链接关系成长为核心企业。

目前，更多的学者将非核心企业等同于中小企业，研究中小企业在创新活动中的角色是什么？中小企业是否主宰着未来的创新活动？Malcolm J Beynon[①]基于人工智能理论对中小企业的数据进行了分析，认为中小企业有自身独特的发展策略和创新策略。中小企业的创新是提高企业效率的根本，对公司规模增长和绩效提升的作用至关重要[②]。通过中小企业对"未知领域——DK"的反馈机制决定企业的创新计划。针对企业所面临环境的未知领域的不确定性，对于中小企业的商业模式的分析存在的难点在于数据的不完全性。创新一直被认为是企业的核心竞争力，中小企业在创新活动中相对于核心企业的竞争优势为自身的灵活性和特殊性，中小企业中的企业家精神在创新的整合流程中至关重要[③]。此外，中小企业对外界机会的反馈机制的灵活性促进了中小企业的创新活动[④]。

现有的研究中学者更多的关注于创新价值链中的核心企业对非核心企业引领与带动作用，忽视了创新价值链中的非核心企业的发展对核心企业及创新价值链本身的影响。特别是在中国这一新兴市场，经济发展方式已从粗犷型向集约型转变，随之产生的是生产方式由要素驱动模式转化为创新驱动模式，因此，在资源与市场双重约束的条件下[⑤]，如小米、BYD 等企业的颠覆性创新对原有创新价值链中的核心企业产生了强烈的冲击，而我国企业如华为、联想对国际市场份额的占领更是说明创新价值链中企业的非核心地位与核心地位是动态变化的。

[①] Malcolm J. Beynon, Paul Jones, David Pickernell, Gary Packham. ，"ANCaRBS analysis of SME intended innovation: Learningaboutthe Don't Knows"，*Omega*，Vol. 59，2016，pp. 97 – 112.

[②] Harris R. ，McAdam R. ，McCausland I. ，Reid R. ，"Levels of innovation within SMEs inperipheralregions: the role of business improvement initiatives"，*Journal of Small Business and Enterprise Development*，Vol. 20，No. 1，2013，pp. 102 – 124.

[③] Russell R，Russell C. ，"An examination of the effects of organisationalnorms, organisationalstructure, and environmental uncertainty on entrepreneurialstrategy"，*Journal of Management*，Vol. 18，No. 4，1992，pp. 639 – 656.

[④] Schultze U. ，Stabell C. ，"Knowing what you Don't Know? Discourses andcontradictions in knowledge management research"，*Journal of ManagementStudies*，Vol. 41，No. 4，2004，pp. 549 – 573.

[⑤] 王伟光、侯军利：《资源—市场双重约束下的节俭创新行为：机理与案例》，《技术经济》2016 年第 8 期。

表2-5　　　　　　　　　非核心企业界定理论梳理

研究视角	作者	主要观点
产业集群	(Russell R, Russell C, 1992)	产业集群中未处于集群中心的企业
企业规模	(Russell R, Russell C, 1992)	中小企业在创新资源整合中非常重要
全球价值链视角	(Saliola F., 2009)	本土企业初入全球价值链，处于全球价值链低端位置

现有的研究理论中，关于非核心企业尚未给出较为明确的界定，多数是延续了中小企业论的基本观点，或者将非核心企业界定为产业或行业内的后发企业。本书从创新价值链视角以多元体系化能力为标准界定了核心企业与非核心企业的概念，任何产品与服务的创新都是基于创新价值链理论，即由创意的产生、创意转换、创意实现的过程，而在此创新价值链中必有处于中下游的新兴企业，或是中小企业，或是小规模处于被领导、被支配的企业，且拥有单一体系化能力或较弱体系化能力，这些企业被称为非核心企业。同时，借助于上述核心企业的概念，相对核心企业而言，非核心企业是在创新价值链中位置位于中下游的企业，受核心企业的领导与支配，没有控制权，且尚未掌握其所在领域的优势资源与关键性技术，尚无自主创新能力及自主品牌，缺乏市场的核心竞争力。简而言之，非核心企业是处于创新价值链中下游环节，以市场创新、产品创新为主要的企业创新行为，且拥有单一的体系化能力。

四　核心企业与非核心企业动态演化

（一）追赶循环理论

在很多产业中，都会发生现有的领导企业不断地被后发企业所替代的现象，基于全球视野，在20世纪前半叶，美国企业主导世界钢铁产业的生产，但很快就被日本企业所替代，最终在20世纪80年代被韩国企业所替代[1]。

---

[1] Yonekura, Seiichiro, *The japanese Iron and Steel Industry, 1850-1990: Continuity and Discontinuity*. New York: St. Martin's Press, 1994. p. 200.

摩托罗拉发明了移动电话,被认为是移动电话产业的先驱者,然而诺基亚以 GSM 数字技术的新标准控制了移动电话的市场占有率,随后,苹果和三星等智能手机的出现再一次的推翻了 Nokia 的领导地位[1]。后发企业或新兴企业成为国际领先企业,而现有的企业失去其优势地位,新的领先者又会被未来的后发企业所替代,这一过程被称为追赶循环理论。

追赶循环理论认为,追赶过程是市场份额在现有领导企业与后发企业的重新分配。现有学者对成功的追赶循环理论中的影响因素进行了充分研究,得出主要的影响因素来自于初始条件、劳动力成本及公司资本。Lee 指出追赶并不意味着简单的对领导企业的复制,企业间创新行为模式的不同可以形成知识与资本的差异。追赶企业在组织、管理及政策策略上必须要与领导企业有显著不同,追赶企业的创新行为模式受制于企业自身优势资源、标准以及价值的影响。因此,处于追赶过程中的企业的技术轨迹、优势产品生产,以及最终占领领导地位的实现方式存在显著差异[2]。

领导企业的领导身份体现在市场份额、新产品、新技术以及创新策略。基于全球视角下,工业领导者企业通常出现在特定国家的特定产业,因此,一个国家在全球范围内形成的领导企业受制于国家或地区网络、基础设施、教育系统、人力资本、金融组织以及政策法规等因素限制。

(二)机会窗口理论

Lee 认为后发企业追赶过程中的主要因素来自于机会窗口理论,其中包括知识技术机会窗口、市场需求机会窗口以及政策机会窗口。机会窗口理论是由 Perez 和 Soete[3] 首次提出,用以解释新的技术经济学中,后发企业以新的经济范式对现有企业的赶超。机会窗口理论可分为技术、市场以

---

[1] Joseph Lampel, Claudio Giachetti, "International diversification of manufacturing operations: Performance implications and moderating forces", *Journal of Operations Management*, Vol. 5, 2013, pp. 213 – 227.

[2] Lee, K. andC. Lim, "TechnologicalRegimes, Catching-up and Leapfrogging: Findings from the Korean Industries", *Research Policy*, Vol. 30, 200, pp. 459 – 483.

[3] Perez, C. and L. Soete, *Catching up in Technology: Entry Barriers and Windows of Opportunity*. New York: Pinter Publishers, 1988. p. 200.

及政策机会。技术窗口可以成功的解释韩国在数字电子消费品生产企业对日本虚拟产业的替代①。需求窗户来自于市场需求缺口及商业模式循环，市场需求庞大（如中国）及消费者需求约束（如印度对低成本汽车的需求）可以为后发企业提供进入市场的机会，此外商业循环可以形成企业间新的竞争格局，当领导企业处于商业周期中的衰落期，后发企业可以以低成本模式获得竞争力②。公共政策窗户，是通过公共干预及政策支持等方式促进后发企业发展，如韩国、中国台湾对高技术企业的支持及中国政府对电子信息产业的支持③。

（三）企业反馈机制

此外，后发企业及领先企业对机会窗口的反应决定了其是否能够替代或被替代④。企业是否能够充分利用技术窗口、需求窗口以及政策窗口取决于企业对机会窗口的反应机制。企业的反应机制又受制于企业的知识学习能力、资本水平、组织流程及公司策略，以及外部创新网络系统。外部创新网络系统包括教育基础、研究院所、金融组织以及公共政策。然而，同一国家或同一地区的企业所面临的外部创新网络系统相同，但企业从中获准的程度却有所不同，这一过程取决于企业自身对外部系统的吸收能力。同理，现有的领导企业若没有对外部机会窗口的有效的反应机制，就会成为循环理论中的被替代者。面对现有竞争格局中新的机会窗口，现有领导企业往往满足与沉浸于目前的成功，而忽视了新的技术、破坏式的创新、新的需求类型或是新的市场增长空间。因此，领导企业的更替并不是

---

① Joo-Heon Lee, S., Venkataraman. "Aspirations, marketofferings, and the pursuit of entrepreneurial opportunities", *Journal of Business Venturing*, Vol. 21, 2006, pp. 107 – 123.

② John A Mathews, Dong-Sung Cho., "Combinative capabilities and organizational learning in latecomer firms: the case of the Korean semiconductor industry", *Journal of World Business*, Vol. 34, 1999, pp. 139 – 156.

③ YonghoLee, JuneseukShin, YongtaePark, "The changing pattern of SME's innovativeness through business model globalization", *Technological Forecasting and Social Change*, Vol. 79, No. 6, 2012, pp. 832 – 842.

④ KeunLee, FrancoMalerba, "Catch-up cycles and changes in industrial leadership: Windows of opportunity and responses of firms and countries in the evolution of sectoral systems", *Research Policy*, Vol. 46, No. 6, 2017, pp. 338 – 351.

来自于领导者企业的明显性失误，而是缘于领导企业未能对新的机会窗口做出有效的及时反馈。

综上所述，非核心企业追赶与超越核心企业的过程是技术层面的追赶、组织层面的重构以及外在机会识别与捕捉的统一整体，换言之，这一追赶过程的基础是非核心企业技术水平由低到中高水平的发展，在这一过程中伴随着非核心企业由弱组织结构向强组织结构的过渡，以及以企业家为核心的创业团队对外在市场、技术机会的识别、捕捉甚至是重构的过程（如图 2-1）。

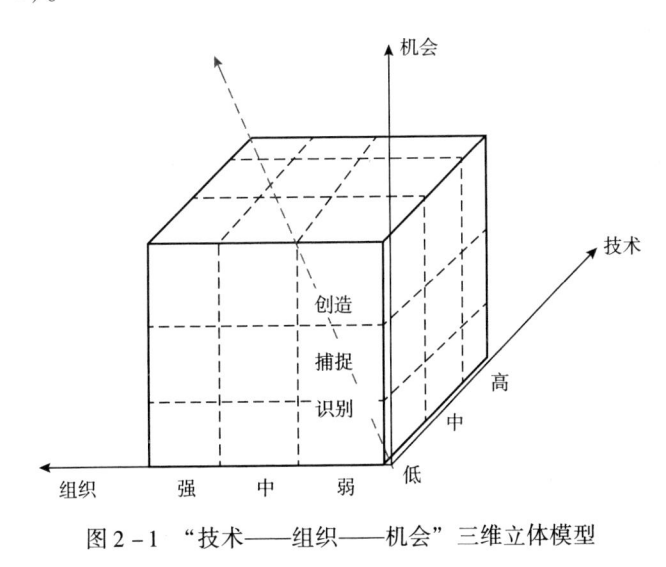

图 2-1 "技术——组织——机会"三维立体模型

（四）非核心企业对核心企业的追赶与超越

创新过程中的创新者与后来者或是非核心企业之间存在着"伺机博弈"（waiting game），后来者或非核心企业可以使用基于创新者的市场和动作经验的基础上发展起来的极为相似的替代品。在博弈中，核心企业一直致力于创新，如果其他核心企业或非核心企业的创新速度或创新认知超越了它，原有核心企业的市场地位仍然会受到威胁。部分学者并不认同所谓的"大企业具有竞争优势"，由于企业规模的扩大，企业的创新压力反而会减小，随之而来的是竞争力的下降。这恰好为非核心企业的追赶提供了契机。

基于核心企业与非核心企业在企业规模、控制力、创新价值链位置以及创新资源基础上的技术水平差异，在创新价值网络中存在着非核心企业—核心企业间的动态演化：阶段一，位于低技术势态的非核心企业初期以核心企业为效仿以及赶超对象，不断提升自身的知识技术水平；阶段二，快速成长阶段的非核心企业尚不能摆脱核心企业的控制力，这一阶段为非核心企业与核心企业的互利共生阶段；阶段三，非核心企业在技术水平、组织体系方面超越现有核心企业，成功替代，成为新的核心企业。

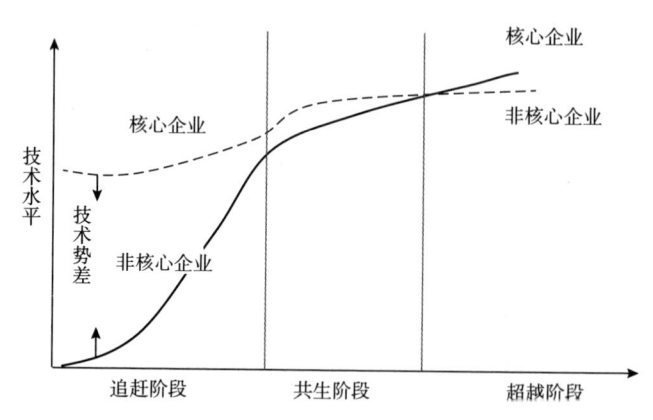

图 2-2 创新价值链视角下核心企业—非核心企业动态变化

第五节 创新价值链视角下企业创新行为模式

Schumpeter[①]的创新理论指出企业创新应具备全面性，包括产品创新、技术创新、组织创新、市场创新等。位于创新价值链不同发展阶段的企业，对应不同的创新行为模式，因此，基于创新价值视角下的企业创新行为模式应包括以下几个方面：

---

① Schumpeter J. A. , *The theory of economic development*: *An inquiry into profits, capital, credit, interest, and the business cycle*. Boston: Harvard University Press, 1934. p. 90.

一 创新价值链高端——研发创新

企业研发创新行为主要体现在企业研发经费投入、研发人员数量、研发人员创新行为、研发产出、专利数量等。冯志军等[①]将研发创新过程分为技术开发和经济转化两个过程,在资源约束的情况下,中国高技术产业17个细分行业研分创新的整体和各子阶段的创新研发效率值都偏低,这表明中国高技术产业的研发创新有很大的提升空间。此外,在市场经济不完善的新兴经济国家,政府在中小企业的研发创新中起到了关键性作用,王遂昆和郝继伟[②]在对2007—2012年间深圳市的中小企业数据研究中发现,中小企业的研发创新受政府创新补贴及税收优惠等政策的影响,且政府创新政策对中小企业的促进作用要优于国有企业。此外,国外的大量研究成果表明,企业的研发创新风险较大,政府补贴可以降低企业在研发创新中的风险[③]。

二 创新价值链中端——技术创新

技术创新指企业采纳新的或先进的技术,改善与既有产品、市场相差的顾客价值[④]。企业既是技术创新的投资主体,又是新技术的采用和研发主体,更是新技术的孵化主体。企业的技术创新的主体地位决定了企业创新行为主要表现为两种模式,即内部研发创新和外部购买引进创新。邢红萍[⑤]通过调查问卷的方法对中国战略性新兴产业企业的技术创新行为模式

[①] 冯志军、陈伟:《中国高技术产业研发创新效率研究——基于资源约束型两阶段DEA模型的新视角》,《系统工程理论与实践》2014年第5期。

[②] 王遂昆、郝继伟:《政府补贴、税收与企业研发创新绩效关系研究——基于深圳中小板上市企业的经验证据》,《科技进步与对策》2014年第9期。

[③] Arow, Kenneth J., "The Economic Implications of Learning by Doing", *The Review of Economic Studies*, Vol. 29, No. 3, 1962, pp. 155 – 173.

[④] Zhou K. Z., Yim C. K., Tse D. K., "The effects of strategic orientations on technology and market-based break through innovations", *Journal of Marketing*, Vol. 69, No. 2, 2005, pp. 42 – 60.

[⑤] 邢红萍、卫平:《中国战略性新兴产业企业技术创新行为模式研究——基于全国七省市企业调查问卷》,《经济学家》2014年第4期。

进行了研究，最终得出引进消化吸收是我国战略性新兴产业的主要技术创新行为模式。这一创新行为模式的选择取决于我国战略性新兴产业的行业特征，这个产业中的自主创新需要强大的科研队伍和原始知识和技术的积累，除此之外，更是需要政府资金的强大支撑。而我国以原始创新为主的企业所占比例不到15%，在新能源汽车产业中我国的1/3企业主要进行原始创新；而在新一代信息技术产业中原始创新的比例仅次于新能源汽车行业，王新新[1]的研究中得出的结论也是我国的电动汽车物联网行业与国外的差距较小，是特别BYD这样的新能源汽车已超过国外。而相比之下我国的新能源产业却还是处于引进消化吸收的过渡期，2010年我国多晶硅的进口占国内总需求的50%[2]，这说明我国还未能掌握硅生产的核心技术。

三 创新价值链末端——产品与市场创新

市场竞争的压力促使企业需要不断地进行产品创新以保证市场竞争力。基于创新价值链视角下的产品创新发生在研发创新、技术创新之后，即是创新的构想经过技术实现，真正成为产品的过程。基于创新产品中技术知识的新颖度不同可以将企业的产品创新区分为突破性产品创新和渐进性产品创新，突破性产品表明其主导技术明显异于既往产品，渐进性产品创新表明其技术是对现有技术的"创新要素的新组合"[3]。由此可见，突破性的产品创新更多依赖于其掌握的主导技术的新颖度，而渐进性创新取决于企业对既有资源的整合能力。

虽然市场创新位置创新价值链的最末端，即创新扩散的过程，事实上，企业研发创新、技术创新的过程中，都会有意识无意识的思考市场创

---

[1] 王新新：《战略性新兴产业的理论研究及路径选择》，《科技进步与对策》2012年第8期。

[2] 谢光亚、李晓光：《中国太阳能光伏产业的国际竞争力研究》，《对外经贸实务》2012年第2期。

[3] Un C. A., "An Empirical Multi-level Analysis for Achieving Balance between Incremental and Radical Innovations", Journal of Engineering and Technology Management, Vol. 27, No. 1 – 2, 2010, pp. 1 – 19.

新的选择[1],即在开发主流市场与探索新兴市场或低端市场之间进行选择,如小米手机是开辟低端芯片市场的成功案例,并形成了自身的"发烧友"市场,而苹果手机一直致力于开发主流市场,不断地进行技术创新与探索捕捉主流市场。市场创新指企业脱离现在的主流市场,开拓不同于主流市场的顾客价值,开拓新的顾客群体或者对现有的市场进行细分,且不受地理范围的限制。在 Day 的研究中认为市场知识难以获得,新兴市场的需求更是难以挖掘,因此,市场创新的风险要远大于技术创新风险。成功的市场创新能够增强企业在高流市场中的竞争力,帮助企业寻找新的盈利增长点,挖掘现有技术或产品的潜在价值[2]。Hang 的研究认为市场创新过程中大企业通常忽视低端市场或者新兴市场,而破坏式创新的基础就是捕捉新兴市场或者低端市场的顾客价值[3]。

综上所述,创意产生阶段至创意实现阶段对应的科研创新向技术创新的行为转化,创意实现阶段到创意扩散阶段对应的是企业的技术创新向产品创新的行为转化,在创新价值链创意扩散阶段对应的是市场创新及商业化过程。市场创新过程中企业对市场信息的掌握可以反馈到创新价值链上游环节的产品创新、科研创新及技术创新,开始全新的创新价值链过程。企业的创新行为模式由其所在价值链的环节与节点所决定,由创意的产生、创意实现再到创意扩散的过程,称为"自上而下""正向式"的创新行为模式演化;相反,由商业化过程向研发行为的演化过程,称之为"自下而上""逆向式"的创新行为模式演化。

企业在创新价值链中的"正向式""逆向式"创新行为模式演化受制于企业的规模大小,所处行业的特点、企业的发展目标、企业内部科研能力的强弱、所处地区的区域发展特点等决定。核心企业因其自身的资源优

---

[1] 许庆瑞、朱凌、王方瑞:《从研发营销的整合到技术创新:市场创新的协同》,《科研管理》2006 年第 2 期。

[2] Day G. S., Moorman C., *Strategy from the outside in: Profiting from customer value*, New York: Mc Graw Hill, 2010, p.90.

[3] Hang C. C., Chen J., Yu D., "An assessment framework for disruptive innovation", *Foresight*, Vol.13, No.5, 2011, pp.4–13.

势、技术、科研等全方面的对企业内部与外部资源、要素的整合能力，倾向于从创新价值链的始端即创意产生的研发行为和技术行为进行创新价值增值；然而，对于处于创新价值链低端的非核心企业而言，其自身的创新基础、创新投入、资源禀赋及技术水平使非核心企业难以从创意的产生阶段实现创新价值链的价值增值，所以，通过市场创新、产品创新行为能力的增强，从创新价值链低端进行创新价值链嵌入并向创新价值链高端升级是非核心企业的创新行为模式演化主要方式。

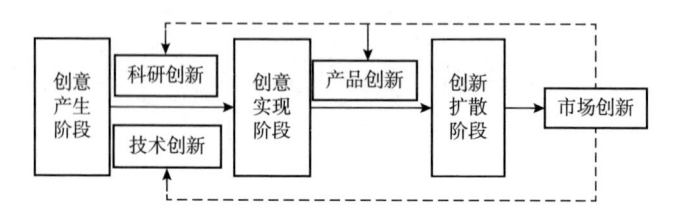

图 2-3　创新价值链中企业创新行为模式演化

第六节　创新价值链视角下企业创新行为模式影响因素

一　企业家精神

在熊彼特理论中，企业家精神可以分为生产性企业家精神和非生产性企业家精神两种类型，而后鲍莫尔[1]进一步从企业家对生产性和非生产性活动的资源配置的视角，在生产性企业家精神和非生产性企业家精神基础上增加了破坏式企业家精神。破坏式企业家精神强调的是没有新的技术产生，利润源于组织变革、模式创新等非生产性方式[2]，是非生产型企业家精神的一种特殊表现形式。创新性决定了企业家是第一个引入创新技术的人，是市场机会、技术机会的捕捉者，也是技术和市场价值的发现者。面

---

[1]　［美］鲍莫尔：《企业家精神》，孙智君等译，武汉大学出版社 2010 年版。
[2]　蒋春燕、赵曙明：《社会资本和公司企业家精神与绩效的关系：组织学习的中介作用——江苏与广东新兴企业的实证研究》，《管理世界》2006 年第 10 期。

对复杂动态网络环境,企业创新行为模式选择在很大程度上也决定于企业家精神(冒险性)[①]。基于冒险性的企业家精神,对创新活动和创新行为给予高度关注,直接体现为生产效率导向下的创新投资或是创新性活动与行为的追求。因此,基于创新价值链视角下,企业家精神影响了企业的研发创新、技术创新、产品与市场创新行为。

(一)创新价值链创意产生阶段

创新活动是获取企业核心竞争力的关键,而企业通过创新活动的实现方式和方向以及创新水平不同[②],对创新能力产生巨大的贡献。员工的创造力是企业市场生存机制的基础,员工的个人知识基础和组织氛围对员工的创新积极性和企业创新活动有重要影响,特别是企业家在其中起着重要的调节作用。企业家的责任心、授权意识、人性化、勇气和胆识会增强员工的工作满意度,高工作满意度可以影响创新工作环境、创新积极性和企业的创新绩效[③]。熊彼特创新理论中曾指出,经营者只有在从事创新活动时才能成为企业家。

创新意味着风险,而勇于承担风险便是企业家的创新精神。此外,企业家除具备企业家的基本素质以外,企业家关于新兴技术的认知、对企业的技术识别与关键技术发展至关重要,这种认知被称之为企业家认知。企业是创新活动的主体,而企业家则是新兴技术发展的导向。因此,企业家自身基于企业家特征、认知基础上所展现出的企业家精神对企业的研发与创新活动有着重要的推动作用。

[①] 李翔、陈继祥、张春辉:《动态能力影响创新模式选择的机理研究:市场导向与企业家导向的中介作用》,《中国科技论坛》2013 年第 5 期。

[②] Audretsch, D., and Thurik, R., *Linking Entrepreneurship to Growth*, Paris:OECD Publishing, 2001. p. 80. Eckhardt, J., andShane, S., "Industry changes in technology and complementary assets and the creation of high-growth firms", *Journal of BusinessVenturing*, Vol. 26, No. 4, 2011, pp. 412 – 430. Gilbert, B., McDougall, P., and Audretsch, D., "Clusters, knowledge spillovers and new venture performance:An empirical examination", *Journal of Business Venturing*, Vol. 23, No. 4, 2008, pp. 405 – 422.

[③] Buket Akdol, F. Sebnem Arikboga., "The Effects of Leader Behavior on Job Satisfaction: A Research on Technology Fast 50 Turkey Companies", *Procedia Social and Behavioral Sciences*, Vol. 7, 2015, pp. 278 – 282.

（二）创新价值链创意转换阶段

企业家精神对企业技术创新的影响主要包括技术机会识别和技术多元化、专业化发展战略。技术的多元化是指企业在知识与技术积累的过程中，通过内部研发、技术合作、技术引进、技术并购等多种方式将技术扩展到多个领域[1]。技术多元化有利于企业技术机会识别，有利于企业对外部知识的获取，避免企业在技术创新过程中的技术路径依赖，有利于实现开放式创新[2]。此外，企业技术多元化能够提升公司绩效[3]、形成产品创新战略及产品多元化。在以创新为基础的新的企业竞争模式下，单个企业构建自身竞争力的主要方式是掌握多种技术。

技术的专业化是企业核心技术的基础。技术专业化是对于现有技术领域知识和能力的增加，最终形成核心技术。长期以来，企业追求核心领域的竞争力，而除核心领域的其他技术资源的投入被认为是一种浪费，会导致企业付出较高成本的同时仍处于无竞争力的状态[4]。因此，现代企业的核心竞争力应是以核心技术为重点领域的多个技术领域共同发展的企业技术多元化网络[5]。在现代社会的产品谱系中，尤其是汽车企业，需要从外观设计、生产工艺、整车组装等多个阶段的技术融合，因此只注重单一技术、永不发展的思想必将被社会所淘汰。

综上所述，企业家精神在技术创新环节能够凭借其自身的优势资源，

---

[1] Cantwell, J. Santangelo, G. D., "The Boundaries of Firms in the New Economy: M&A as a Strategic Tool toward Corporate Technological Diversification", *Structural Change and Economic Dynamics*, Vol. 17, No. 2, 2006, pp. 174 – 199.

[2] Hung K – P, ChouC., "The Impact of Open Innovation on Firm Performance: The Moderating Effects of Internal R&D and Environmental Turbulence", *Technovation*, Vol. 33, No. 10, 2013, pp. 368 – 380.

[3] Garcia-Vega, M., "Does technological diversification promoteinnovation? An empirical analysis for European firms", *Research Policy*, Vol. 35, No. 2, 2006, pp. 230 – 246. Cristina, Q – G, Carlos, A. B – V., "Innovativecompetence, exploration and exploitation: The influence of technological diversification", *Research Policy*, Vol. 37, No. 3, 2008, pp. 492 – 507.

[4] Grandstrand, O. Patel, P. Pavitt, K., "Multi-technology corporations: why they have "distributed" rather than "distinctive core" competencies", *California Management Review*, Vol. 39, No. 4, 1997, pp. 8 – 25.

[5] 何郁冰：《技术多元化促进企业绩效的机理研究》，《科研管理》2011年第4期。

进行技术机会识别,并决定企业的技术创新行为。

(三) 创新价值链创意扩散阶段

产品及市场创新是创新价值链中创新产品或服务商业化价值实现环节,这一环节中企业家对市场需求以及市场机会的认知、捕捉甚至重构的能力直接影响了企业的创新绩效。学者关于企业家信息处理过程的研究主要集中于问题解决与决策机制[1]、创新[2]、机会认知和企业家警觉性[3]。熊彼特的破坏式创新理论强调创新是新的信息所带来的机会,而柯兹纳的人类行为学理论强调企业家对信息的处理,对创新机会的重要性[4]。企业家不仅是创新机会重要的识别主体,也是创新机会重塑过程中的重要环节。企业商业化过程中的外部信息大多通过市场渠道获取,Busenitz[5]认为企业家对信息的识别与认知程度受制于信息来源、信息警觉性和信息提示三个环节,信息处理能够让企业家置身于创新机会之中。

因此,企业家如何利用内部或外部的信息识别市场机会至关重要,这其中既包括企业家对市场信息的处理过程,也包括企业家通过创新产品创造新的市场机会的过程[6]。企业发展过程中的市场机会识别与重构转换都需要企业家的高度参与,企业家如何在众多信息中发现利基市场,如何对

---

[1] Simon, H. A., *Abehavioural model of rational choice*, In: Alexis, M., Wilson, C. Z. (Eds.), Organizational Decision Making. Prentice Hall, New-Jersey, 1967 (a): pp. 174 – 185. Simon, H. A., *Theories in decision making in economics and behaviouralscience*. In: Alexis, M., Wilson, C. Z. (Eds.), Organizational Decision Making. Prentice Hall, New-Jersey, 1967 (b): pp. 201 – 222. Simon, H. A., *Making management decisions: the role of intuition and emotion Organizational Behaviour*. Prentice Hall, New-Jersey, 1991: pp. 314 – 324.

[2] Schumpeter, J., *The Theory of Economic Development*, Cambridge: Harvard University Press, 1934.

[3] Kirzner, I., *Perception, Opportunity, and Profit*, Chicago: University of Chicago Press, 1979.

[4] Shane, S., A *General Theory of Entrepreneurship, the Individual-Opportunity Nexus*, UK: Edward Elgar, 2003.

[5] Busenitz, L. W., "Research on entrepreneurial alertness", *Journal of Small Business Management*, Vol. 4, No. 4, 1996, pp. 35 – 45.

[6] I. P. Vaghely, P. A. Julien, "Are opportunities recognized or constructed? An information perspective on entrepreneurial opportunity identification", *Journal of Business Venturing*, Vol. 25, No. 1, 2010, pp. 73 – 86.

信息再处理产生新的创意,如何将机会进行商业化转换成利润对非核心企业的发展至关重要。

二 知识吸收能力

非核心企业对核心企业的知识外溢效应的正反馈取决于自身研发体系的建立与吸收程度,这种能力体现在其对技术层面的吸收能力,即企业对外在信息的价值识别、通过自身的科研体系对技术进行再次创新、并且进行商业转化的能力[1]。如我国汽车企业的技术吸收能力差异可由多种因素制约,其中包括科研人员数量、科研投入等企业自身的科研基础。一般而言,传统企业拥有着雄厚的科研基础和知识储备,在吸收能力上要稍强于新兴企业,但是在消化和转化以及再创新的环节,却因为投入不足和员工的努力程度不够而远远弱于新兴企业。

企业知识吸收的重要途径是技术引进,分为大范围的技术引进和同一技术的深度引进[2]。对于后发企业而言,技术的吸收能力直接影响了技术的创新能力,进而决定了自主品牌的创建与研发。外部技术的成功获取能够降低企业的研发周期,节省资金与研发时间[3],缩短与核心企业的技术差距。同时,在企业外部技术获取的过程中,企业可以积累知识、技术,奠定自主研发的科研基础。对于后发企业而言,外部技术的成功获取可以促使企业早日参与到产品和流程的创新,提高企业创新能力和创新绩效[4]。企业的技术创新是一个梯度演化的模式,在演化的过程中要求技术创新能力与企业技术创新的模式相匹配[5],而不同的技术创新模式给企业带来利

---

[1] Cohen, W. M. D. A. Levinthal, "Absorptive Capacity: A New Perspective on Learning and Innovation", *Administrative Science Quarterly*, Vol. 35, No. 1, 1990, pp. 128 – 152.

[2] 樊路青、刘雯雯:《"二元论"视角下的技术获取战略与吸收能力——基于中国经验的实证研究》,《科学学研究》2014年第2期。

[3] Pisano G., "Knowledge, integration, and the locus of learning: An empirical analysis of product development", *Strategic Management Journal*, Vol. 15, 1994, pp. 85 – 100.

[4] 赵文红、梁巧转:《技术获取方式与企业绩效的关系研究》,《科学学研究》2010年第5期。

[5] 曹素璋、高阳、张红宇:《企业技术能力与技术创新模式选择:一个梯度演化模型》,《科技进步与对策》2009年第1期。

润的同时也存在一定的风险。博弈理论中竞争对手企业的技术创新能力，产品和市场竞争力是对本企业自主创新的有力推动。

知识吸收能力决定了企业在模仿创新与率先创新中的选择。模仿创新是我国中小企业创新模式的最优选择[①]，与之相对应的率先创新是企业运用自身的资源和自身的技术积累和人力资本进行创新，同时将创新成果商业化应用于市场的过程。率先创新是企业的一种自主创新，其创新市场通常可以处于技术领先地位，在占领市场份额方面颇具优势。跟随模仿式创新更多的是对成功的领先创新成果的模仿行为，属于技术应用领域的二次开发，包括熟悉竞争对手的产品信息，技术信息，并且模仿改进后成功地推向市场。关于企业的技术创新模式，熊彼特[②]认为存在两种类型，一种是产品创新，而另一种是工艺创新。随着企业间合作的频繁出现，[③] 基于博弈的思想，提出了合作创新模式的概念。而企业间的关系除了合作之外更多的是竞争，所以[④]提出了竞争合作的技术创新模式，并论证了供应链网络化的良好的合作关系对中小企业的技术创新存在着显著影响。

三　自主创新能力

我国企业所掌握的技术与发达国家相比，对外技术依赖的程度较高，特别是在固定资产投资中技术含量高的关键装备与零部件领域，其进口比例高达60%以上[⑤]，折射出了我国企业的创新能力不足的关键性问题。在知识与技术的创新能够带来巨大经济增长的时代，科技创新对于国家与企

[①] 罗天翼、樊一阳：《中小企业技术创新模式选择：基于博弈思想》，《企业技术开发》2014年第31期。

[②] ［美］约瑟夫·熊彼特：《经济发展理论》，商务印书馆2000年版，第45页。

[③] Vikas A. Aggarwal, David H., Hsu. "Research article modesof cooperative R&D commercialization by startups", *Strategic Management Journal*, Vol. 30, No. 8, 2009, pp. 835–864.

[④] Philip R. Tomlinson, Felicia M. Fai, "The nature of SME cooperation and innovation: A multi-scalar and multidimensional analysis", *International Journal of Production Economics*, Vol. 14, 2013, pp. 316–326.

[⑤] 《我国企业科技创新模式的转变》，http：//www. Blog china com/20080208473376. Html. 2008 – 2 – 8/2009 – 12 – 28。

业的生存与发展都起到了极大的推动作用。我国企业的科研团队受长期对外技术依赖式的模仿创新的影响，其创新行为模式多为被动式创新，即根据"流行技术"衍生而来的从众性创新[1]、迫于各方压力的应付性创新[2]以及适应外部环境的应对性创新[3]。然而，企业的创新离不开科研团队的组织创新，特别是科研人员的主动创新行为，其中包括科研人员关于创新活动的前期准备，即思维准备和资源准备，跨越障碍性，即不畏风险、克服困难和坚韧性。科技人员的主动创新行为能够激励非核心企业技术上的质的赶超[4]。数据显示小微企业多为科技型企业，因此小微企业的技术创新以原始创新和集成创新为主；而大型企业59.6%，超过一半的企业以引进吸收再创新的创新模式为主。

  研究发现，我国在研发资金的投入上存在着结构不合理的现象，在技术研发投入的比重相对较大，而基础研究投入的比重却很小，产品开发投入比重在各产业中都是最大比例，这也正是为什么我国在战略新兴产业的原始自主创新模式所占比重较小的根本原因[5]。产品的创新价值链包括四个环节：设计研发、部件研发、生产研发和管理研发[6]，不同的环节对研发人员的知识结构要求不同。设计研发阶段需要通过对市场规模、消费者结构和需求详尽分析后，综合考虑技术的可行性和经济价值对新产品进行定位；部件研发阶段通过研发人员对产品试生产和组装的经验进行生产流程上的创新；生产研发需要具有熟悉的工业生产基地和生产车间管理经验

---

[1] 张学和、宋伟、方世建：《成就动机理论视角下的知识型员工个体创新绩效实证研究——基于部分科技型组织的调查数据分析》，《科学学与科学技术管理》2013年第34期。

[2] 胡青、王胜男、张兴伟、程斌、孙宏伟：《工作中的主动性行为的回顾与展望》，《心理科学进展》2011年第19期。

[3] 支剑锋、和炳全：《基于六因素模型的主动创新系统研究》，《科学管理研究》2007年第25期。

[4] 赵斌、栾虹、李新建、毕小青、魏津瑜：《科技人员主动创新行为：概念界定与量表开发》，《科学学研究》2014年第1期。

[5] 柳卸林、何郁冰：《基础研究是中国产业核心技术创新的源泉》，《中国软科学》2011年第4期。

[6] Shin-Horng Chen, "Taiwanese IT Firms' Offshore R&D in China and the Connection with the Global innovation Network", *Research Policy*, Vol. 33, 2004, pp. 37-349.

的人员；管理研发阶段则运用营销手段进行产品的商业化推广。在全球性的研发活动网络中，技术领先国如美国，拥有人力资本的优势，在技术研发、产品营销和品牌管理方面有丰富的人力资源。而新兴的工业国如印度是以跨国公司的形式进入全球性生产网络中，在技术研发、试验生产和规模生产等方面都积累了一定的基础。而后起的发展中国家如我国，通过吸引对外直接投资积累了组织化工业生产的经验，在产品生产的环节积累了大量经验[1]。

上述研究表明，企业的自主创新能力受制于企业原始知识积累、科研人员数量以及科技与研发经费等因素的影响，而企业的自主创新能力又影响着企业在模仿式创新行为与自主研发创新行为之间的选择。

四 创新环境

在"创新驱动"以及"大众创业、万众创新"的大背景下，创新政策极大地影响了企业的创新意愿，使更多的企业倾向于主动创新，以创新谋发展。因此，企业创新意愿的构成不仅受制于自身知识、技术等因素的影响，同时受制于市场、政策等外在因素的影响。我国学者苏敬勤等提出了以技术接受模型为基础的政策转换为企业创新行为的模型，即"政策感知——创新意愿——创新行为"的过程。在国家创新驱动政策的大背景下，虽然我国发明专利授权在2012年达到了217105件，但多数为实用新型和外观设计专利[2]，上述数据说明我国知识创新的"量"与"质"并不匹配。上述企业创新方面的关键性问题与国家的创新政策及企业对创新活动的投入息息相关，但更与科研人员的自主创新行为密切相关。

创新行为模式不仅关乎企业个体更是关乎一个国家的创新实力，因此，国家希望通过财政税收、创新补贴等政策激励企业的创新行为，然而并不是所有的创新政策都能够达到其预期的效果。创新政策必须要通过企

---

[1] 范兆斌：《全球研发网络、吸收能力与创新价值链动态升级》，《经济管理》2008年第11期。
[2] 王雷：《外资嵌入影响集群企业创新能力的实证研究》，《科学学与科学技术管理》2012年第33期。

业自身的创新意愿才能最终转化为企业的创新行为模式，从企业创新行为视角出发，只有对创新政策有敏锐的感知，才能促成企业的创新行为[①]。

第七节　本章小结

核心企业在创新价值链中的位置决定了企业在创新价值链中的支配和领导地位。非核心企业与核心企业在企业规模、控制力、体系化能力及处于创新价值链的位置上有显著不同。在完整的创新价值链体系中，位于创新价值链顶端的核心企业与位于创新价值链下游的非核心企业彼此共存。因此，核心企业与非核心企业之间的关系是动态演化的。随着市场竞争环境的变化，非核心企业试图通过自身知识技术的积累、加大创新的投入、引进技术并进行二次创新、踏入新兴领域跨越发展等方式对核心企业进行逆向式赶超。对于非核心企业而言，通常选择在创新价值链的中后端进行嵌入，而不是从创意产生阶段进行全价值链的开发。非核心企业可以选择在创新价值链的创意扩散阶段嵌入，也可以选择在创意转换阶段进行嵌入，其嵌入位置是由自身的资源禀赋与创新竞争力优势所决定的，而无论在哪个阶段进行嵌入，其最终在创新价值链中的创新路径都是以向创新价值链的高端攀升为目标，这一过程形成了创新价值链中非核心企业逆向式创新行为模式演化路径。

---

① 赵会霞：《企业知识管理对企业创新的影响研究》，博士学位论文，西安电子科技大学，2009年。

第三章 非核心企业创新行为模式演化的多案例分析

通过第二章关于非核心企业、核心企业以及企业创新行为模式研究的理论基础，本章通过对我国国内范围的核心企业进行典型性的案例分析，分析其从创新价值链的底端上升到创新价值链的顶端，即从非核心企业向核心企业的创新行为模式演化过程的一般规律。

第一节 案例选择与资料收集

一 案例研究方法及步骤

（一）案例研究方法概述

案例研究方法有助于研究和理解复杂的动态变化过程[①]。斯克特将案例研究界定为"理解特定情况或特定条件下单一事件中的行为过程"[②]。在整个案例研究的过程中，研究者无须严格梳理众多变量之间的复杂关系，突出所要研究的关键性问题，即针对众多的社会经济现象，我们可以通过

---

① Adams, G., & Schvaneveldt, J., *Understanding Research Methods*, NY: Longman, 1985, p. 90.

② Stake, RE., *The art of case study research*, Thousand Oaks, CA: Sage Publications, 1995, p. 90.

案例研究的方法聚焦于某一个片段或细节，进行深入的研讨与分析。因此，在案例研究的过程中完整的复杂的系统要被概要化、抽象掉。案例研究的作用在于，能够将现象本身变量间的关系从其所处的背景中抽离出来，并纳入所要研究的情境中。此外，案例研究可以通过其他数量经济统计方法中不能获得的数据及经验知识分析不同变量之间的逻辑关系，检验和发展现有的理论体系。本书属于典型的过程研究以解决"为什么"和"怎么样"的问题，适用于案例研究方法，对于现象驱动式研究，多案例分析方法的结论更具有说服力，构建的理论概念更稳健[1]。案例研究方法通过一个或多个案例的深入剖析，通过总结与归纳，能够对某一复杂的事件本身的现象、因果和机理进行探索。对于本书而言，非核心企业创新行为模式是一个复杂交互的过程，需要通过科学的研究解释现象发生的本质，也需要通过案例研究方法中的深度访谈积累与研究相关的大量数据，为之后的计量分析做准备。

  案例研究方法根据研究任务的不同可以分为探索型研究、描述型研究、例证型研究、实验型研究和解释型研究五类[2]。其中探索型研究是对现有理论体系的超越，即通过新的观点和视角解析现有的经济社会现象，通过提出假设，寻找新的理论的过程；描述型研究是对现有的案例的实践活动进行较为详细全面的描述；例证型研究是对企业的组织活动进行创造性的趋势研究；实验型研究是对企业的新实践、新技术的执行情况进行绩效评价的一种研究方法；解释型研究是运用现有的理论体系解释企业在实践经营中的各类问题的研究方法。还有一些学者将案例研究方法分为探索型、描述型、解释型三类，但无论怎样分类，学者对探索型和描述型的案例研究的内涵基本没有争议[3]。

  此外，按照案例研究的数量可以分为单一案例研究和多案例研究。单

---

[1] Eisenhardt, K. M., "Making Fast Strategic Decisions in High-Velocity Environments", *Academy of Management Journal*, Vol. 21, 1989, pp. 543-576.

[2] Hussey, J. and Hussey, R., *BusinessResearch: A Practical Guide for Undergraduate and Postgraate Students*, Macmillan, London, 1997.

[3] 余菁：《案例研究与案例研究方法》，《经济管理》2004年第20期。

一案例的研究方法主要是用于证明理论假设的真实与否，通常用于分析一个独特或是罕见的管理情境。单一案例的研究方法通常不能够建立较为完善的理论框架，只是对所研究案例做深入分析与挖掘，并通过此种方法保证案例研究的可信度。多案例分析方法是在对其中每一个案例进行梳理分析的基础之上，即首先要对案例进行案例内分析；之后对研究案例进行归纳并且总结出精辟新颖的结论，即进行跨案例分析；最终通过跨案例的分析方法得出对现有理论体系扩展的理论。多个案例的比较与研究可以显著提高案例研究的有效性。

综上所述，本书目的为分析非核心企业创新行为模式演化规律，由于企业的个体行为极其复杂，所以本书更适用于多案例、解释型案例研究方法。

（二）案例研究步骤

在案例分析过程中，常见的数据收集方法有文件法、档案记录法、访谈法、观察法等。文件法即是对现在理论文献的收集与整理，并进行编号与汇总；档案记录法即对现有案例企业的调研进行整理与记录；访谈法即通过对案例企业的不同领导阶层、科研人员和车间工人进行结构化与半结构化的访谈；观察法可以根据不同的观察情境分为自然情境观察法和人工情境观察法。

二　案例选择

本书的目的是分析非核心企业创新行为模式。旨在现有文献与资料的基础上，选择国际型大企业为典型案例，分析企业从非核心企业到核心企业创新行为模式的演化规律，对已有理论做出新的扩展与补充；案例研究的目的在于为理论研究框架给予现实基础的支持，因此适用于探索型的跨案例分析方法。

Yin 指出，多案例研究应当遵循复制法则，即经过精挑细选后的每个案例应该遵循两个法则，其一是案例能够产生同样的结果，即逐项复制；其二是因为可预知的原因而产生与之前研究不同的结果，即差别复制。因此，在选择案例时本研究遵循了以下几个标准：

第一,案例企业所属的产业是我国消费品市场消费需求大和生产量巨增的产业,具有行业竞争大,且技术对产品升级起着重要作用等特征。第二,案例企业属于国家支持自主品牌建设产业,也是目前国家产业结构调整重点支持产业。第三,案例企业在创新价值链的初始位置极具代表性,且均属于创新价值链的低端嵌入类型。第四,企业均属于"引进——消化——吸收——再创新"追赶型企业,同时,案例企业对创新价值链和体系化整合的能力各有不同,均有自身独特之处,在创新价值链中的升级路径也有显著不同。第五,案例企业均为中国汽车企业的代表,通过技术与管理上的创新,最终都拥有了自主品牌,并且逐渐走出国门。同时,案例企业拥有完善的企业信息平台和新闻、书籍等可供查阅和收集的素材,且研究团队可以充分利用与企业的良好沟通与交流,进行深入的访谈。

在理论梳理的基础上,本书筛选出了近三年中国 500 强企业中具有代表性的 3 家企业,其中上海汽车集团股份有限公司、长城汽车、比亚迪汽车在中国前 500 企业中的排名如表 3-1。

表 3-1　　　　　　　　企业近三年排名　　　　　　　（单位:百万元）

	企业名称	2013 排名	2013 营业收入	2013 利润	2014 排名	2014 营业收入	2014 利润	2015 排名	2015 营业收入	2015 利润
1	上汽集团	13	48097967	20752	7	565807	24804	6	630001.2	27973.4
2	长城汽车	241	4315997	5692	100	56784	8224	94	62599.1	8041.5
3	比亚迪	221	4685380	81	108	52863	553	107	58195.9	433.5

资料来源:作者整理。

三　案例资料收集与编码

为了保证案例研究所收集数据的信度,满足 Yin 所提出的"三角验证"[①]。因此,本书采用以下步骤进行数据的收集。

---

① Yin, R., *Case Study Research: Design and Methods*, Sage Publications, 2003.

第三章　非核心企业创新行为模式演化的多案例分析

（一）多种数据收集来源

为保证本研究在访谈和资料分析过程中因印象管理和回溯性资料整合所带来的偏差，本研究采用三角验证的方法保证了数据分析的准确性[①]。本书的案例研究的数据主要包括文献资料、深度访谈、网络媒体、网站资料、实地观察等几个方面。主要采用：①档案资料。本研究通过 CNKI 等数据库的搜索，对已有学者的研究进行相关的总结与筛选，同时，借助新闻媒体的文字与访谈材料进行对比分析，对访谈资料进行补充。结合本研究中的主题——全球价值链中企业技术、品牌升级路径，针对上汽集团、长城汽车和比亚迪汽车三个企业，研究小组对所收集的一手资料、二手资料进行深度分析、归纳总结、对比分析等。②深度访谈。在大量收集到的资料的基础上对案例企业进行深度访谈，多次对案例企业中高层管理人员、技术骨干、科研人员和生产部门负责人进行面对面的半结构化访谈，每次与访谈对象的讨论时间控制在 1—1.5 个小时（表 3-2）。③文本挖掘。文本挖掘是近年来文本资料分析的主要方法，本研究在大量一手、二手资料的基础上，借助统计计量软件 R 对大量的文本资料进行了关键词的提取与词频分析，以更好的捕捉案例企业技术升级与品牌升级过程中的关键性驱动因素。在此基础上，运用收集的二手资料对访谈内容进行"三角验证"，保证研究的效度和信度。

（二）建立案例研究资料库

在前一阶段数据收集之后，对所收集数据进行及时地分类、整理、编码和储存，建立完整的案例研究资料库。本研究所收集的资料主要来源于现有文献、企业官方网站、行业协会网站和部分产业园区网站及各大媒体报道、采访中的视频、音频信息等。在收集资料之后对视频、音频内容进行了文字的转化，并对所有资料进行了归类与区分，进行相应的编码，为案例分析做准备。

[①] Eisenhardt, K. M., and M. E. Graebner, "Theory Building From Cases: Opportunities And Challenges", *Academy of Management Journal*, Vol. 50, No. 1, 2007, pp. 25-32.

表3-2　　　　　　　　　访谈资料

企业	访谈时间	对象	职位	性别	学历	工龄	访谈时间	转录字数	资料来源
上汽集团	2014-8-19	陈虹	董事长	男	学士	32	90min	9219	网易汽车 解放网 汽车之家 凤凰视频 太平洋汽车网
	2015-9-22	陈志鑫	总裁	男	硕士	31	40min	3595	
	2016-7-7	王晓秋	总经理	男	博士	8	125min	11167	
	2013-6-9	侯飞	技术中心	男	硕士	18	40min	5916	
	2015-9-7	刘志强	营销经理	男			45min	4926	
长城汽车	2016-4-26	魏建军	董事长	男	大专	27	249min	27021	环球网 网易汽车
	2015-4-25	王凤英	总裁	女	硕士	26	108min	10934	
	2016-8-27	陈现岭	部长	男			55min	9284	
	2016-9-2	刘渊					184min	26734	
比亚迪汽车	2015-12-22	王传福	总裁	男	硕士	22	125min	10067	汽车频道 腾讯汽车
	2016-6-21	赵俭平	品质经理	男	硕士		55min	9080	
	2015-11-21	杜国忠	总经理助理	男					
	2014-11-22	夏治冰	销售经理	男	学士	17	55min	9210	

（三）保证完整的证据链

为了保证案例的信度和效度，本研究在对案例数据信息的收集过程中充分结合了一手资料和二手资料的原始记录的客观性，其中包括收集时间、地点、访谈人物和资料来源都做了详细的备注（见表3-3）。保证了资料收集与案例研究问题的一致性。

表3-3　　　　　　　　　案例数据一级编码

数据来源	数据分类	编码				
		上汽	长城	比亚迪	联想	美的
半结构化访谈	通过深度访谈获取资料	A1	B1	C1	D1	E1
	通过非正式访谈获取资料	A2	B2	C2	D2	E2
实地观察	通过现象观察获取资料	A3	B3	C3	D3	E3
二手资料	通过企业网站获取资料	A4	B4	C4	D4	E4
	通过社会媒体报道、网站获取资料	A5	B5	C5	D5	E5
	通过企业内部获得的档案、宣传册等资料	A6	B6	C6	D6	E6

（四）案例资料分析方法

Doz[①]提出案例研究可分为案例内分析（Within case analysis）和跨案例分析（Cross-case analysis）。案例内分析是对单个案例整体进行深入、全面分析，而跨案例是围绕同一个研究主题针对两个或两个以上的案例进行分析、比较和总结，从中抽象出理论框架。为揭示出非核心企业创新行为模式研究的本质，本研究分为两个步骤：其一，对单个企业进行案例内研究；其二，对所选的三个企业进行跨案例研究。

案例内分析。本研究以上海汽车集团有限公司、长城汽车、比亚迪汽车案例企业分别进行了独立的案例内分析。首先，对三个案例的发展历史进行概括性的描述性分析。其次，围绕企业的创新基础、创新绩效、组织学习能力和外部网络环境等相关变量进行客观地案例描述，识别各个变量的特征和表征。

跨案例分析。在上一阶段案例内分析的基础上，将三个案例企业中的企业家精神、创新绩效、知识技术吸收能力和外部网络环境等相关变量水平进行对比分析，分析变量间的跨案例规律和统一性与区别性，并在此基础上提出本研究的理论命题。

第二节 案例企业介绍

一 上汽集团发展历程

上海汽车集团股份有限公司（简称"上汽集团"，股票代码为600104）是中国最古老的汽车企业，诞生于20世纪40年代，是国内A股市场最大的汽车上市公司，截至2013年底，上汽集团总股本已达到110亿股。2014年，上汽集团整车销量达到562万辆，同比增长10.6%，继续保

[①] Doz, Y., "The Evolution of Cooperation in Strategic Alliances", *Strategic Management Journal*, Vol. 17, 1996, pp. 55–83.

持国内汽车市场领先优势，并以 2014 年度 1022.48 亿美元的合并销售收入，第 12 次入选《财富》杂志世界 500 强，排名第 60 位，比上一年上升了 25 位。目前已是中国第一大汽车制造商。如今已与多家外资企业建立了合资关系，其中包括大众、通用等，上汽集团不仅拥有着众多的合资品牌，也有其自主品牌，其中包括 MG、荣威等。

上汽成立于 1978 年，始于一家小型汽车组装工厂，随着国内汽车需求的增加，上汽于 1984 年与德国大众集团合作，并于 1985 年开始批量生产经典车型——大众桑塔纳。在合作初期，桑塔纳的大部件供应件中只有轮胎、收音机和天线是国内供应商提供，为了减少部件上的对外依赖程度，上汽开始注重供应商体系的建设，直到 1998 年，整车的 90% 的部件已由当地生产商提供，这也是上海市政府"加速国产化"政策的结果。1997 年，通用汽车集团与上汽集团建立了合资公司上海通用汽车有限公司。这一合作促成了 2000—2004 年间上汽集团的销量翻了一倍，加强了上汽产品在中国汽车市场上的占有率。2004 年上汽集团收购了罗孚 25、75 车型和全系列发动机的知识产权，并于 2011 年在英国的长桥工厂开始量产，标志着上汽集团开始收购和海外建厂的模式。此后，上汽拥有了发动机平台、底盘平台的相关核心技术。2006 年 10 月，上汽以"品位、科技、实现"为目标推出了荣威系列自主品牌车型，主要包括荣威 950、荣威 750 等，覆盖了中级车与中高级车的市场。2005 年，南京汽车集团先于上汽集团收购了英国 MG 罗孚汽车公司及其发动机生产部分，并且成立了南京名爵汽车有限公司，将国际一流的工艺装备、研发设施、整车发动机制造技术、顶尖的技术管理人才和 MG 品牌集于一身。而在 2007 年上汽集团通过收购南京汽车集团成为 MG 品牌的新主人。随后推出了自主品牌 MG 系统车型，包括 MG3、MG5 等。至此，荣威和 MG 已成为上汽的两大自主品牌，通过收购的方式获得了国外品牌的核心技术使得两大自主品牌的质量与价格明显高于同级别其他品牌。

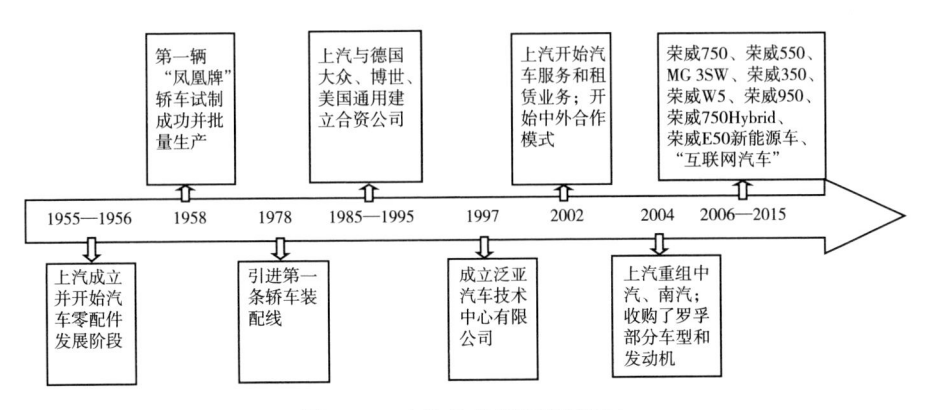

图 3-1 上海汽车集团发展历史

二 长城汽车发展历程

长城汽车是中国第一家在香港 H 股上市的民营整车生产的汽车企业，长城汽车拥有着国内最大规模的 SUV 生产基地。此外，还同时拥有皮卡、SUV、轿车 MPV 等三大生产基地。并且具备汽车发动机和前后桥等核心部件的生产能力。长城汽车的前身是保定长城工业公司，并非是民营企业而是一家国有股份制企业。发展至今，长城汽车已成为中国民营自主品牌汽车生产企业中的佼佼者。

1984 年，长城有限公司在河北成立，主要从事汽车的生产和销售。成立初期，以皮卡生产为主要业务。1998 年，因河北省政府下达城镇集体企业尽快完成产权制度改革，因此转为民营企业。至 1999 年，长城汽车在国内皮卡汽车市场的销量已排名第一，之后更是以惊人速度增长，并且将中国的皮卡行业推向了销售热潮。2000 年，长城汽车开始注重技术研发，开始从事整车配套的汽车零部件生产，并成立了"长城华北汽车有限公司"和"保定长城内燃机有限公司"。在此期间，长城注重引进国外先进技术，生产出了"长城牌"多点电喷发动机。随后的 2001 年，长城汽车在通过 2000 版 ISO 认证后投入巨资建成了国内同行业规模最大、装备最先进的现代化发动机生产基地，并且以"身心一体、自行配套"为目标，逐渐成为国内著名的重型汽车配套厂。2003年长城汽车在香港上市为之后的产品研发和规模建厂提供了资金支持。长城哈佛SUV不仅得到了国内市场的追捧，也是国内品牌汽车中出口量第一的汽车，更获得了"2006CCTV中国年度最佳自主品牌SUV"桂冠。2008年，长城开始与德国博世联合开发2.5TCI柴油发动机，并且建立了汽车动力事业部，主要负责发动机的研发。随后，长城汽车先后推出了嘉誉MPV、哈佛M1等新款车型，并开始参加国际车展进行品牌宣传。长城汽车的研发过程中更是注重不同消费者的个性化需求，如长城精灵、炫丽CROSS车型等，同时长城也推出了售价仅为6.68万元的高性价比车型风骏财富版。在产品研发过程中，长城在节能环保方面推出了"绿静2.0T"柴油发动机，被评为"绿色内燃机暨柴油机十大品牌"，炫丽1.3AMT三款车型列入"节能产品惠民工程"节能汽车推广目录。自2011年开始，国家质检总局批准长城哈弗两款车型获国家出口免验资格。长城汽车开始正式进军海外市场，并先后在马来西亚、塞内加尔等地建厂，同时开始参加国外的汽车展览会进行产品宣传。2012年，在生产上，分别与法国达索系统公司、3M公司等进行供应体系的合作，并与国内企业鞍钢等进行了技术战略合作。2014年3月份英国品牌价值咨询公司Brand Finance Plc发布《2014世界汽车品牌百强榜》，长城汽车位列第40位，与东风、上汽成为中国汽车品牌三甲。长城汽车荣获海外

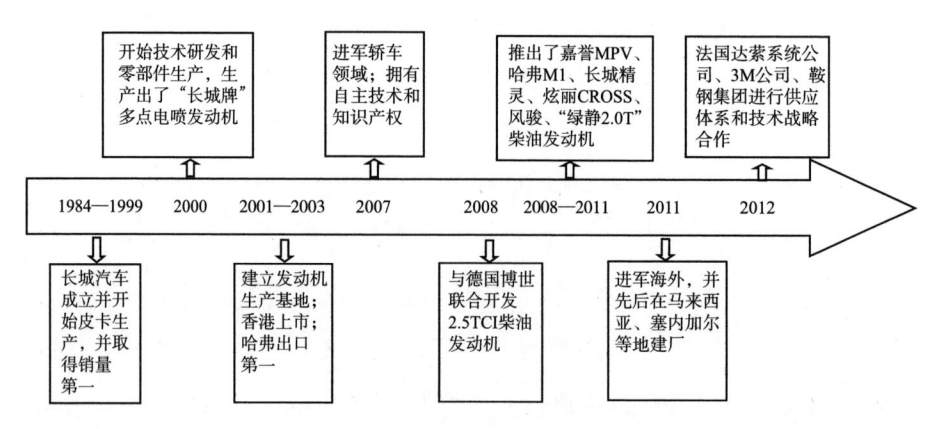

图3-2 长城汽车集团发展历史

消费者最熟悉的十大中国品牌,并成为唯一入选的汽车企业。

三 BYD汽车发展历程

比亚迪股份有限公司,简称BYD汽车。创立于1995年,2002年7月31日在香港主板发行上市,公司总部位于中国广东深圳,员工总数为164177,占地总面积近700万平方米,2015年营业额为800.14亿元,是一家拥有IT、汽车及新能源三大产业群的高新技术民营企业。

1995年,比亚迪成立初期,开始生产第三方品牌的镍铬充电电池,同年比亚迪就靠自身技术优势、低成本控制的有利条件获得了来自三洋的手机电池订单。此后,比亚迪不断加大自身技术研发投入力度,通过优化负极添加剂,阻滞镉金属颗粒长大的方法,改善了电池充电性能及循环寿命,使得比亚迪的电池产品的技术优势逐步崭露头角。在随后的三年间,比亚迪的镍镉电池产量一度占据全球40%产能。2003年,比亚迪收购西安秦川汽车有限责任公司(现"比亚迪汽车有限公司"),正式进入汽车制造与销售领域,开始民族自主品牌汽车的发展征程[1]。2006年F3e电动车研发成功,其电动机、减速器、电池组件以及控制系统全部由比亚迪自行研发生产,F3轿车以其高性能低售价的市场优势几乎处于供不应求的状态。2007年3月,公司分拆旗下手机部件及模组、印刷电路板组装等业务,申请赴香港主板上市,2007年12月20日,分拆出来的比亚迪电子(国际)有限公司在香港联交所挂牌上市,集资约59.125亿元。直到2012年,比亚迪将其更多的精力和资本投入核心技术的研发,才扭转了这种态势,此时上市的e6已率先成为深圳的出租用车。同年4月,G6上市意味着比亚迪旗下全部车型都可以使用"增压发动机+双离合变速器"黄金组合。2014年,政府给予新能源产业大力支持,带动了比亚

---

[1] 《比亚迪收购秦川汽车推出福莱尔》,中国汽车网,2012年8月10日,http://www.chinacar.com.cn/newsview38353.html,浏览日期:2021-4-8。

迪、北汽、江淮等车厂在新能源车用技术的快速发展。比亚迪的 e6 电动出租车和 K9 电动大巴，成为中国多个城市的公共交通运营主力，同时出口到欧洲、美洲甚至日本进行示范运营。T 系列的电动商用车、K 系列电动公交大巴、J 系列电动城际旅游车也在循序渐进的推向市场（图 3-3）。

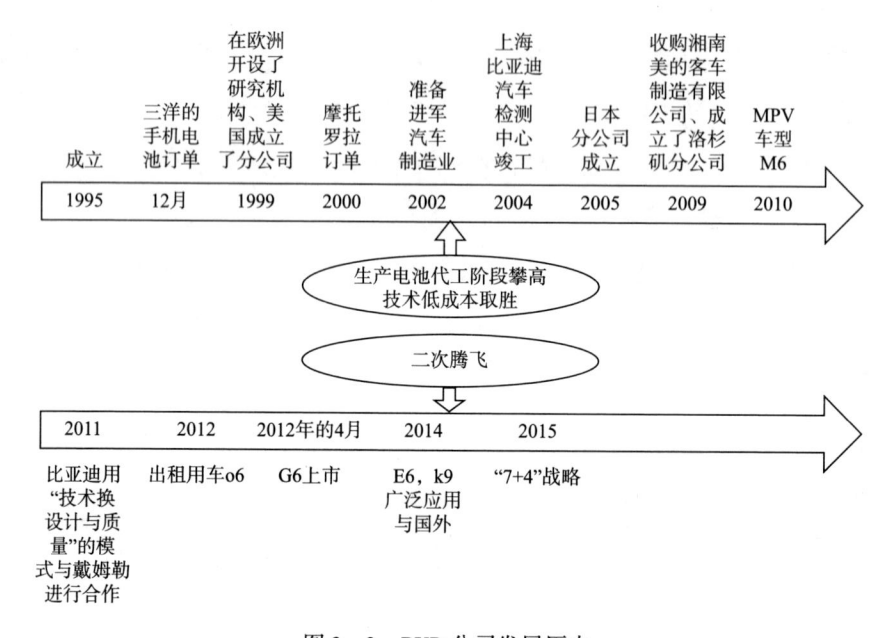

1995	12月	1999	2000	2002	2004	2005	2009	2010
三洋的手机电池订单成立	成立了分公司	在欧洲开设了研究机构、美国成立了分公司	摩托罗拉订单	准备进军汽车制造业	上海比亚迪汽车检测中心竣工	日本分公司成立	收购湘南美的客车制造有限公司、成立了洛杉矶分公司	MPV 车型 M6

生产电池代工阶段攀高技术低成本取胜

二次腾飞

2011	2012	2012年的4月	2014	2015
比亚迪用"技术换设计与质量"的模式与戴姆勒进行合作	出租用车o6	G6上市	E6, k9 广泛应用与国外	"7+4"战略

图 3-3 BYD 公司发展历史

从上述案例企业简介可知，三家企业初创时期的主要经营活动的创新价值链参与环节有所差异，上汽集团是创新价值链末端嵌入——"汽车零配件的生产"；长城汽车是创新价值链的中端嵌入——"技术的应用与整合"；比亚迪是创新价值链的高端嵌入——"创意与研发"（表3-4）。上述现象表明，处于同一产业价值网络中的不同企业对创新价值链的嵌入位置存在差异性，即创新价值链的低端、中端以及高端嵌入。

第三章 非核心企业创新行为模式演化的多案例分析

表3-4 案例企业基本概况汇总

企业名称	发展阶段	研发与管理创新	技术与生产	产品与服务	价值创造活动
上海汽车集团股份有限公司	阶段1 1955—1982	• 自主开发队伍解散 • 资金投入缩减 • 合资建立泛亚汽车技术中心 • 上海大众技术中心扩建	• 汽车零配件的生产		生产活动
	阶段2 1983—2001	• 北美管理中心 • 质量管理"零缺陷" SAIC 价值观	合资 • 1985 德国大众合作 • 1997 美国通用合作	• 技术蓝图 • 合资企业培训	知识转化 知识创造
	阶段3 2002—	• 上汽技术中心及零部件厂校建立工程研究中心 • 同济高等院校建立工程研究中心 • 2008 年成立了"中—英—韩"汽车研究院—体联动的开发体系。 • 2009 年，新能源的研发投入达 7.67 亿元	• "头脑型"公司 • 战略研究和知识信息中心 • 技术管理部 • 信息战略和系统支持部 • 从传统制造企业向提供产品和服务的综合供应商转变	并购 • 2004 收购韩国双龙品牌 • 2005 收购美国 MG 品牌	• 资金收购吸纳外国车企技术	• 自主品牌项目组成立。 • 新能源汽车方向	• 荣威 • MG • 上汽大通 • 跃进 • 五菱 • 海马	知识转化 知识创造 知识扩散

· 73 ·

续表

企业名称	发展阶段	研发与管理创新	技术与生产	产品与服务	价值创造活动
长城汽车股份有限公司	阶段1 1984—1999	• "每天进步一点点" • 经销商代理模式		• 轻型客货汽车 • 迪尔（Deer）皮卡	技术应用
	阶段2 2000—2003	• "身心一体"自行配套	2001年，引进国际先进技术零部件供应商	建立国内规模最大的发动机生产基地	• "长城牌"发动机 • 零部件	知识扩散 知识转化
	阶段3 2003—	• 2007年，"长城汽车技术中心"被授予国家级企业技术中心 • 2008年，自主研发的变速器试制成功 • 2010年，总投资50亿的"长城汽车新技术中心" • 2012年，"哈弗H3/H5系列SUV及高性能乘用车柴油机自主研发"项目，"自动化柔性车身焊装线的研发与应用"	• 2003年，"单纯的整车贸易"转为"系统地做俄罗斯市场"海外售后服务 • 2004年，引入精益生产管理，创建GLM文化理念 • 英国里卡多公司，德国舍弗勒集团，敏实集团，福耀集团，韩国浦项，法国道达尔消滑油与长城汽车签署战略合作备忘录	合资 • 2008年，与德国博世联合开发的2.5TCI柴油发动机建立整车基地 • 2003年，长城汽车工业园一期10万辆整车基地，二期20万辆 2005年，海外建厂 • 二期零部件基地首批合资企业投建 • 2011年，来西亚KD工厂投产，塞内加尔KD工厂；长城汽车天津生产基地	上市融资 • 2007年，长城汽车在H股在香港上交所挂牌交易 • 2011年，长城汽车在上交所挂牌交易 • 长城汽车供应商体系 • 长城汽车与3M公司签署了战略合作协议	• 自主开发 • 战略合作	• 哈弗SUV • 赛酷 • 酷熊CVT • 嘉誉MPV • 炫丽CVT • 长城精灵 • 风骏 （4G15T）	知识扩散 知识转化 知识创造

续表

企业名称	发展阶段	研发与管理创新	技术与生产	产品与服务	价值创造活动
比亚迪股份有限公司	阶段1 1995—2002	●科研团队 ●"技术为王" ●1999年，在欧洲开设了研究机构	●技术优势、低成本控制 ●贴牌代工 ●从"体制"到"商人"	●二次创业继续研发电池焊工艺，改善电池端面焊工艺，提高SC系列大电流放电性能	●政府支持	●比格电池	研发活动
	阶段2 2003—2007	●汽车检测中心竣工	●香港上市 ●全资收购北京吉普的吉驰模具厂 ●收购秦川厂"曲线救国"	●磷酸铁电池 ●内饰和悬架	第1代混动技术以及S6DM	●福莱尔 ●比亚迪F3 ●F3e电动车F6	知识创造 知识转化
	阶段3 2008—	●核心技术的研发 ●双离合变速器 ●增压发动机+双离合变速器 ●设立中央研究院、汽车工程研究院以及电力科学研究院	●北京国际车展 ●上海车展 ●比亚迪北美总部挂牌营业 ●"技术换设计与质量"		收购湖南美的客车制造有限公司的全部股权	●电动车/混动车 ●电动大巴K9 ●F0 ●M6 ●电动车e6	知识创造 知识转化 知识扩散

· 75 ·

第三节　案例企业比较分析

一　创新价值链嵌入模式

国外学者 Nahapiet J.[①] 最早将嵌入性理论与全球价值链理论相结合，提出企业嵌入全球价值链的三种方式即结构嵌入、关系嵌入和认识嵌入三个维度。不同的嵌入方式会形成企业间不同的网络关系，而网络关系决定了价值链中企业的治理模式，导致最终的知识转移和创新效应[②]。有效的知识转移可以提升企业在价值链中的位置，而有限的知识转移会使企业陷入"低端锁定"的状态。企业嵌入创新价值链的模式可分为结构嵌入和关系嵌入[③]，其中结构嵌入和关系嵌入通过利用式学习促进创新绩效。企业嵌入全球价值链可以获得先进的技术和雄厚的资本。全球价值链初始位置的嵌入对企业在创新价值链中的升级至关重要。纵向嵌入全球价值链主要分为价值链上游环节嵌入和价值链下游环节嵌入。上游环节嵌入的主要方式是通过自主研发打造自主品牌，实现由代工生产向研发设计供应商的转变，同时可根据顾客多样化的需求提供定制化的产品和服务；而下游环节嵌入是代工企业逐渐转换为服务提供者，通过多样化的附加服务获取潜在客户。横向嵌入全球价值链意味着对现有价值链中的某一环节进行深刻的嵌入。在全球价值链的范围内，我国企业大多嵌入的方式以全球价值链低端嵌入为主。嵌入全球价值链的位置主要由企业的资源积累和能力积累所决定。

借助于上述国际视角下的全球价值链嵌入理论，不同的嵌入方式会形

[①] Nahapiet J. & Ghoshal, S., "Socialcapital, intellectual capitaland the organizational advantage", *Academy of Management Review*, Vol. 23, No. 2, 1998, pp. 242–266.

[②] Mulu Gebreeyesus, Pierre Mohnen., "Innovation Performance and Embeddedness in Networks: Evidence from the Ethiopian Footwear Cluster", *World Development*, Vol. 41, No. 1, 2013, pp. 302–316.

[③] 王雷：《外资嵌入影响集群企业创新能力的实证研究》，《科学学与科学技术管理》2012年第9期。

成企业间不同的网络关系，网络关系对价值链中企业的治理模式、知识转移和创新效应等会产生影响。案例企业呈现出在创新价值链视角下企业不同创新阶段的嵌入模式，即创新价值链末端嵌入、中端嵌入和高端嵌入。企业嵌入创新价值链的基础是具备创新价值链中某一环节价值创造过程中所需要的优势能力，既包括研发能力也包括生产以及商业化的能力，这一特殊能力源于基础性创新要素如技术与经验的积累，也源于企业自身资源禀赋和外在条件的不同而存在差异性，如上汽和长城完成第一阶段的创新价值链嵌入过程分别历经了7年、15年（表3-4）。

（一）创新价值链末端嵌入模式：上汽

上汽集团成功嵌入创新价值链末端，源于其较强的生产能力，这一优势能力是在对外部市场、政府政策等环境的适应过程中逐渐形成的，如根据国家的国产化政策提高了汽车零部件企业的国产化率。1910年，上海的法租界拥有最大的两个汽车修配工厂。随着上海外国汽车的增加，上海汽车修配业逐渐发展成制造厂、汽配厂等。截至1949年，上海的汽车修理商行已近200家，且技术装备与生产能力已达到比较领先的状态。至1955年，上海市内燃机配件制造公司，主营业务为汽车零配件生产，标志着上海开始起步。1956—1963年间，上海汽车零部件行业已形成了专业协作生产体系。

（二）创新价值链中端嵌入模式：长城

长城汽车嵌入创新价值链中端的特殊能力是其技术转化与应用能力，即长城汽车积累了对汽车的改装的技术应用能力。1984年，长城有限公司在河北成立，主要从事汽车的生产和销售。成立初期，以皮卡生产为主要业务。至1999年，长城汽车在国内皮卡汽车市场的销量已排名第一，之后更是以惊人速度增长，并且将中国的皮卡行业推向了销售热潮。2000年，长城汽车开始注重技术研发，开始从事整车配套的汽车零部件生产，并成立了"长城华北汽车有限公司"和"保定长城内燃机有限公司"。在此期间，长城注重引进国外先进技术，生产出了"长城牌"多点电喷发动机。

（三）创新价值链高端嵌入模式：比亚迪

比亚迪是三家企业中最早涉足研发领域的企业，最初就已体现出了研发能力的优势。1995年，比亚迪成立初期，开始生产第三方品牌的镍铬充电电池，同年比亚迪靠自己的技术优势、低成本控制的有利条件获得了来自三洋的手机电池订单。此后，比亚迪不断加大自身技术研发投入力度，通过优化负极添加剂，阻滞镉金属颗粒长大的方法，改善了电池充电性能及循环寿命，使得比亚迪的电池产品的技术优势逐步崭露头角。

上述案例分析表明，非核心企业在创新价值链某一环节的单一体系化能力的成熟程度决定了企业嵌入创新价值链的起点，这一初始嵌入位置决定了企业在创新价值链中的动态演化路径。案例企业所呈现出来的三种创新价值链嵌入模式分别为创新价值链高端嵌入、创新价值链中端嵌入和创新价值链末端嵌入。创新价值链高端嵌入表现为比亚迪汽车通过研发体系化能力的建立，自主研发打造自主品牌，实现由代工生产向研发设计供应商的转变，同时可根据顾客多样化的需求提供定制化的产品和服务；创新价值链中端嵌入表现为长城汽车通过技术体系化的建立，通过国外引进技术进行多点电喷发动机的研发，以核心部件的生产能力嵌入全球创新价值链中；创新价值链的末端嵌入表现为上汽集团通过生产体系化能力的建立，从引进技术到批量生产再到与国外知名企业进行合资的模式嵌入创新价值链中（见表3-5）。

表3-5　　　　非核心企业单一体系化能力嵌入创新价值链

企业名称	建立时间	原始业务	嵌入位置	嵌入方式	嵌入后业绩	创始人	企业性质	城市
上汽集团	1910	汽车修配厂	创意转化	1984与德国大众签署协议；1985成立上海大众汽车有限公司，为大众桑塔纳提供部件轮胎、收音机、天线的生产	整车生产；90%部件由当地生产商提供	个人	集体企业	上海

续表

企业名称	建立时间	原始业务	嵌入位置	嵌入方式	嵌入后业绩	创始人	企业性质	城市
长城汽车	1984	长城汽车制造厂成立	创意转化	客货汽车生产+皮卡生产	1998年长城皮卡首次位居全国皮卡市场销量第一	个人	集体企业、家族企业	保定
比亚迪汽车	1995	电池	创意扩散	电池	比亚迪的镍镉电池产量一度占据全球40%产能	科研人员	私人企业	深圳

二 非核心企业创新行为选择

上述案例企业在创新价值链中创新行为模式是基于全球范围内的演化。全球视角下企业间的创新活动也在发生动态变化，企业的创新行为模式的焦点已从传统的单一生产环节治理转变为企业整个生产——服务——市场的整个环节的治理。基于创新价值链中的各企业主体通过组织活动形成动态流，使各主体之间呈现出不同的联结方式，形成国家或区域内的片断化的创新价值链[1]。企业在创新价值链中不同位置所采用的治理模式也有所不同[2]，在体系化治理模式形成的过程中，复杂市场交易、交易识别、供应能力、治理主体间博弈等都将对其产生影响。这种治理模式更多地体现在非核心企业技术、研发、市场等多种能力的配置与重构。在非核心企业以单一能力嵌入创新价值链不同阶段之后，随着企业自身科研、技术、生产、品牌等能力的形成，非核心企业在创新价值链中的位置不断攀升，以至成为相对核心的位置。

（一）非核心企业技术创新行为

案例企业通过初始体系化能力嵌入创新价值链中的某一环节后，企业

---

[1] Claro D. P., Hagelaar G., Omta O., "The determinants of relational governance and performance: How to manage business relationships?", *Industrial Marketing Management*, Vol. 32, 2003, pp. 703–716.

[2] Gereffi G., Lee J., "Why the world suddenly cares about global supply chains", *Journal of Supply Chain Management*, Vol. 48, No. 3, 2012, pp. 24–32.

自身的技术能力成长呈现出了由"边缘性技术成长——专业性技术突破——核心性技术研发"的技术演化路径（如图3-4）。

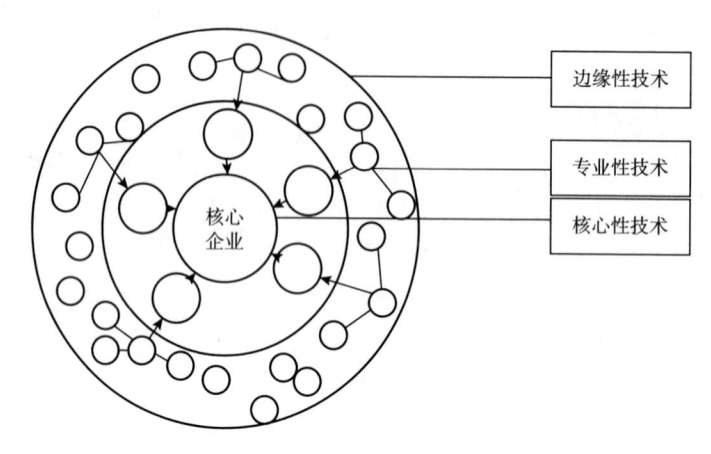

图3-4 企业在创新价值链中的"技术"演化路径

边缘性技术成长阶段，企业的首要任务在于基础性要素积累，通过本地化代工企业间的交流与合作（如上汽），或是以组装代工的方式积累经验（如长城），又或是以交叉领域的部分组件研发的知识积累（如比亚迪）进行边缘性技术的认知与识别；在专业技术突破阶段，通过与国外企业建立合资公司的方式，在技术引进和技术学习过程中，借助于知识溢出效应，强化了技术积累和研发中心建设，上市融资方式则为研发投资和生产能力建设提供了条件，围绕主营零部件或重点技术环节，通过技术能力提升提高产品质量，如上汽集团、长城集团以及比亚迪汽车均与上游国外企业建立了稳定的合作关系和市场关系，逐渐在国内汽车产业生产网络中位居前列。在核心技术研发阶段，上汽、长城和比亚迪以边缘性技术积累和专业性技术突破阶段积累的技术经验为基础，通过整合内外部资源，把成本优势和市场细分优势结合起来，逐渐进入自主品牌+自主研发阶段，并在我国范围内的汽车产业创新研发中占据了领先的地位。

1. 边缘性技术成长阶段

边缘性技术成长阶段企业致力于初始体系化能力构建过程中所需要的基础性要素积累，上汽集团基于长期生产和维修实践的经验累积。在

1901—1955年长达50年的发展历史中，围绕上海汽车周边聚集了一大批汽车配套企业和汽车修理企业，他们之间的生产、服务合作关系，为上汽集团之后的发展提供了技术、知识、人员等基础性要素储备。1958年，上汽已经成功制造出了第一台轿车——"凤凰牌"轿车。随后，在上海市政府支持下，上汽集团进入快速发展阶段，到1975年，上汽已拥有5000辆生产能力，成为中国最大的批量轿车生产基地。

长城汽车基于单一产品的经验累积。长城汽车于1985年建立，成立时间晚于上汽集团近30年，在成立之后近10年的时间里，长城一直聚焦于生产改装车；1995年，开始了长达7年的皮卡车型研发与生产，在这一期间，长城汽车仅专注于这一车型，而没有开发其他车型。由此可见，长城汽车近10年的基础性要素积累是其厚积薄发的基础。

比亚迪汽车基于新兴技术领域的知识积累。1995年比亚迪成立之后，以高技术、新能源为嵌入点，主攻高技术和新能源的研发，仅用2年时间，就实现了锂离子电池的规模化生产。2003年，比亚迪开始动力电池和电脑电池的研发。1995—2003年间，比亚迪并没有直接进入汽车制造行业，而是以锂电池的研制与自主开发为突破口，为高技术起点嵌入汽车行业打下了良好的技术基础（见表3-6）。

表3-6　　边缘性技术成长阶段关键构念及引用语举例

企业名称	时间间隔（年）	核心构念	条目	证据事例（典型援引）
上汽集团	50	市场环境 政策环境 自主品牌生产积累	75	上海是中国最早出现汽车的城市，国外汽车品牌众多（A5） 改革开放，国务院批准在上海引进一条轿车装配线（A5）
长城汽车	30	改装过程积累技术	79	长城聚焦于改装车近10年（B2，B4，B5）
比亚迪汽车	2	高新技术自主研发	65	从锂电池的自主研发起步（C4，C5）

2. 边缘性技术向专业性技术突破阶段

1978年，在中国改革开放政策的驱动下，上汽从单纯引进技术改为合资,并先后成立了上海大众汽车有限公司、上海通用汽车有限公司、泛亚汽车技术中心有限公司等合资公司,如上海纳铁福传动轴有限公司、中德合资上海上汽大众销售总公司、中美合资延锋伟世通汽车饰件系统有限公司等。2002年,上汽、通用中国和五菱三方合资成立上汽通用五菱汽车股份有限公司,开创了整车生产中外合作的新模式。上汽通用五菱成为中国最大的微型车生产基地。此阶段上汽集团的技术驱动模式主要为合资模式,上汽是中国最早一批汽车企业,又曾是国家重点支持的大厂,因此设备、研发人员与同时期其他企业相比有着储备优势,在一定程度上决定了上汽与国外企业的合资模式。

与上汽集团相比长城汽车是后起之秀,在技术驱动模式上选择了在价值链的中后端嵌入,即成为核心企业的零部件供应商。在1999年之后的几年,长城皮卡汽车的销量及产量在国内市场连续排名第一。长城汽车重视产品谱系化生产,推出了四种底盘、五种不同规格的皮卡等多种产品。2000年,长城汽车开始进行产业链的纵向整合,涉足零部件的生产,建立了长城华北汽车有限公司和保定长城内燃机有限公司,同时,从国外引进先进生产技术生产出了"长城牌"多点电喷发动机。

比亚迪汽车涉足汽车产业源于2003年,此时,比亚迪已成为全球第二大充电电池生产商。而比亚迪进入汽车制造行业曾被认为是天方夜谭,比亚迪在汽车行业中的真正优势在于"自主知识产权",2003年比亚迪收购西安秦川汽车有限责任公司,正式开始了汽车的生产,并开始了民族自主品牌的发展(见表3-7)。

表3-7　　　　专业技术发展阶段关键构念及引用语举例

企业名称	时间间隔(年)	核心构念	条目	证据事例(典型援引)
上汽集团	25	政策促进、技术需求	85	国务院批准在上海引进一条轿车装配线。(A2, A5)
		全面合资、技术、销售、服务		上汽抓住改革开放机遇,坚定不移率先走上利用外资、引进技术、加快发展的道路。(A4, A6)

续表

企业名称	时间间隔（年）	核心构念	条目	证据事例（典型援引）
长城汽车	2	核心技术需求	65	第一万辆皮卡下线，将中国皮卡热销推向了高潮。（B1，B6）
		国外引进技术发动机生产技术		引进国际先进技术，生产"长城牌"多点电喷发动机。（B2，B5）
比亚迪汽车	1	跨行业发展	76	2003年比亚迪S6风采（19张），比亚迪收购西安秦川汽车有限责任公司，正式进入汽车制造与销售领域。（C1，C5）
		自主知识产权		可以从硬件、软件以及测试等方面提供产品设计和项目管理的专业队伍，拥有多种产品的完全自主开发经验与数据积累。（C2，C6）

上述案例事实表明，在企业的专业化技术能力构建过程中，上汽集团、长城汽车和比亚迪汽车以差异化的体系化能力嵌入创新价值链后，为提升自身在创新价值链中的竞争力，掌握对产业网络的领导力和支配能力，实现创新价值链的升级，其技术水平及能力逐渐由边缘性技术上升到掌握产业专业性技术，开始掌握汽车产业中核心部件的研发技术。

3. 专业性技术向核心性技术研发阶段

继上汽集团借力与国外企业进行合资获得技术、销售、管理等理念之后，上汽集团开始对国内企业进行重组、扩张规模。2004年，上汽重组中汽成立上汽北京有限公司。2004—2007年间上汽集团先后与依维柯、红岩合作成立上汽依维柯红岩商用车有限公司。而之后的上汽与南汽的合作是中国汽车工业战略重组的里程碑。在上汽集团进行国内企业的重组合作的2006—2012年间，上汽先后推出了荣威750、荣威550、荣威350、荣威W5、荣威960、MG 3SW等自主品牌。2009年上汽集团开始涉足新能源汽车产业，并于2011、2012年先后推出了荣威新750Hybrid混合动力轿车、荣威E50新能源车。2015年，上汽集团开始致力于互联网汽车。

作为我国汽车产业自主品牌的代表，长城汽车一直致力于自主品牌的研究与开发。2000年，长城内燃机制造有限公司成立。成为自主品牌中最早拥有核心动力的企业。2002年长城率先建立了长城汽车技术研究院。长城汽车工业园的建设更是开拓了国内汽车产业工业园区建设的先河。在融资方面，长城汽车选择了在香港H股上市，成为国内首家在香港H股上市的民营汽车企业。在管理和创新理念上引入了精准生产管理并创建了GLM文化理念。2006年长城自主研发了INTEC柴油发动机，同年，哈弗开始出口欧盟。2008年上市的新哈弗搭载的是与德国博世联合开发的2.5TCI柴油发动机。2011年，长城自主研发的小排量涡轮增压发动机——1.5T（4G15T）成功量产。此外，长城为保证产品质量，建立了自身的供应商体系。此外，自1998年以来，长城皮卡已连续11年在全国保持了市场占有率、销量第一，在国际市场上也体现了独特的竞争力。

比亚迪汽车上市所融得的资金加速了比亚迪新能源汽车的发展。在上市融资方面，2002年比亚迪汽车率先在香港联交所主板发行上市，之后于2007年在香港主板成功上市。并于2011年在深圳交易所上市发行，正式回归了A股市场。发展至今，比亚迪已建成西安、北京、深圳、上海、长沙、天津等六大汽车产业基地，在整车制造、模具研发、车型开发、新能源等方面都达到了国际领先水平，产业格局日渐完善并已迅速成长为中国最具创新的新锐品牌。汽车产品包括各种高、中、低端系列燃油轿车，以及汽车模具、汽车零部件、双模电动汽车及纯电动汽车等。代表车型包括F3、F3R、F6、F0、G3、G3R、L3/G6、速锐等传统高品质燃油汽车，S8运动型硬顶敞篷跑车、高端SUV车型S6和MPV车型M6，以及领先全球的F3DM、F6DM双模电动汽车和纯电动汽车E6等（表3-8）。

表3-8　　　　核心技术研发阶段关键构念及引用语举例

企业名称	时间间隔（年）	核心构念	条目	证据事例（典型援引）
上汽集团	6	重组、新能源、互联网产品多元化	78	2009年5月，上汽召开加快推进新能源汽车建设誓师大会，明确上汽新能源汽车产业化发展目标。（A3, A4） 荣威、MG系列品牌。（A5, A6）

续表

企业名称	时间间隔（年）	核心构念	条目	证据事例（典型援引）
长城汽车	8	上市融资、发动机研制、自主知识产权 产品多元化、抢占海外市场	65	2003年12月15日长城汽车在香港上市，其发行价为13.3港元。（B2、B5）在国内首开先河，推出智能化多点电喷发动机，并完成国家严格的标定试验。（B1、B6）皮卡、SUV、轿车等车型。（B1、B4）
比亚迪汽车	10	上市融资、新能源汽车、生产基地建设 产品多元化、抢占海外市场	78	2002年7月31日，比亚迪在香港联交所主板发行上市，创下了当时54支H股最高发行价纪录。（C5、C6）代表车型包括F3、F3R、F6、F0、G3、G3R、L3/G6、速锐等。（C2、C4）

在汽车企业技术不断趋于成熟的过程中，在市场销量方面，上汽、长城、比亚迪的自主品牌汽车深受海外消费者欢迎，如长城汽车已入选海外消费者最熟悉的十大中国品牌。技术的变革日新月异，消费者的需求也会随之而变，企业一方面可以通过领先技术突破创新价值链中的"低端锁定"，如长城汽车的"绿静2.0T"柴油发动机在新能源领域的占有；另一方面，随着中等收入人群的增多，人们对汽车的需求也逐年增加，荣威系列品牌的多样化可以满足不同消费群体的个性化需求，长城的SUV、MPV款车型的打造更是体现了产品的多元化。因此，快速掌握消费市场满足消费者多样化个性化需求可以增加企业市场份额，促使创新价值链实现整体升级。

（二）非核心企业"品牌—技术"匹配关系

非核心企业向核心企业演化的特点之一是品牌由单一化、零件化逐渐发展成为品牌多样化、整合化（如图3-5）。在此过程中伴随着企业纵向控制能力增加，即对下游供应商体系的高标准、严要求以保证企业产品的质量与口碑。此外，核心企业与非核心动态变化在市场上的表现为"边缘市场—边缘性技术""核心市场—核心技术"的匹配过程。案例企业在非核心企业向核心企业成长的过程中历经了"单一技术——单一产品"——"技术集成——多元产品"——"核心技术——自主品牌"的技术、产品匹配过程,因此,技术、品牌匹配是价值网络地位变化的重要体现。

在消费者需求的驱动下,非核心企业为增加自身的竞争力需要打造自主品牌,而自主品牌的品质与知名度会形成企业的品牌效应,品牌效应会让消费者对企业产品增加信心,长此以往良性循环,有利于企业的市场竞争力。非核心企业技术升级需要研究与开发团队的支撑,在嵌入价值网络的初期阶段,企业由于技术水平低只能参与产品生产过程中的组装阶段。随着价值网络中上游企业的技术溢出,使非核心企业技术进一步升级与演化,逐渐将创新活动延伸到创新价值链中更高级别,即参与零部件的生产,此时企业品牌开始崭露头角,企业开始与同类型其他配套企业竞争,并在竞争中强化品质以寻求合作机会,通过合资模式进一步提升品牌效应。在合资过程中技术进一步升级,企业开始参与核心部件的生产,并逐步开始核心部件自主生产,直至企业能够真正自主品牌整车、核心部件生产和完整的供应商体系于一体,在品牌和技术升级的匹配机制下,完成了非核心企业的创新的过程。

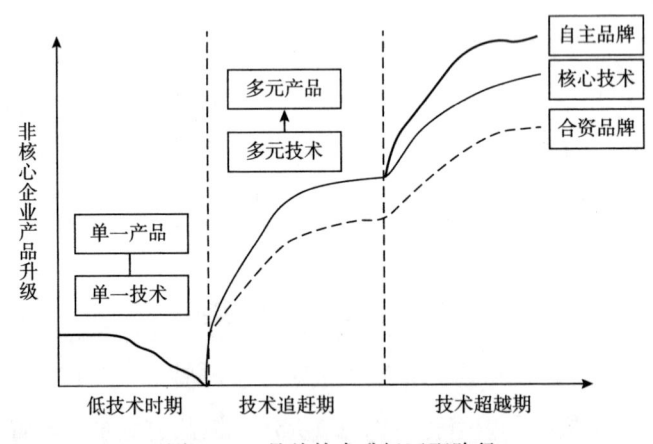

图 3-5 品牌技术升级匹配路径

第四节 非核心企业创新行为选择关键要素

一 基础性要素积累

在本书的研究中发现案例企业的演化过程中的共性是依据企业自身的资源禀赋以及技术水平进行技术体系、研发体系以及生产体系的优先顺序选择。三种体系化能力形成的共同要素在于企业的资金、知识与技术、人才等创新要素的积累,同时受制于外部知识与技术的吸收与获取能力,这些基础性要素在一定程度上决定了企业逆袭之路的速度与质量。即需要通过强大的资金资本、知识积累及人力资本实现技术机会的获得。

(一)资金资本

在资本市场相对发达的情况下,并购、IPO 等方式是企业获取资金的重要途径。通过资本的重组可以为企业的技术发展提供资金。创新资金的筹集主要影响因素有创新资金筹集环境、筹集成本和筹集风险[1]。企业自主创新过程中的均衡投资及预期可实现价值均受到资金机会成本的负向影响[2]。2006 年开始,上汽实施了一系列的企业改制,定向增发股份,完成整车相关资产置入,公司业务性质发生重大变化,实现由汽车零部件生产制造向整车生产销售转变。2007 年 3 月,上汽股份将持有的上海汽车的股份以及零部件资产和其他资产全部划转至上汽集团。上汽集团从而持有上海汽车 83.83% 的股份,成为上市公司的直接持有人。2007 年 9 月 17 日,"上海汽车股份有限公司"更名为"上海汽车集团股份有限公司"。上汽集团作为上海汽车的控股股东和《财富》世界 500 强企业,将发展成为国内

---

[1] 王玉冬、贾璐璐:《创新资金筹集影响因素研究综述》,《财会月刊》2015 年第 36 期。
[2] 冯忠垒、陈圻:《事前被许可企业自主创新投资决策研究——基于技术基础和资金机会成本的分析》,《科技进步与对策》2010 年第 2 期。

享有较高声誉、国外有较大影响的、集先进制造业和现代服务业为一体的综合性企业集团。长城汽车的发展晚于上汽集团，最初通过香港 A 股上市融入资金，加大企业的科研投入和生产基地的建设，为企业技术升级与品牌升级提供了资金基础，随后，2011 年长城正式在上海交易所挂牌上市，进一步融入资金进行战略平台建设及新产品开发。由此可见，企业间的兼并重组行为已为行业创造出了整体效益。当然对企业而言的福利效应不能够代表对消费者而言也是福利，只有在降低成本基础上的兼并重组才会使社会总福利达到最大化，促进产业协同发展。

（二）知识存量资本

我国企业大多嵌入的方式以低端嵌入为主。嵌入全球价值链的位置主要由企业的资源积累和能力积累所决定。知识存量资本包括自有知识存量的累积和外部知识的吸收两部分，知识存量又分为流量和积累量[1]，流量为企业进行研究开发支出费用，最终产生出新的知识。而积累量为知识存量的主要部分，来源于以往研究过程中的知识累积[2]。企业的科研基础直接或间接影响着企业初期的引进吸收能力，中期的再创新能力和后期的自主创新能力。在上汽集团与长城汽车的成立初期，企业主要依靠自身的知识存量提高零部件的质量与生产效率，此阶段科研基地的影响力较弱，企业主要以低成本的优势争夺上游企业的订单与合作。在低端产品价值链中取得了竞争优势后，随着知识存量资本的增加，企业开始与德国大众、博世、美国通用等建立合资企业，企业技术与生产设备主要依靠于合资企业的研发团队；在企业发展中期，企业开始参与到创新中，对引进的技术与设备进行"二次创新"，此阶段，较好的科研基础有利于企业创新成功；在企业发展的后期，即自主品牌成立阶段，前两个阶段积累下来的科研基础与人才是自主品牌得以成功的关键。从对案例企业的深度研究与分析中

---

[1] Griliches Z., *R&D and the Productivity*, Chicago: University of Chicago Press, 1998, p. 90.
[2] 苏屹、李柏洲、喻登科：《区域创新系统知识存量的测度与公平性研究》，《中国软科学》2012 年第 5 期。

可以看出，在初期嵌入创新价值链时企业的知识存量资本尚处于较低阶段，且科研基础比较薄弱，甚至还没有组建科研团队和研发中心。但随着企业发展的不同阶段知识资本的积累，上汽建立了泛亚汽车技术中心有限公司，长城汽车也分别在马来西亚、塞内加尔等地建厂，通过科研基地和生产基地的建设更好地实现知识资本的积累和增值。

（三）人力资本

教育和"干中学"是人力资本的两大源泉，而教育主要来自于人才本身的教育背景，"干中学"则来自于企业对员工的培养与员工本身在工作中对专业技能的积累效应[1]。人力资本对非核心企业体系化能力构建至关重要。在体系化能力形成的不同环节对研发人员的知识结构要求不同。设计研发阶段需要通过对市场规模、消费者结构和需求详尽分析后，综合考虑技术的可行性和经济价值对新产品进行定位；部件研发阶段通过研发人员对产品试生产和组装的经验进行生产流程上的创新。生产研发需要具有熟悉的工业生产基地和生产车间管理经验的人员；管理研发阶段则运用营销手段进行产品的商业化推广。

人力资本如何维系与保持是非核心企业技术体系化能力构建的重要因素，企业可以通过股权激励、员工持股等方式保证人力资本。人力资本在企业绩效和地区经济发展中占据重要地位，人力资本的存量和增量在一定程度上决定了企业的核心竞争力。因此，企业管理者的重要战略之一就是努力提高人力资本的存量与增量。随着企业的不断成长，人才资本对企业的绩效的影响力也在逐渐减弱，而企业的人力资本流动对绩效的影响却会不断增强。因此，减少企业人力资本的流动是企业减少人才缺失的关键[2]。企业的人力资本可分为通用性人力资本和专用性人力资本[3]。通用性人力

---

[1] Lucas Jr R. E., "On the Mechanics of Economic Development", *Journal of Monetary Economics*, Vol. 22, No. 1, 1988, pp. 3–42.

[2] 邓学芬、黄功勋、张学英、周继春：《企业人力资本与企业绩效关系的实证研究——以高新技术企业为例》，《宏观经济研究》2012年第1期。

[3] Becker G. S., *HumanCapital*: *A Theoretical and Empirical Analysis, with Special Reference to Education*, by Gary S. Becker, London, 1964, p. 90.

资本可以依靠大学等高等院校的教育获得，而专用性人力资本是员工通过在企业的工作中所累积的特殊的、只适用于本企业的技能①，对专用性人力资本的丧失，会降低企业所拥有的特有知识。人力资本结构存在着类似于马斯洛式层次结构关系，即人力资本结构类型包括：基础人力资本、知识人力资本、技术人力资本和制度人力资本，且4种人力资本间存在着一定的先后顺序，通过教育和"干中学"可以使人力资本不断提升②。在大量的研究中发现，专用人力资本的短缺和流失，以及企业中人力资本存量中大量的无竞争能力的通用人力资本导致了知识和技术为主的企业核心能力的下降，之后企业就会陷入"人力资本红利陷阱"③。2005年，南京汽车集团先于上汽集团收购了英国MG罗孚汽车公司及其发动机生产部分，并且成立了南京名爵汽车有限公司，将国际一流的工艺装备、研发设施、整车发动机制造技术、顶尖的技术管理人才和MG品牌集于一身。收购后的体系化能力更是形成技术、品牌与人才的集聚效应。汽车行业是知识、技术、生产、服务等多重密集型行业，所需人才不仅包括专业型知识人才，更需要具有"工匠精神"的生产型人才。

二 企业家精神技术识别

近年来国外学者针对技术识别主要分为以技术发展视角出发的技术生命周期识别，即基于专利分析的基础上以曲线拟合的方法判断和识别一个技术产业处于技术生命周期的哪个阶段；基于国家层面的技术识别，即一项专利技术在特定国家的技术应用情况。本书在对案例企业的研究中发现，企业的技术机会识别过程中企业技术与产业技术间的匹配关系对非核心企业向核心企业的演化至关重要，其中包括核心技术与边缘技术识别和

---

① Williamson O. E., "EconomicOrganization: The Case for Candor", *Academy of Management Review*, Vol. 21, No. 1, 1996, pp. 48 – 57.

② 陈浩：《人力资本对经济增长影响的结构分析》，《数量经济技术经济研究》2007年第8期。

③ 刘方龙、吴能全：《"就业难"背景下的企业人力资本影响机制——基于人力资本红利的多案例研究》，《管理世界》2013年第12期。

企业核心技术与产业核心技术的匹配问题。

（一）核心技术与边缘性技术识别

上述案例分析的结果表明非核心企业的技术发展路径为"边缘技术——专业技术——核心技术"。边缘性技术是企业初创时期或跨网络发展初期的重要基础，为企业跃升为核心企业的重要基础。技术的多元化可以为初期边缘性技术的获取提供更多可能，多元化技术的获取途径主要包括内部研发、技术合作、技术引进、技术并购等[1]。技术多元化有利于企业对获取某一产业价值网内的边缘性技术提供机会，避免在企业技术创新过程中的技术路径依赖[2]。专业技术是对于现有技术领域知识和能力的增加，最终形成以核心技术为基础的技术能力。虽然核心技术是企业竞争力的体现，然而因创新价值网络中的核心企业与非核心企业是相互转换的动态过程，若企业认为除核心领域的其他技术资源的投入是一种浪费，则会失去对未来核心技术的雏形技术的识别，最终导致企业付出较高成本的同时仍处于无竞争力的状态[3]。

因此，现代企业的核心竞争力应是以核心技术为重点领域多个技术领域共同发展的企业技术多元化网络[4]。在现代社会的产品谱系中，尤其是汽车企业，需要外观设计、生产工艺、整车组装等多个阶段的技术融合，因此只注重单一技术、永不发展的思想必将被社会所淘汰。在电子、化学和汽车企业的研究中发现这些企业在核心业务领域之外均拥有大量的

---

[1] Cantwell, J. Santangelo, G. D., "The Boundaries of Firms in the New Economy: M&A as a Strategic Tool toward Corporate Technological Diversification", *Structural Change and Economic Dynamics*, Vol. 17, No. 2, 2006, pp. 174–199.

[2] Hung K-P, Chou C., "The Impact of Open Innovation on Firm Performance: The Moderating Effects of Internal R&D and Environmental Turbulence", *Technovation*, Vol. 33, No. 10, 2013, pp. 368–380.

[3] Grandstrand, O., Patel, P. Pavitt, K., "Multi-technology corporations: Why they have 'distributed' rather than 'distinctive core' competencies", *California Management Review*, Vol. 39, No. 4, 1997, pp. 8–25.

[4] 何郁冰：《技术多元化促进企业绩效的机理研究》，《科研管理》2011 年第 4 期。

技术专利①。因技术的不断更新换代，为了及时的识别新兴技术领域，企业有必要在早期进入并不熟悉的技术领域，而此时新兴技术通常处于边缘性技术领域，之后要从边缘性技术领域不断向核心技术领域转移。多元化的技术发展战略有利于企业对边缘性新兴技术的识别，为企业后期的核心技术发展奠定基础。如许多的企业在资源投入的时候投入原材料及供应链的技术领域，而不是直接投入生产与制造领域②。对于企业而言需要在边缘性技术与核心技术间进行权衡，在这个权衡过程中需要企业家结合对应的市场条件进行调整。因此，在企业与外部企业进行技术合作的过程中，拥有多技术能力的企业能够从其他企业的技术外溢过程中获得更多的技术溢出。由此，间接证明了，我国汽车企业在发展之初，作为供应企业，掌握了边缘领域中的核心部件的生产是正确的"逆袭之路"。

在创新价值链低成熟度阶段，体系化能力成熟度不足，企业更多的是通过获取技术许可的方式形成自身的技术体系化能力，此阶段企业所掌握的技术多为边缘性、非产业核心性技术，而当这种体系化能力增长到一定程度，企业便成为技术许可方，由边缘性技术向核心技术转化，提升了企业的创新绩效，因此，核心技术的掌握在一定程度上预示着非核心向核心企业的蜕变。

（二）企业核心技术与产业核心技术匹配

从理论讲技术识别是对某一技术的先进性或前瞻性的识别，但从企业视角技术机会识别使企业能够发现对自己成长有利的技术机会，以及对其技术属性做出清晰的判断。技术本身又具有双重属性，即基于产业层面的技术及基于企业层面的技术。正因为技术的双重属性特征，使得产业核心技术与企

---

① Patel, P. Pavitt, K., "The wide (and increasing) spread of technological competencies in the world's largest firms: A challenge to conventional wisdom [A]", In Chandler, A. D. et al. (Eds). *The dynamic firm: The role of technology*.

② Fai, F. M., *Corporate technological competence and the evolution of technological diversification*, Cheltenham: Edward Elgar, 2003, p. 90.

业核心技术匹配具备一定动态过程（如图3-6）。对于汽车产业而言，发动机的生产与研发技术是其产业的核心技术，如长城的"绿静2.0柴油发动机"及比亚迪的"油电混合技术"都标志着其拥有了汽车产业的核心技术，企业具备了发动机的研发与生产能力，意味着企业的核心技术与产业的核心技术相互匹配。在这种技术升级过程中，除了良好的研发基础、项目组织之外，更离不开企业家精神。创新活动意味着风险，而企业家是创新活动风险的主要承担者，勇于承担风险便是企业家的创新精神。因此，企业家精神在技术识别过程中起到了至关重要的作用。企业家精神可以使员工发挥更大的创造力，调动员工的创新积极性和组织氛围，影响着企业的创新绩效[1]。在新兴技术发展方向的选择上，企业家除具备企业家的基本素质以外，还应具备新兴技术的认知与识别能力、关键技术机会的识别能力。在企业核心技术与产业核心技术的动态匹配过程中，企业家精神对技术属性的认知和对技术成长路径的认知尤为重要。

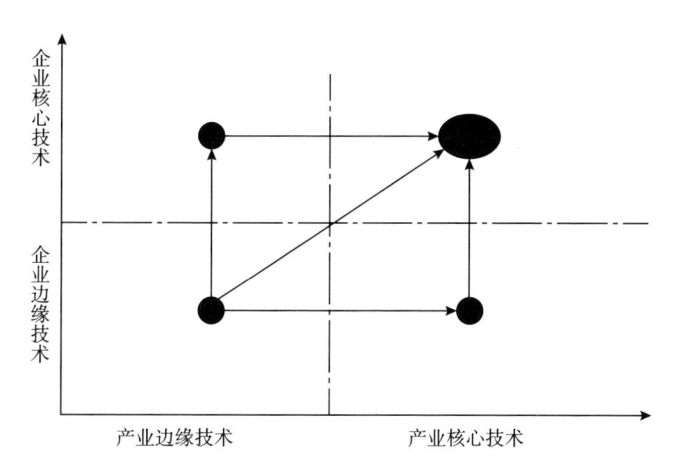

图3-6 基于技术双重属性基础上的核心技术演化

---

[1] Buket Akdol, F., Sebnem Arikboga, "The Effects of Leader Behavior on Job Satisfaction: A Research on Technology Fast 50 Turkey Companies", *Procedia Social and Behavioral Sciences*, Vol. 7, 2015, pp. 278-282.

三 外部环境

企业从非核心企业成长为核心企业的过程，需要适宜的外部环境、良好的组织关系以及外部创新生态环境，特别是技术落后的国家尤为重要。如土耳其和波兰都为技术落后型国家，近些年来，两国政府通过加大创新资助资金的投入提升了创新绩效。2010 年的数据显示政府对 R&D 活动的扶持提升了两国企业的创新绩效[①]。在技术发展和技术扩散的过程中，政府需要利用制度环境、研发和产业化能力和创新的技术特征来确定创新任务和挑战，并确定干预策略[②]。

国产化政策是东道国在法律政策上明确规定外商投资的企业的产品必须有一定比例当地成分，包括原材料和零部件。在 20 世纪初期，我国汽车工业产业政策规定，合资企业生产的汽车，需要达到至少 40% 国产化率[③]。国产化的政策是为了促进我国汽车零部件的自主研发和生产能力，最终促进整体汽车工业。零部件生产的初期阶段，在国产化政策的驱动下，零部件企业呈现出了三种发展模式，即政府整合、市场整合和跨国公司整合。政府整合体现在通过政府股权，对汽车零部件企业进行并购，上汽集团的初期采用的是此模式；市场整合是企业间的并购重组行为，按照"优胜劣汰"的市场原则进行；跨国公司整合是跨国公司通过在中国投资或并购现有的中国企业，使中国零部件企业走向国际化分工的过程。在上海市政府"加速国产化"政策的驱动下，直到 1998 年，整车的 90% 的部件已由当地生产商提供。

中国新能源政策始于 2001 年，启动了"863"计划电动汽车重大专项，建立了"三横三纵"的开发布局，"三横"即多能源动力总成控制、

---

① Krzysztof Szczygielski, WojciechGrabowski, Mehmet Teoman Pamukcu, Vedat Sinan Tandogan, "Does government support for private innovation matter? Firm-level evidence from two catching-up countries", *Research Policy*, Vol. 1, 2017, pp. 219 – 237.

② Ping Gao, "Government in the catching-up of technology innovation: Case of administrative intervention in China", *Technological Forecasting and Social Change*, Vol. 6, 2015, pp. 4 – 14.

③ 沈玉良、庞文瑾：《汽车工业国产化政策研究》，《上海汽车》2001 年第 11 期。

驱动电机和动力蓄电池,"三纵"即混合动力、纯电动和燃料电池汽车。在"十五"期间,国家在混合动力、氢燃料电池车的研发项目上投资8.8亿元,加上各地方和企业的配套资金,共计24亿元。"十一·五"期间,确定发展新能源汽车是我国节能减排方向之一。2006年财政部对混合动力汽车等节能、环保汽车给予一定的税收优惠。2009年国务院首次提出新能源汽车战略,并投资100亿元支持新能源汽车及关键零部件的产业化。截至2012年底,我国在新能源汽车领域的PCT专利申请已位居世界第三,共示范推广节能与新能源汽车2.74万辆(《中国节能与新能源汽车统计年鉴》,2013年)。在中国新能源汽车产业政策的推动下,上汽集团推出了荣威E50新能源车、"互联网汽车"等车型,同时,长城汽车研发成功了"绿静2.0T"柴油发动机。

非核心企业向核心企业的技术动态演化过程受制于资本、知识、人才以及处部政策环境等因素,同时受制于企业所掌握的核心企业与产业核心技术的匹配程度,在这一动态匹配的过程中企业家精神与认知起到了重要作用(见表3-9)。

表3-9　　　　　　　非核心企业技术升级影响因素

关键因素		边缘性技术	专业性技术	核心性技术
创新要素	资金资本	～～	～～～	
	知识资本	～～	～～～	
	人才资本	～～	～～～	
企业家精神	冒险性		～～～～	
	创新性		～～～	
	知识背景		～～～	
外部联系	政府政策	～～～～		～
	市场环境	～～～～	～～	

注:"～～～～"表示影响很强,"～～～"表示影响较强,"～"表示影响较弱,空格表示无影响。

上述分析表明,几乎所有的核心企业都是从非核心企业成长演变而来的,不过,这种成长演变过程也都呈现出较为明显的路径演化过程中的差异性,同时体现出某些路径演化的收敛性(阶段性),即路径演化的某些同质化特性（图3-7）。基于多案例分析的结果，从企业的体系化能力演化角度看，差异性反映着不同企业初始状态路径选择的多样性，有的侧重于产品的专业化或多样化（长城汽车），有的关注于生产的产业关联（上汽集团），有的重视于研发，技术的广度或深度（比亚迪汽车）等；而收敛性是指企业在演化到高级阶段时，均实现了不同环节体系化能力的组合，并与自身资源禀赋条件相结合，完成了单一体系化能力到多元化体系化能力的转变，延伸到产业价值链的高端或较高端地位。当然，这种高端地位也存在着范围和程度上的动态性，并不必然意味着全面领先地位。有的企业可能仅仅实现了创新价值链某些环节的跃升和进步，成为国内或全球价值链中不可或缺的一个重要节点或领先企业。在市场条件、产业生态环境复杂多变环境下，这种转换过程是连续的、持续的，即如果核心企业的体系化能力成长或成熟度没有非核心企业快，其核心地位将下降而沦为非核心企业，而体系化能力成长快的非核心企业就可以发挥位置替代效应，实现产业价值网络位置的改变。正是非核心企业、核心企业及其之间位置的不断变化，才使得其所在产业充满活力和竞争力，否则该产业就是一个高度成熟的、稳定的寡占性行业领域，正等待着更具颠覆性的非核心企业的进入。

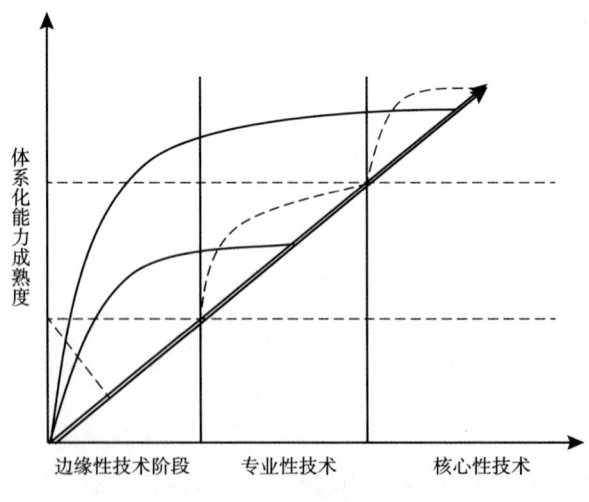

图3-7 创新价值链下非核心企业演化路径

第五节 本章小结

本章是基于理论研究的基础上关于非核心企业创新行为模式的典型案例多案例对比分析。非核心企业的创新行为模式是较为复杂的过程。在案例分析的过程中，本研究选取了在中国国内较为著名、颇具实力的公司，即已成长成为国内其所在领域的核心企业，通过分析其成长路径的详细梳理和对比分析，概括其创新价值链嵌入的不同方式，以及在创新价值链中逆向式升级的不同路径和规律。通过案例对比分析发现，案例企业创新价值链中技术升级的同一性，即遵循了"边缘性技术——专业性技术——核心性技术"的技术升级路径，同时，其技术升级与品牌升级存在匹配性，即"单一技术——单一产品""多元技术——多元产品""核心企业——自主品牌"的技术品牌匹配关系。在非核心嵌入创新价值链后的发展路径受制于基础性要素积累，其中包括资金资本、人才资本以及知识资本，还包括新型创新要素——企业家精神，同时受制于外部环境，如政府政策、市场环境等诸多因素。

第四章　非核心企业机会认知、行为决策与企业家精神的文献分析

纵观创业研究的发展历程，其关注点已逐渐从 20 世纪 80 年代对创业本质或特质的认知转化成对创业行为与实践理论的研究。从创业初体验到创业成功，创业者根据自身对创业活动认知的变化逐渐形成了"情境——思维——行动"的认知反应模式。可见，创业活动是以机会为主轴的社会实践过程，其中包括机会识别、机会利用和机会开发的组织过程[1]，在这一组织过程中，创业者及创业团队自身逐渐形成了"要素投入——创新行为——创新绩效"的理论框架，在这一理论框架下创业成败与否的关键要素是创业者或创业团队是否具备行为理性，即创业者创业认知成熟度。

著名管理学家德鲁克的《创业与企业家精神》一书中将企业家精神概括为开创性、冒险性与创新性。潜在的企业家精神能够提升创业者外部信息获取能力、信息处理和转化能力，最终形成创业者个性化的决策方式。这种潜在的企业家精神表现为创业的初衷——主观意愿或外部诱导、"为什么有人会选择创业并成为创业者"？企业家精神通过创业选择、行为控制和直观判断直接影响创业过程中的行为决策和创业结果的成功与否[2]。

---

[1] SHANE S., "Prior Knowledge and the Discovery of Entrepreneurial Opportunities", *Organization Science*, Vol. 11, No. 4, 2000, pp. 448–469.

[2] 张默、任声策：《创业者如何从事件中塑造创业能力？——基于事件系统理论的连续创业案例研究》，《管理世界》2018 年第 11 期。

第四章 非核心企业机会认知、行为决策与企业家精神的文献分析

具备潜在企业家精神的创业者在创业实践活动过程中所形成的系统化创业认知经验的集合构成了创业导向（entrepreneurial orientation），决定了创业者创业过程中的行为决策理性，有利于增强企业竞争力、应对外部市场、政策等环境的不确定性所带来的创新风险。此外，创业导向决定企业创新行为，其中包括产品创新、技术引进方式和技术应用、品牌塑造、管理创新，以及面对未来不确定性采取的前瞻性行为，有利于保持企业在创新网络中的优势地位和竞争力，提高企业创新绩效[①]。

基于此，本书认为企业家精神是创业者创业认知、创业实践行为直至创业成功的重要因素。从创业源头选择的差异性看，其主要在于创业者身上具备有别于常人的思维方式与认知，这一差异又决定了面对未来高度不确定性时，创业者能够根据自身的直观判断力和认知能力，形成识别和捕捉创业机会的能力[②]。换言之，这一根本性的差异在于创业者在创业初期是否具备潜在的企业家精神中所强调的冒险性、开创性和创新性。本书通过 Nvivo 和 R 语言软件的文本挖掘与关联分析的方法，探索创业认知、行为决策与企业家精神间的深层次关联关系，为未来的研究提供借鉴。

第一节 文献检索与分析

基于创业机会认知、转换、商业化主轴下的理论框架，本书采用文献计量分析方法，即通过现有学者已发表的文献，运用统计学方法分析识别出创业领域的研究热点和发展趋势[③]。在文献收集和整理阶段，本书运用

---

① 高辉、邹国庆：《制度理论与高阶理论整合视角下创业制度环境如何影响企业创新绩效》，《科技进步与对策》2019 年第 2 期。

② 陈娟、邢建国：《基于新企业成长的商业模式与创业机会匹配——多案例纵向研究》，《科技进步与对策》2018 年第 21 期。

③ Garfielde, "Citation indexes for science an ewdimension in documentation through asociation of i-deas", International Journal of Epidemiology, Vol. 35, No. 5, 2006, pp. 1123–1127.

了多棱镜文献分析法①，通过识别、筛选、资格确定和选择4个阶段进行文献回顾。

在分析工具方面，选择 Nvivo 和 R 语言软件作为文献分析工具。通过对 SD（Science Direct）外文数据库中检索的 JBV 1990—2017 年近 28 年间关于创业的文献，依据检索相关度排序初步检索出 151 篇文献，基于 Nvivo 软件的词云分析及关键词提取筛选出 51 篇核心文献作为研究对象，分析创业机会理论以及前沿研究问题。

本书依据文献检索中的抽样方法选择相关拟研究文献。首先，本书文献检索的期刊范围锁定国际创业领域顶级学术期刊——*Journal of Business Venture*（*JVB*）②。其次，本书将研究时间范围界定在 1990—2017 年的时间跨度，目的在于深入了解和挖掘不同时代的创业相关研究，进而得出新时代创业相关的新思想和新思源，为创业企业提供与时俱进的分析结论，更具实践和指导意义。最后，本书以"Opportunity + entrepreneur""Opportunity + New venture"关键词为检索依据，并对文献资料分别进行了单关键词搜索和交叉关键词搜索相结合的方法，意在揭示同一研究论文不同视角间的交叉关系以及深层次理论交集，并通过交叉对照的方式验证了本书所选取文献的有效性。

一 文献分析

本书对 51 篇文献在不同时期的分布数量和趋势进行了描述性分析。首先，从文献在 1990—2017 年间的数量发展趋势看，呈现迅猛增长趋势。1990—1999 年间共发表 7 篇论文，占总量的 13.7%；2003—2008 年间涌现了 9 篇论文，占总量比 17.6%；直至 2015—2017 年间共发表论文 19 篇，占总量比的 37.3%（图 4-1）。

---

① Moherd, Liberatia, Tetzlaffj, "Prefered reporting items for systematic reviews and meta-analyses: the prismastatement", *Medicine*, Vol. 5, No. 7, 2009, p. 97.

② Busenitz L. W., Chandler G., Nelson T., "Entrepreneurship Research in Emergence: Past Trendsand Future Directions", *Journal of Management*, Vol. 29, No. 3, 2003, pp. 285-308.

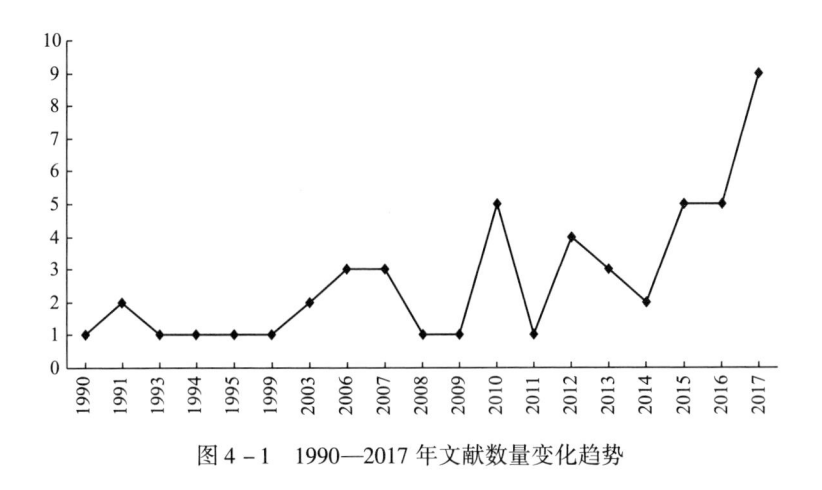

第四章 非核心企业机会认知、行为决策与企业家精神的文献分析

图 4-1 1990—2017 年文献数量变化趋势

二 不同发展阶段的比较分析

本书根据文献的数量的同期性变化趋势（图 4-2），对文献进行了五个基本阶段划分，并分别运用 Nvivo11.0 软件对不同阶段的文献进行了关键词提取与词频分析。

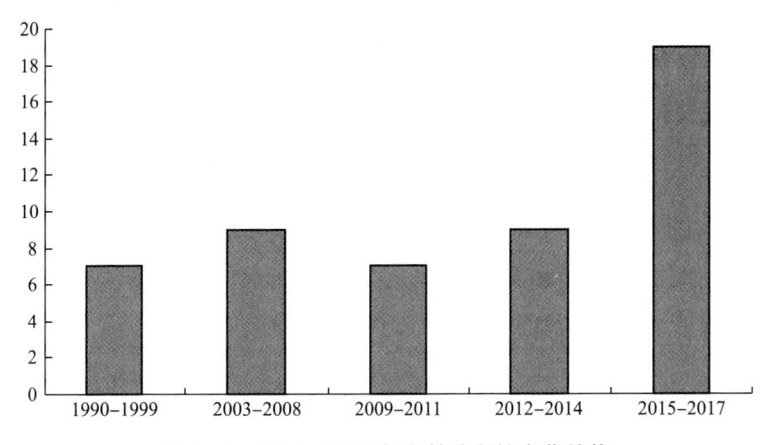

图 4-2 1990—2017 年文献阶段性变化趋势

1990—1999 年间发表的关于创业机会的论文共 3 篇，分别以 "新商业机会""企业家机会捕捉""企业家精神——能力、需求与机会"为主题，从词云图 4-3 可以看出，这一阶段的研究集中于 "small" "business" "growth"即中小企业的成长。Jennings[①]的论文中强调了"企业对商业机会的应变能力应该纳入产业结构的研究中,此种应变能力与组织结构和企业策略间关系尤为重要"。"信息以及信息的搜寻活动是企业行为的中心,创业者的重要作用是发现机会并利用资源开发机会"[②]。"动机理论中强调创业者的基本能力,以及创业动机与需要的主客观因素能够在一定程度上解释不同企业成长的差异性。"其中,主观因素主要包含了创业者信息累积以及获取信息的能力,创业者通过创办公司、促进增长等创新活动能够体现出企业家精神中的某个层面,而初创企业高失败率主要缘于创业者个体能力低下[③]。

图4-3 1990—1999年文献词云图

2003—2008年间发表关于创业机会的论文共9篇,主要围绕"创业机

[①] Jennings D. F., Seaman S. L., "Aggressiveness of response to new business opportunities following deregulation: An empirical study of established financial firms", *Journal of Business Venturing*, Vol. 5, 1990, pp. 177-189.

[②] Kaish S., Gilad B., "Characteristics of opportunities search of entrepreneurs versus executives: Sources, interests, general alertness", *Journal of Business Venturing*, Vol. 6, No. 1, 1991, pp. 45-61.

[③] 宋正刚、张玉利、何良兴:《高质量创业:如何提高创业活动创新性?——对两家"科技小巨人"企业的跨案例研究》,《科技进步与对策》2018年第12期。

第四章 非核心企业机会认知、行为决策与企业家精神的文献分析

会识别""创业机会成本""创业机会发现""企业家精神持续性""机会认知",从图4-4的词云图中可以看出,这一阶段的研究集中于"opportunity""entrepreneur""information"即机会与企业家信息的识别。企业家的个体特征、社会网络以及先前的知识经验可以提高商业机会的警觉性(alertness),创业警觉(entrepreneurial alertness)是机会识别的三个过程中机会认知——机会开发——机会评估的必要条件[1]。在家族式企业中,领导者对所有权结构与公司绩效间的关系可以起到调节作用,家族企业重要的创业约束因素是资金分配。这一时期的学者开始研究创业者中的企业家特质,以及如何运用这种特质寻找新的机会。创业者的创业抉择取决于人力资源市场职位与创业者主观志向的不匹配[2]。

图4-4 2003—2008年文献词云图

2009—2011年间研究论文数量为7篇,主要围绕"创业机会识别""企业家经验""机会认知""企业家行为",从图4-5的词云图中可以看出,这一阶段的研究集中于"opportunity""uncertainty""information",即

---

[1] Ardichvili A., Cardozob R., Ray S., "A theory of entrepreneurial opportunity identification and development", *Journal of Business Venturing*, Vol. 18, No. 1, 200, pp. 105–123.

[2] Lee J. H., Venkataraman S., "Aspirations, market offerings, and the pursuit of entrepreneurial opportunities", *Journal of Business Venturing*, Vol. 21, 2006, pp. 107–123.

信息处理与机会识别以及未来的不确定性间的关系。这一阶段的研究已逐渐从创业者的相关研究，转入企业家的相关机会识别等。创业活动的不确定性的直接结果是导致创业行为的失败，有经验的创业者能够识别更多的机会，创造更多的价值，然而，创业者创业失败的经验不会一直减少企业创新机会的识别数量，两者呈倒 U 型关系，但对创新机会的开发却没有直接关系[1]。此外，对外界信息的处理是创业机会建构的重要步骤，创业者的信息处理方式可以帮助创业者识别更多的外部机会。

图 4-5　2009—2011 年文献词云图

2012—2014 年间相关研究论文共 9 篇，主要围绕"企业家行为""信息处理""机会创造""企业家精神"，从图 4-6 的词云图中可以看出，这一阶段的研究集中于"opportunity""enterpreneurship""growth"，即企业成长过程中的创新机会与企业家精神间的关系，由此可见，伴随着企业的成长，创业者的角色逐渐向企业家这一角色转换，而其主要决策已由创业决策转向行为理性决策判断。企业家年龄与企业成长之间存在负相关关

---

[1] Ucbasaran D., Westhead P., Wright M., "The extent and nature of opportunity identification by experienced entrepreneurs", Journal of Business Venturing, Vol. 24, 2009, pp. 99–115.

系，然而智力资本可以促进企业家年龄对机会识别的正向作用[1]。特别是制度型企业家在市场相对不稳定时，通常选择利用自身在领域内的地位创造新的市场机会，因此，制度型企业家通常被认为是"孤独的英雄"，即在不断寻找新资源中孤独前行[2]。

图4-6 2012—2014年文献词云图

2015—2017年间发表的论文数量最多，共计19篇，主要围绕"创业机会""创业行为""企业家精神""创业策略""机会搜寻"，从图4-7的词云图中可以看出，这一阶段的研究主要集中于"enterpreneurial""opportunity""business"，即企业创业机会研究。研究表明，有较强创新特征的人更能够捕捉较多的创新机会，并选择创业活动[3]，这一创新特征可以

---

[1] Michael M., Frese G. M., Graf J. M., "Anna Kampschulte Creativity in the opportunity identification process and the moderating effect of diversity of information", *Journal of Business Venturing*, Vol. 27, 2012, pp. 559-576.

[2] APRIL L. W., ZAMMUTO R. F., "Creating opportunities for institutional entrepreneurship: The Colonel and the Cup in English County Cricket", *Journal of Business Venturing*, Vol. 28, 2013, pp. 51-68.

[3] Shane S., Nicolaou N., "Creative personality, opportunity recognition and the tendency to start businesses: A study of their genetic predispositions", *Journal of Business Venturing*, Vol. 30, No. 3, 2015, pp. 407-419.

表述为企业家精神中的创新性、开创性以及冒险性等特征。此外，拥有跨文化学习经验的人更趋向于选择创业活动，这一现象的根本在于特殊资源增加了创业机会的开放性，提高了创业者的机会认知能力①。

图4-7 2015—2017年文献词云图

第二节 可视化分析结果

一 关键词频趋势分析

在对不同阶段进行文本分析基础上，本书对各阶段文献进行了关键词词频统计（表4-1），虽然不同阶段的关键词频排序呈现出了较大的差异性，但各阶段排名靠前的关键词主要集中于"business""opportunity""entrepreneur""entrepreneurial""entrepreneurship"。

---

① Vandor P., Franke N., "See Paris and... found a business? The impact of cross-cultural experience on opportunity recognition capabilities", *Journal of Business Venturing*, Vol. 31, No. 4, 2016, pp. 388-407.

第四章 非核心企业机会认知、行为决策与企业家精神的文献分析

表 4-1　　　　　　　　　　不同阶段关键词频统计

排序	Word (1990—1999)	Word (2003—2008)	Word (2009—2011)	Word (2012—2014)	Word (2015—2017)
1	business	opportunity	opportunity	business	entrepreneurial
2	small	entrepreneurial	uncertainty	opportunity	entrepreneur
3	growth	entrepreneur	information	entrepreneurial	opportunity
4	development	venturing	decision	entrepreneurship	entrepreneurship
5	private	entrepreneurs	business	journal	business
6	entrepreneur	journal	firm	growth	research
7	opportunity	information	entrepreneurial	research	social
8	entrepreneurship	knowledge	entrepreneur	information	entrepreneur
9	economic	entrepreneurship	journal	entrepreneur	study
10	entrepreneurial	business	entrepreneurship	venture	venture

本书对各阶段词频排名位居前列的关键"business""opportunity""entrepreneur""entrepreneurial""entrepreneurship"进行了词频趋势分析（图4-8），从图中可以看出，在1999—2012年近14年的时间跨度内，"business"与"opportunity"两个关键词在研究中的出现频率呈现出了此消彼长，完全相反的趋势；其次，"entrepreneurial"和"entrepreneurship"全阶段时间跨度内呈现出了完全一致的变化趋势；第三，"entrepreneur"和"entrepreneurial"在1990年至2009年间呈现均势相同，而在2011年至2017年间的趋势截然相反，特别是在2009—2011年间呈现出了完全一致的频率。

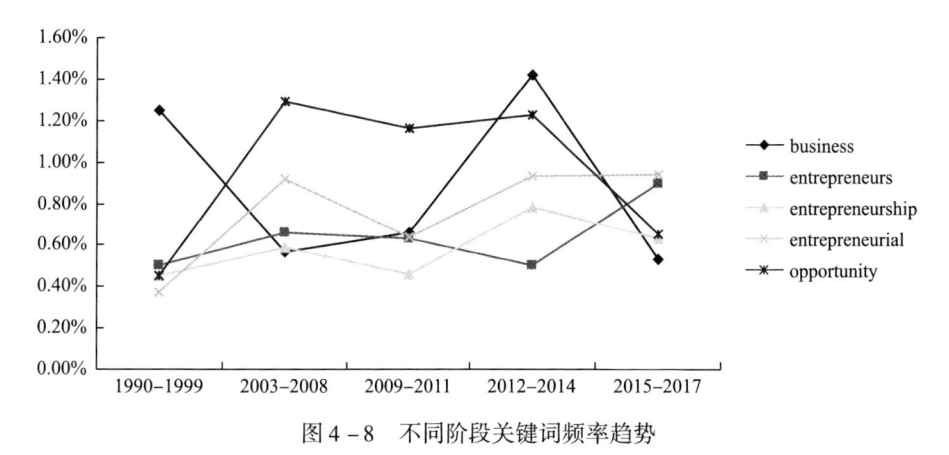

图4-8　不同阶段关键词频率趋势

由此可见，机会与企业家以及企业家精神间的关系密不可分。这种关系首先包括个体成为创业者的选择、企业创业者如何成为企业家，以及企业家精神与企业创新战略、创新行为间的关系。

二 创业机会选择

创业者对创业的选择缘于自身价值与人力资源的市场价值的不匹配，即现有的职位不能够实现创业者的理想与抱负，创业者就会在社会经济活动中寻找创业机会。创业者创业追求是经济利润、社会地位和心理等综合因素，受制于创业者自身的能力、价值观、个性、现有成就和环境等因素的影响，体现为创业者的本性、智商以及社会资本。另一方面，就业市场的长期规律分布为教师、律师、工程师、经理人和其他职业，当创业者的职能不被现有的职业分布所接受时，创业者倾向于选择通过自己雇佣自己的方式创造价值[1]。因此，创业者被定义为追求创业机会而雇佣自身服务的人。

个体创业选择的主要原因是个性特征。其中包括风险承受力（risk-bearing）、创业过程投入的时间成本以及资金成本[2]。进一步的研究发现，高风险意识的人倾向于成为就业者，而低风险意识的人更有可能成为创业者。为何创业者选择创业而不是就业这一问题的本质是个体在"创业"与"就业"，或是"职业"与"职位"间所做出的选择，不同的职位需要面对不同程度的风险，同样，不同的创业机会所面对的风险也各不相同。此外，创业者个体的机会成本与其是否能够成为企业家关系密切，当其具备低机会成本进入市场或机会时，个体更有可能成为创业者并逐渐成长为企业家。此外，在创业过程中通过对社会地位（social standing）的追逐可以促使创业者在相应的社会阶层中倍受尊敬，这与企业家精神中的事业追求

---

[1] Knight F. H., *Risk, Uncertainty, and Profit*. Boston: Hougthon Mifflin Company, 1921, p. 39.
[2] Kihlstrom D., Dan l., "Timid choices and bold forecasts: a cognitive perspective on risk taking", *Management Science*, Vol. 39, No. 1, 1993, pp. 17–31.

目标呈现出一致性①。

创业者的创业选择除受主观因素影响外,在一定程度上依赖于外在政策、市场环境的变化,换言之,创业决策是创业者主观特征与外在创业机会的动态匹配过程。

三 创业决策与企业家精神

伴随初创企业的成长,创业者身份逐渐成长为企业家,其所呈现出的企业家精神的某些个性化特征影响创业过程中的行为决策理性,特别是机会识别与认知、机会转化和机会商业化的全过程。本书在上述研究的基础上,运用 R 3.2.6 软件对文献以及关键词进行了网络关联分析(图 4-9、图 4-10)。文献关联图呈现了所有文本围绕着"机会"一词错综复杂的网络关系,在图 4-10 关键词网络关联中进一步体现了"创业""认知""企业"间的网络关系,特别是机会认知是创业机会转化以及机会商业化全过程的开始,而其中企业家精神起到了决定性作用。

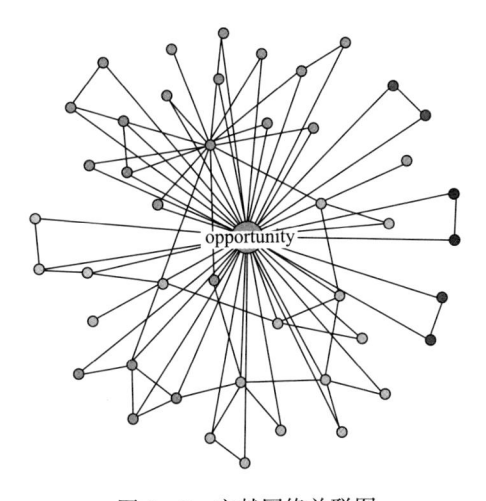

图 4-9 文献网络关联图

---

① 刘志阳、李斌、陈和午:《企业家精神视角下的社会创业研究》,《管理世界》2018 年第 11 期。

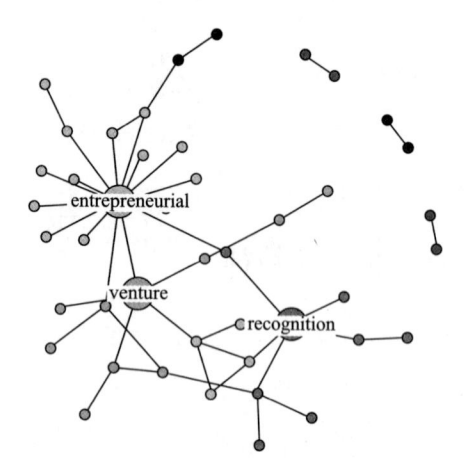

图 4-10　关键词网络关联图

　　学者关于企业家信息处理过程的研究主要集中于问题解决与决策机制、创新、机会认知和企业家警觉性①。熊彼特的破坏式创新理论强调创新是新的信息所带来的机会，而柯兹纳的人类行为学理论中强调企业家对信息的处理对创新机会的重要性②，企业家不仅是创新机会重要的识别主体，也是创新机会重塑过程中的重要环节。企业家对信息的识别与认知程度受制于信息来源、信息警觉性和信息提示三个环节，信息处理能够让企业家置身于创新机会之中。因此，企业家如何利用内部或外部的信息识别机会至关重要，这其中既包括企业家对信息的处理过程，也包括企业家对创新机会的认知和构建过程③。企业发展过程中的机会识别与机会重构、转换都需要企业家的高度参与，企业家如何在众多信息中发现机会，如何对信息再处理产生新的创意，如何将机会进行商业化转换成利润对初创企业的发展至关重要。

---

①　Kirzner I., *Perception, Opportunity, and Profit.* Chicago: University of Chicago Press, 1979, p. 90.

②　Shane S., *A General Theory of Entrepreneurship, the Individual-Opportunity Nexus.* UK: Edward Elgar, 2003, p. 90.

③　Vaghely I. P., Julien P. A., "Are opportunities recognized or constructed? An information perspective on entrepreneurial opportunity identification", *Journal of Business Venturing*, Vol. 25, 2010, pp. 73 – 86.

第四章　非核心企业机会认知、行为决策与企业家精神的文献分析

企业家对创新机会的识别与认知取决于信息处理过程。从认知理论的视角，企业家或创业者对外部信息的认知与处理由其已存在的既定模式所决定，并依据外部变化的环境确定其逻辑结构，因此，认知理论认为企业家对资源的不同组合或配置是创新或商业机会的基础。另一方面，从行为主义（constructionist perspective）理论视角出发，在试错机制中，企业家自身是信息的阐述者，企业家能够为了取得更多的信息而分享信息、创造新的想法以及创意，从这一角度看，企业家是创新信息和商业机会的建构者。

第三节　创新机会的新解读

创业者的创业行为可分为两个阶段，即创业选择决策以及创业过程中的行为决策。马斯洛需求理论中强调，人的需求分为生理需要、安全需要、归属需要、自尊需要以及自我实现的需要[①]。因此，创业者创业动机分为经济需要和社会需要，经济利益通常是创业者选择创业的基本动机；创业者创业的社会动机主要包括社会地位、认可、成就感、自信等被尊重和自我实现的需要，这类需要是由基本创业动机实现后而衍生出的。因此，创业者的创业选择受制于个人对利润、成功以及社会地位等多方面因素的共同作用，创业者个体价值观、个性、品德、知识和技术的差异性对企业不同阶段的影响亦会呈现出较大差异性，如创新性和风险偏好较高的创业者更热衷于企业创新活动的投入和科研人才的引进[②]；在创业过程中，较高凝聚力的创业者可以增强创业团队成员间凝聚彼此信任的氛围，有利于创业团队成员间高效互动。从机会视角出发，创业机会缘于创业企业所处环境的动态不均衡和复杂性，这种复杂性可以促进创业活动的发生，特别是行业创新不断迭代作用，有利于初创企业开发新产品、创造新的市场

---

① Orwa B. O., "An examination of factors in fluencing entrepreneurial opportunity identification process", University of Illinois at Urbana Champaing, 2004.
② Shane S., Venkataraman S., "The promise of entrepreneurship as a field of research", *Academy of Management Review*, Vol. 25, 2000, pp. 217–226.

机会，获取未来市场的潜在高收益。因此，创业者的机会认知影响着企业创业行为的全过程，决定了创业机会加工与转换的效率以及创业机会商业化的成果（如图 4 – 11）。

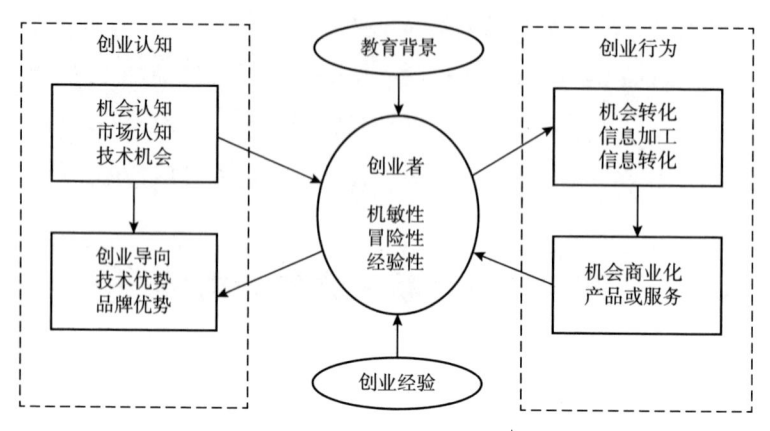

图 4 – 11　创业者创业机会认知与创业行为理论模型

一　创业机会认知

创业机会是创业活动的核心和基础，是运用新手段完成新目标引入新产品、新服务和新的组织方式的可能性。创业机会的识别过程包括创意产生、机会识别和机会评价。虽然，创业机会存在于客观环境中，但创业机会仍然需要被创业者识别与发现[①]，创业者对创业机会高效快速的识别能够迅速填补市场空缺，重塑市场均衡。创业机会的识别与判断受制于创业者的信息处理与机会识别能力、认知推理能力、情绪等非理性因素以及决策标准等一系列认知能力[②]。因此，创业机会识别的研究可以解决"为什么创业者能够发现和识别潜在机会"；"创业者需要具备何种创业认知或知识经验结构才能够识别出现有资源、制度、环境下的创业机会"。

---

① Shane S.，"Reflections on the 2010 AMR Decade Award: Delivering on the Promise of Entrepreneurship as a Field of Research"，*Academy of Management Review*，Vol. 37，No. 1，2012，pp. 10 – 20.

② Shepherd D.，Patzelt H.，Baron R.，"I Care about Nature, But: Disengaging Values in Assessing Opportunities That Cause Harm"，*Academy of Management Journal*，Vol. 56，No. 5，2013，pp. 1251 – 1273.

现有关于创业机会来源的研究表明，创业机会主要来源于两个重要途径，其一是创业机会存在于客观存在的环境中，即创业机会发现是一个"印迹（imprinting）"过程；其二是创业机会可以重塑，即在创业者具备创业经验后，不仅能够快速捕捉新的创业机会，还能够构建创业机会。虽然，外部环境如技术进步、基础设施、政治以及文化等条件能够为创业者提供了众多的创新机会，然而创业者创业过程中对创业机会的识别与构建更有利于现有经济下多产业、多行业价值链的交互发展[①]，形成产业优势竞争力以及新的技术机会。

二 创业机会加工与转换

创业者如何利用创业机会为企业创造价值不仅依赖于创业者自身信息加工和处理能力，同时依赖于创业者所在的创业网络。创业网络既包括创业者的个人网络，也包括创业者与其他企业、投资公司之间的社会网络，特别是创业企业间的战略联盟、联合投资等网络。企业在网络中的位置决定了获取创新机会和资源的数量以及质量，若企业位于网络中的核心位置，意味着其在资源获得、资本获得、机会识别等方面具有较大优势，能够快速获取新的创业机会、创造新的价值。创业机会加工和转换的过程中，创业者本身或创业团队对所获取的优势资源的利用，转换成新产品和服务的能力体现了创业者创业行为的有效性。创业者前期的创业经验、自身资源禀赋决定了创业机会转换过程中逻辑判断力和行为决策标准[②]。

三 创业机会商业化

创业机会商业化的研究有利于解决在何种条件下创业机会能够实现多大的利润。创业机会商业化是创业机会与市场机会的匹配过程，在互联网

---

① 斯晓夫、王颂、傅颖：《创业机会从何而来：发现，构建还是发现+构建？——创业机会的理论前沿研究》，《管理世界》2016 年第 3 期。
② Mueller B. A., Shepherd D. A., "Making the Most of Failure Experiences: Exploring the Relationship between Business Failure and the Identification of Business Opportunities", *Entrepreneurship Theory and Practice*, Vol. 6, 2014, pp. 1–31.

和信息技术发展的今天,中小企业商业模式的迅速变化促使很多以战略见长的大企业屡屡挫败,如中国的"滴滴顺风车"是出行消费市场机会与"互联网+"技术的结合形成的新型创业机会,是对传统大规模的出租车公司的冲击。因此,商业模式创新是创业企业成功的关键战略因素,同时,也是对潜在市场机会的有效发掘和转换。创业企业的商业模式创新过程是创业机会的应用和商业化过程,创业机会商业化过程中的成功与否依赖于创业者对创业精神的传承;此外,在这一过程中,需要创业者将创业的想法与外界资源环境相互作用,并在相互交流的过程中不断地识别和辨认潜在的创业机会[①]。

综上所述,创业者自身对创业活动的热衷受制于创业者的教育背景以及创业实践过程中的经验、创业者创新性、开创性以及风险偏好性等因素,这些因素能够有效促进创业者对外在市场机会的加工转换以及商业化过程,创业机会的商业化利润又可以增强创业者的创业热情,有利于创业者成功经验的积累,进而形成以创业企业竞争优势与品牌优势为核心的系统性认知,即创业导向。

第四节　本章小结

通过对现有文献的系统分析,本书发现,从历史演进过程看,创业认知的研究热度呈逐年上升趋势,并在2015—2017年间急剧增长。从其研究脉络看,形成了创业机会认知、创新机会加工与转换和创新机会商业化的理论体系。虽然从内容上看现有研究紧紧围绕着创业活动,但是,通过本研究的分析发现,作为初始创业者的企业家,其潜在的企业家精神在创业认知与行为决策中起到了关键性作用。

首先,创业机会很难独立于创业者或企业家而独立存在,创业机会最

---

① Shane S., Nicolaou N., "Creative Personality, Opportunity Recognition and the Tendency to Start Businesses: A Study of Their Genetic Predispositions", *Journal of Business Venturing*, Vol. 30, No. 3, 2015, pp. 407–419.

终受制于企业家的创造性的想象以及社会化技术的影响，如爱迪生发明电灯之后，在电灯的使用知识普及方面花费了大量的时间和精力。创业者前期的创业经验体现了创业者实践能力的积累和创造性的想象力[1]，即创业者本身通过对社会环境、文化、消费情境等外部环境的迭代思考而创造的新的创业机会，如阿里巴巴构建的"双十一"购物节。占据初始市场的创业者依赖于构建市场机会和组织边界[2]，创业机会的商业化转换依赖于创业者的情绪激发[3]，因此，创业的成功在一定程度上取决于创业者的愿景与精力[4]以及创业经验，特别是创业经验中的失败教训可以促使创业者顿悟，获取深层次的创业机会，有利于识别和捕捉新的创业机会。结合创新价值链理论（IVC），创业机会是价值网络中由核心企业为主导力构建的组织网络形成的产物，处于创新网络中的非核心企业或初创企业创业机会的获得取决于网络中关键性结点企业间的互动与联系以及在嵌入网络后企业家及其团队对创业机会的识别与判断能力。

其次，机会转换的过程充分体现了创业者对外在信息或潜在机会的处理方式，创业者以往创业经验的积累，以及对外在信息的整合与重构，有利于将外在机会转换成企业适宜性机会，为企业创造利润。初创企业成长过程中，企业家被认为是企业策略网络的建筑师，负责搜寻、计划并始终与目标保持着紧密联系[5]。企业家已不再被视为被动的行为者[6]，而是创新

---

[1] Suddaby R., Bruton G. D., Si S. X., "Entrepreneurship through a Qualitative Lens: Insights on the Construction and/or Discovery of Entrepreneurial Opportunity", *Journal of Business Venturing*, Vol. 30, No. 1, 2015, pp. 1–10.

[2] Santos F. M., Eisenhardt K. M., "Constructing Markets and Shaping Boundaries: Entrepreneurial Power in Nascent Fields", *Academy of Management Journal*, Vol. 52, No. 4, 2009, pp. 643–671.

[3] Jennings J. E., edwards T., devereaux J. P., et al. "Emotional Arousal and Entrepreneurial Outcomes: Combining Qualitative Methods to Elaborate Theory", *Journal of Business Venturing*, Vol. 30, No. 1, 2015, pp. 113–130.

[4] Alvarez S. A., young S. L., woolley J. L., "Opportunities and Institutions: A Co-creation Story of the King Crab Industry", *Journal of Business Venturing*, Vol. 30, No. 1, 2015, pp. 95–112.

[5] Engel Y., kaandorp M., "TomElfring Toward a dynamic process model of entrepreneurial networking under uncertainty", *Journal of Business Venturing*, Vol. 32, 2017, pp. 35–51.

[6] Vissa B., "Agency in action: Entrepreneurs' networking style and initiation of economic exchange", *Organ. Sci.*, Vol. 23, 2012, pp. 492–510.

机会的重塑者。企业家的网络策略①以及形成的网络行为会促进企业在机会转换与重构的过程中再次获得新的机会。

最后，机会商业化过程中的商业模式本身是创业者对创新价值链中各环节所涉及的价值创造活动的体系优化过程②，在这一过程中创业企业以成本效率优势击败竞争对手，或者是以新产品的引入和新价值创造超越现有创新价值网络中的核心企业③，颠覆现有产业竞争格局。商业模式本身对企业创新绩效的影响已得到了学术界的广泛认可，然而，从创业机会商业化的过程中可以看出，昔日的创业者已逐渐成长为今日的企业家，其对商业模式的形成、选择起到了至关重要的作用，特别是企业家精神与创新机会的互动过程中形成的新的商业模式对现有创新价值链中的在位核心企业的追赶、超越甚至替代过程更具非常重要的影响。

表4-2　　　　　　　　创业机会实现与企业家精神

机会实现	企业家精神		
	机敏性	经验性	冒险性
机会识别	***	*	
机会转换		***	*
机会商业化	**	**	**

基于上述研究表明，企业家精神在创业企业成长过程中体现在机敏性、经验性和冒险性不同层面，在本书的文献中显示了企业家特征中的机敏性、创业经验以及冒险性对创业机会实现过程（机会识别——机会转换——机会商业化）的差异性影响（表4-2）。企业家精神中的机敏性有助于对创新机会的捕捉，而企业家创业的经验在一定程度上保证了机会转换以及对外在变换的信息流的高效处理，降低创业过程中的不确定性。最

---

① Hallen B. L., Eisenharde K. M., "Catalyzing strategies and efficient tie formation: how entrepreneurial firms obtain investment ties", *Academy of Management Journal*, Vol. 55, No. 1, 2012, pp. 35-70.

② Teece D. J., "Business Models, Business Strategyand Innovation", *Range Planning*, Vol. 43, No. 2-3, 2010, pp. 172-194.

③ Magretta J., "Why Business Model Matter", *Harvard Business Review*, Vol. 80, No. 5, 2002, pp. 86-92.

后，创业机会的商业化过程中需要企业家对市场机会、市场缝隙的捕捉以及市场经验和对新产品或新服务推销过程中诸多行为的冒险性尝试。因此，伴随着初创企业的成长，未来的研究可聚集于以下几个方面：一是创业者向企业家角色转换过程中的内在机制与外在条件研究；二是创业者所体现出的潜在企业家精神对机会实现的不同阶段的差异性作用研究；三是可以对企业家精神的个性特征进行指标选取与确定。此外，不同行业的初创企业潜在企业家精神对创新机会的识别与转换也必然会存在差异性，未来的研究，可以对创业机会识别、转换以及商业化过程的关键性要素进行分析，以及通过对创业者跟踪调查进行案例分析。

第五章　基于案例分析的机理模型构建

基于第三章关于上汽集团、长城汽车以及比亚迪汽车的跨案例比较分析，归纳出非核心企业创新价值链嵌入不同创新价值链的差异性，并探索出创新价值链视角下非核心企业技术的演化规律，即边缘性技术——专业性技术——核心技术的演化过程，本章进一步分析非核心企业创新行为演化过程中体系化能力、创新价值链成熟度间的匹配性规律，为非核心企业晋升为核心企业提供理论借鉴。

第一节　差异化创新行为模式演化路径

在上述对所搜集资料进行分析的基础上，本研究借助于 Nvivo 软件对所搜集和转录的文本资料进行了词频分析及词云图的绘制（图 4-1、图 4-2、图 4-3）。上汽集团词云分析图中，上汽的所有文本资料的分析中体现了"技术""品牌""设计""新"，即技术、品牌与创新理念的集成；从长城汽车的词云分析图中可以看出长城汽车的发展理念为"产品""品牌""市场""SUV"，充分体现了长城汽车发展历程中的重市场、重品牌以及消费者需求的理念；而词云图中比亚迪汽车的特色在于"能源""技术""品牌""市场"，特别是能源一词充分体现了比亚迪发展新能源汽车的战略。

第五章　基于案例分析的机理模型构建

图 5-1　上汽集团词云图

图 5-2　长城汽车词云图

图 5-3　比亚迪汽车词云图

上述企业文本资料的分析，体现了中国汽车企业在"技术""创新""市场""品牌"等方面战略的集成与统一，这意味着企业从非核心企业发展成为核心企业的过程中，离不开上述要素或能力的有机整合与利用，这其中既包括

·119·

技术能力、研发能力、市场商业化的能力也包括在现有市场竞争格局中品牌战略能力,因此,在非核心企业的发展历程中,一定存在着某种共性的能力或多种能力的有机整合,促进了企业从非核心到核心的演化与蜕变。

一 上汽集团:生产+技术+研发+品牌体系化

上汽集团嵌入创新价值链的生产体系化能力的形成,得益于零部件厂商与上汽的地理关系接近。这种临近性促使知识的高效流动和知识间能力的相互转化吸收,使网络中的企业的创新活动具有典型的互补性,对生产技术的共性和市场的特殊性有着更强的感知。在创新价值链向上游技术转换环节延伸的过程中,上汽集团的"生产+技术"体系化能力的形成得益于与外资企业间技术联盟与合作的建立,如上汽与大众的合作成功更是促使了上汽走上了合资办厂的道路,这一合作促成了2000—2004年间上汽集团的销量翻了一倍,加强了上汽产品在中国汽车市场上的占有率。随着技术的不断更新换代,知识网络也在不断扩大,面对庞大的知识体系,单个企业难以掌握本行业所有的知识与技术。技术联盟可以促进知识的流动性和组织间的知识吸收能力,缩短认知距离[1]、共享联盟成员经历[2]、实现创新活动的互补性促进企业长期创新绩效。在创新价值链高成熟度阶段,上汽集团的多元体系化能力的构建得益于其掌握了汽车发动机平台、底盘平台等相关核心技术,以及拥有了荣威、MG 等系列产品的自主品牌。

二 比亚迪:研发+技术+生产+品牌体系化

多数企业的技术追赶策略为"先模仿,后创新"[3],比亚迪却采用了少

---

[1] Nooteboom B., Van Haverbeke W., Duysters G., et al. "Optimal cognitive distance and absorptive capacity", *Research Policy*, Vol. 36, No. 7, 2007, pp. 1016 – 1034.

[2] Yu-Shan Chen, Ke-Chiun Chang, Ching-HsunChang, "Nonlinear influence on R&D project performance", *Technological Forecasting and Social Chang*, Vol. 79, No. 8, 2012, pp. 1537 – 1547.

[3] Gupeng Zhang, Jianghua Zhou, "The effects of forward and reverse engineering on firm innovation performance in the stages of technology catch-up: An empirical study of China", *Technological Forecasting and Social Change*, Vol. 5, 2016, pp. 212 – 222.

有企业选择的路径"逆向式"追赶模式,即从创新价值链的高端环节——研发环节嵌入。比亚迪早期的研发体系化能力利益于进入汽车产业之前,比亚迪在电池领域已取得了很大的成功,其发泡镍锟焊、正极端面焊工艺的研发基础对比亚迪新能源汽车的研发奠定了重要的研发基础,也是其研发体系化建立的关键性要素。这一研发能力促使比亚迪有较强的技术吸收能力以及技术识别能力,吸收能力是企业对外在信息的价值识别,通过自身的科研体系对技术进行再次创新,并且进行商业转化的能力,实现创新绩效[1],为其向创新价值链其他环节延伸奠定了坚实的基础[2]。比亚迪的跃升速度远高于上汽集团,这种现象源于新兴企业的创新平均水平要强于传统企业,在消化和转化以及再创新的环节,新兴企业更是强于传统企业。

此外,比亚迪多元体系化能力的建立也源自于其科研机构的建立,科研机构的建立有利于企业实现组织内部设备、工艺、流程、技术、信息等创新行为的组合,以及企业外部合作创新,实现知识与技术的转移和扩散[3]。比亚迪一直重视核心技术的研发,并成功的研制出了磷酸铁电池、电动机、减速器及控制系统。科研机构的创新行为不能够直观看出其技术价值,而是需要借助产品的市场化过程实现其技术价值。但是科研院所是企业创新知识的生产者,是企业实现高效生产的技术保证,因此,科研院所的技术创新行为是保持企业技术竞争力的关键,也是企业创造新产品的根源所在。

三 长城汽车:技术+生产+研发+品牌体系化

作为价值网络中的非核心企业,长城汽车成立初期技术体系化在

---

[1] Cohen, W. M. D. A., Levinthal., "Absorptive Capacity: A New Perspective on Learning and Innovation", *Administrative Science Quarterly*, Vol. 35, No. 1, 1990, pp. 128–152.

[2] 孟东晖、李显君、徐可:《技术吸收能力差异:中国汽车企业实证研究》,《科技进步与对策》2014年第19期。

[3] 李柏洲、周森:《科研院所创新行为与区域创新绩效间关系研究》,《科学学与科学技术管理》2015年第1期。

1984—1999年近10年的时间里得到确立,专心致力于技术的应用以及皮卡一种产品的品质打造,使其产品的口碑与品牌得以被消费者认可,实现了消费者驱动模式[①]下对核心企业的追赶。在消费者驱动的模式下,长城汽车逐渐实现了产品的多元化,即皮卡、SUV、轿车、MPV等多元化产品。产品多元化是外部技术促使企业在全球价值链中位置攀升的中介[②],利于企业实现"范围经济",提高资源使用效率,优化资源配置,最终提升企业绩效[③]。虽然在非核心企业体系化能力形成的各个阶段,无论是生产体系、技术体系、研发体系都应与市场需求相匹配,然而当企业技术发展到一定阶段可以起到市场需求的引领和带动作用,这意味着非核心企业的匹配市场需求向核心企业的引领市场需求的转变。在"中国制造"向"中国质造"转型的过程中,中国企业应该满足中国消费者对产品的品牌与质量的需求。

上述分析表明非核心企业技术成长的不同阶段,企业自身的体系化能力成熟度亦有所不同。在边缘性技术成长阶段,案例企业呈现出了生产体系化、技术体系化及研发体系化的单一体系化能力,主要用于创新价值链的体系化能力嵌入;在专业技术突破阶段,案例企业均形成了双元体系化能力,上汽集团在政策基础上充分利用合资企业的外部资源开始技术创新、长城汽车则是通过引进技术的方式开展技术创新,而此阶段的比亚迪汽车已开始拥有自主知识产权;在核心技术研发阶段三家汽车企业均形成了研发、生产、技术、品牌等多元体系化能力。由此可见,随着企业技术能力的升级其体系化能力呈现出了由低成熟度向高成熟度的发展趋势。

案例企业三个阶段的发展路径可以看出差异性及共同性(表5-1),其差异性在于多元体系化能力的构建路径不同,即上汽集团的发展路径为

[①] 许晖、许守任、王睿智:《嵌入全球价值链的企业国际化转型及创新路径——基于六家外贸企业的跨案例研究》,《科学学研究》2014年第1期。

[②] 赵凤、王铁男、王宇:《开放式创新中的外部技术获取与产品多元化:动态能力的调节作用研究》,《管理评论》2016年第6期。

[③] 陈岩、蒋亦伟、王锐:《产品多元化战略、企业资源异质性与国际化绩效:对中国2008—2011年制造业上市公司的经验检验》,《管理评论》2014年第12期。

"生产+技术+研发+品牌体系化"，即由创新价值链下游环节向创新价值链顶端环节延伸的"自下而上模式"；长城汽车的发展路径为"技术+生产+研发+品牌体系化"，是创新价值链的中间环节向创新价值链的顶端和末端环节分别延伸的"混合式"模式；比亚迪汽车的发展路径为"研发+技术+生产+品牌体系化"，是创新价值链的顶端环节向下游环节延伸的"自上而下"模式。企业以各自的优势以及策略确定了由非核心企业向核心企业的演化路径，在整个演化的过程中伴随着创新价值成熟度的由低到高。

表5-1　　　　　　　体系化能力动态演化

企业名称	边缘性技术成长	专业性技术突破	核心性技术研发
上汽集团	生产体系化	生产+技术体系化	生产+技术+研发+品牌体系化
长城汽车	技术体系化	技术+生产体系化	技术+生产+研发+品牌体系化
比亚迪汽车	研发体系化	研发+技术体系化	研发+技术+生产+品牌体系化

上述企业别具特色的体系化能力建立及成熟的过程中体现了非核心企业的赶超式创新行为模式，最显著的特征从价值网络中的非核心配套企业上升为价值网络中具有领导力和支配地位的核心企业。在创新价值链成熟度较低阶段，作为配套企业，非核心企业以自身高效的技术、研发、生产体系化能力获得核心企业的青睐，使其能够有机会参与到核心企业的产品战略中，获得知识与技术的直接或间接溢出效应。在创新价值链成熟度成长阶段，作为准核心企业，高效高质的多元体系化能力可以使拥有自主品牌的核心企业的产品更值得依赖，提高产品的市场竞争力。最终随着创新价值链的成熟度不断完善，非核心企业由单一体系化能力成长为多元体系化能力，意味着其由非核心企业向核心企业的蜕变。

第二节　创新行为模式演化影响因素分析

在非核心企业通过体系能力的提升，促使其在创新价值链向上攀升的过程中，通过上述分析，本研究认为非核心企业创新行为模式演化中的关键性要素分别为企业家精神、知识吸收能力、外部网络环境、企业创新绩效等。因此，为了更进一步证实本研究所提取的关键性要素，本研究借助于统计学的 R 软件，借助于 R 软件在社会网络分析中的优势，对前文所提取的词频进行了相互关联分析，结果如图 5-4、图 5-5、图 5-6 所示：

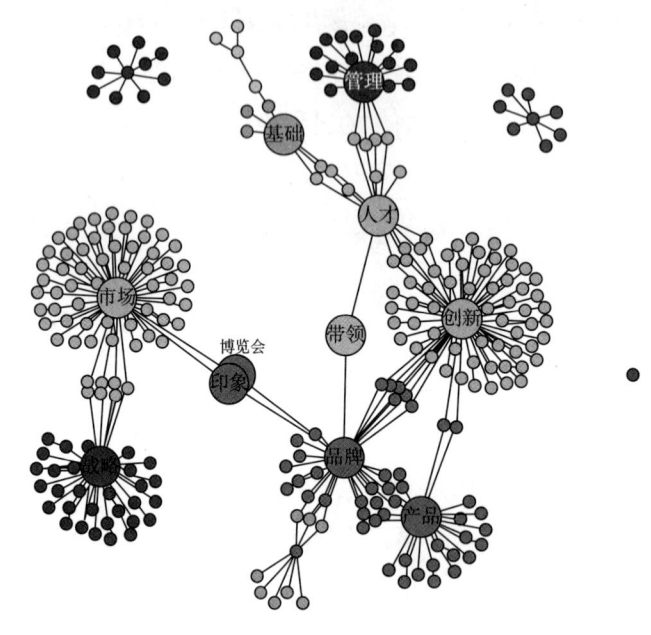

图 5-4　上汽集团体系化关联图

词频关联分析的结果中，我们可以发现，企业家在非核心企业多元体系能力形成的过程中起到了关键作用，企业家对于创新活动的支持可以促进新产品的开发，促进非核心企业科研团队的建设。此外，非核心企业自身的知识与技术的吸收能力决定了其多元体系化能力形成的速度与质量，较高的知识与技术吸收能力可以快速促成非核心企业的多元体系化能力。外部环境对非核心企业的创新行为模式也起到了关键性作用。非核心企业的创新绩效则是其创新行为模式的最终体现。词频关联分析间接地证明了本研究在案例分析过程中得出的非核心企业创新行为模式关键性要素的正确性，为进一步展开实证分析奠定了理论基础。

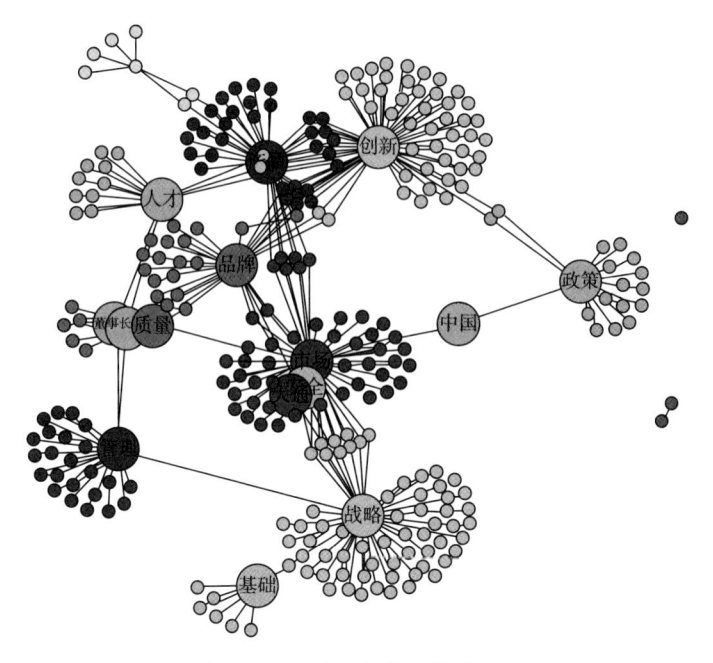

第五章 基于案例分析的机理模型构建

图 5-5 长城汽车体系化关联图

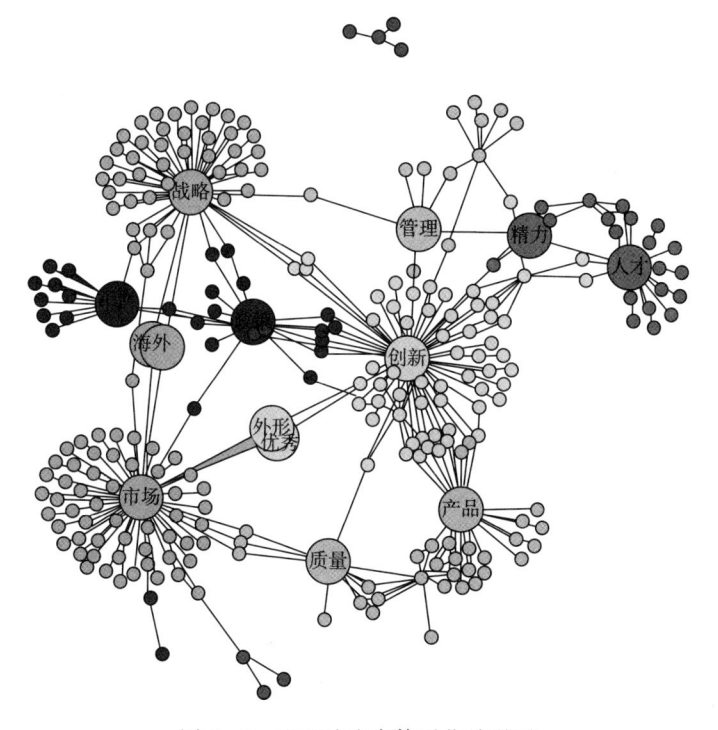

图 5-6 比亚迪汽车体系化关联图

一 企业家精神

企业家精神作为企业创新行为模式的影响因素，主要体现在企业家精神中的创新精神、开创精神以及冒险精神对外在市场机会、技术的识别，最终形成企业独具竞争力的创新战略。

（一）市场机会识别

随着中等收入人群的增加，人均消费水平逐渐提高，消费者的消费需求已从"量变"向"质变"转化。在"中国制造"向"中国质造"转型的过程中，中国企业应该满足中国消费者对产品的品牌与质量的需求。品牌效应包括产品品质和产品的知名度。随着上汽市场销量的逐年增加及国内消费者对汽车需求的增加，上汽集团一直以自主品牌建设为最终目标。直到2004年英国罗孚品牌汽车受日本品牌产品的影响，遭遇重创，而此时的欧洲汽车企业都无力挽回罗孚汽车，这恰恰为上汽收购罗孚提供了有利的契机。上汽建立自主品牌的最大障碍在于核心技术的突破，而罗孚是百年品牌，同时拥有着自身的技术积累和经宝马改良过的技术，因此双方达成协议。在上汽集团和长城汽车的发展过程中，分别推出了荣威、长城等系列汽车，汽车产品的更新换代和品质保证，使其在市场上的占有率逐年攀升，在消费者心中树立了良好的品牌形象。

消费者的需求呈现出了多样化的特点，需要与品牌体系化相对应的产品多元化。产品多元化是外部技术促使企业在全球价值链中位置攀升的中介[1]，产品多元化要以技术多元化为基础。理论界关于产品多元化对企业的影响至今仍没有一致的结论，一些学者认为，产品多元化有利于企业实现"范围经济"，提高资源使用效率，优化资源配置，最终提升企业绩效[2]，而另一些学者则认为产品多元化并非企业最优策略，而是一种折中

---

[1] 赵凤、王铁男、王宇：《开放式创新中的外部技术获取与产品多元化：动态能力的调节作用研究》，《管理评论》2016年第6期。

[2] 陈岩、蒋亦伟、王锐：《产品多元化战略、企业资源异质性与国际化绩效：对中国2008—2011年制造业上市公司的经验检验》，《管理评论》2014年第12期。

战略，对公司绩效并无显著影响[1]。2006年10月，上汽以"品位、科技、实现"为目标推出了荣威系列自主品牌车型，主要包括荣威950、荣威750等，覆盖了中级车与中高级车的市场。自主品牌的推出标志着上汽正式进入了市场驱动阶段。而在2007年上汽集团通过收购南京汽车集团成为MG品牌的新主人。随后推出了自主品牌MG系统车型，包括MG3、MG5等。至此，荣威和MG已成为上汽的两大自主品牌，通过收购的方式获得了国外品牌的核心技术，使得两大自主品牌的质量与价格明显高于同级别其他品牌。上汽若想在众多的汽车企业中保持竞争优势必须保持技术领先和较高的市场占有率，实施技术与市场的双重驱动。

（二）技术机会识别

企业所掌握的边缘性技术与核心技术的程度及企业家认知决定了企业获取外部创新价值链中"创意转换"环节需要非核心企业建立与核心企业相匹配的技术体系化能力。技术体系化能力集中体现在技术认知距离的缩短与技术的来源渠道。而技术获取方式又受制于技术体制。技术体制（technological regimes）主要包括约束条件、技术机会和知识积累，这些都会影响创新规模。小规模企业更青睐科学技术体制，能够充分利用低水平的知识积累与知识产权制度。而大规模企业的创新绩效主要来源于客户与供应商所提供的创新机会，较小的涉及知识产权制度[2]。企业间有效的知识转移可以提升企业在创新价值链中的位置，而有限的知识转移会使企业陷入"低端锁定"的状态。企业是否掌握所在领域的核心技术是反应对外技术依赖程度的关键要素。创新的不同阶段都包含了对外部知识的获取、消化、转化和利用[3]。在中国自主品牌企业发展初期，对外技术依赖性高，技术的吸收能力对引进、吸收、学习、再创新的影响至关重要。技术购买

---

[1] 朱江：《我国上市公司的多元化战略和经营业绩》，《经济研究》1999年第11期。

[2] Jong-Seon Lee, Ji-Hoon Park, Zong-Tae Bae, "The effects of licensing-in on innovative performance in different technological regimese", *Research Policy*, Vol. 46, No. 2, 2017, pp. 485 – 496.

[3] H. W. Volberda, N. J. Foss, M. A. Lyles., "Perspective—Absorbing the Concept of Absorptive Capacity: How to Realize Its Potential in the Organization Field", *Organization Science*, Vol. 21, No. 4, 2010, pp. 31 – 951.

极易形成技术不变条件下生产体系的建设,随着技术许可规模扩大,生产能力增加之后,企业若有良好的自我要素累积的一个过程,顺应外界环境的变化的时候,可以形成非核心企业新的研发能力,以及在技术许可的学习过程中形成新研发体系。

（三）创新战略

多数企业的技术追赶策略为"先模仿,后创新",因此,技术模仿与自主创新之间有了复杂的关系,两者对于新兴经济体的创新产出至关重要。模仿式创新的投入可以促进公司的创新产出、提高公司创新商业化水平,而自主创新的投入会带来更多的创新产出和更高的创新商业化水平,模仿创新对创新产出的效应是间接的,其主要作用在于增强了自主创新的作用,并为新的 R&D 活动奠定了知识基础[1]。模仿创新有利于缩短企业研发过程,降低企业研发风险,诸如国际诉讼的不确定性。因此,研发体系的建立是非核心企业实现技术追赶占据核心地位的必要途径。

二 创新投入

科研院所的创新行为模式可以包括组织内部创新、组织外部合作创新和科研人员个人的创新行为,内部创新行为主要以新技术创新为主,包括设备、工艺、流程、技术、信息等创新行为的组合。科研院所外部间的创新主要是以创新合作的方式获取创新资源,并实现知识与技术的转移与扩散[2]。这一过程使得非核心企业能够充分利用核心企业的直接或间接的技术外溢效应。科研机构的高效运行需要依靠组织内部创新与外部创新的高度融合。同时,要极大激发科研人员的创新精神与热情。虽然,科研机构的创新行为不能够直观看出其技术价值,而是需要借助产品的市场化过程

---

[1] Gupeng Zhang, Jianghua Zhou, "The effects of forward and reverse engineering on firm innovation performance in the stages of technology catch-up: An empirical study of China", *Technological Forecasting and Social Change*, Vol. 5, 2016, pp. 212 – 222.

[2] 李柏洲、周森:《科研院所创新行为与区域创新绩效间关系研究》,《科学学与科学技术管理》2015 年第 1 期。

实现其技术价值。但是科研院所是企业创新知识的生产者,是企业实现高效生产的技术保证,因此,科研院所的技术创新行为是保持企业技术竞争力的关键,也是企业创造新产品的根源所在。

科研机构的管理创新也会对非核心企业技术创新活动产生有利影响。最早研究组织创新与技术创新关系的学者是 Daft,通过建立管理创新与技术创新的双核模型,解释了创新存在的两个核心:其一,生产本地化是从下而上的过程,即将原材料转化为产品或服务的技术核心,技术核心在形成的过程中毫无疑问会对创新活动产生积极的影响;其二是自上而下的过程,即负责组织结构、控制系统和协调机制的管理核心[1],这些对创新活动提供了组织保证和制度基础。外界环境,组织活动目标及主导创新决定了组织创新与技术创新间的平衡与协调[2]。随着科技的进步和经济竞争的激烈,组织创新与技术创新的作用日渐凸显,组织创新能够有效实施技术创新,但组织绩效却会因不同的创新类型而出现不一致性,因此组织应该根据企业自身技术的发展及外界环境的变化合理的选择突变创新和渐变创新。突破创新与渐变创新有着某种联系,即在渐变创新的基础上会发生裂变或突变形成了突破式的创新。

发展中国家后发企业的追赶绩效取决于多种因素,其中最主要的因素为研发成果的新颖度和创新过程的开放程度,前者取决于企业自身研发项目的创新性,而后者取决于企业从外部获取资源的能力。这两个主要因素要与市场机会、市场竞争、技术能力和外部网络密不可分。创新的新颖度可以促进创新产出,但却不能提升销售额,创新开放性可以提升销售额但却降低了创新产出[3]。可见,创新的新颖度与创新的开放性是相互矛盾的

---

[1] Daft R. L., "A dual-core model of organizational innovation", *Academy of Management Journal*, Vol. 21, No. 2, 1978, pp. 193–210.

[2] Damanpour F., Gopalakrishnan S., "Theories of organizational structure and innovation adoption: the role of environmental change", *Journal of Engineering and Technology Management*, Vol. 15, No. 1, 1998, pp. 1–24.

[3] Fangrui Wang, Jin Chen, Yuandi Wang, Ning Lutao, Wim Vanhaverbeke, "The effect of R&D novelty and openness decision on firms' catch-up performance: Empirical evidence from China", *Technovation*, Vol. 1, 2014, pp. 21–30.

过程，是企业发展短期效益和长期效益的矛盾。社会技术系统理论认为企业是组织层面上的社会系统与技术系统综合作用的结果①。企业正式和非正式结构以及其与外部环境的协同作用共同影响企业技术创新的速度和方向②。组织创新是影响技术发展能力的重要因素，且两者都能够给企业带来高绩效③。

三 知识吸收能力

我国汽车企业的国际化路径代表着创新活动从封闭走向了开放，企业可以从外部获取多元化技术以支撑产品的多元化战略④。技术多元化可通过"技术——产品——竞争优势"的逻辑最终提高企业创新绩效⑤。企业通过对外部获取知识的内化吸收转为企业可以应用的技术，最终通过产品多元化实现企业财务绩效⑥。中国汽车企业的发展历经了"市场换技术""合资模式""自主研发"三个阶段，"市场换技术"直接导致了我国汽车行业的技术空心化，丧失了自主研发的能力，而"合资模式"却是极大推动了我国汽车产业的发展⑦，但遗憾的是在核心技术的研发能力上却没有跟进。因此，我们有理由认为横向和纵向的联合是突破汽车产业核心技术的关键⑧。

---

① Boonstra J. J., Vink M. J.,"Technological and organizational innovation: A dilemma of fundamental change and participation", *European Journal of Work and Organizational Psychology*, Vol. 5, No. 3, 1996, pp. 51 – 375.
② Teece D. J.,"Firmorganization, industrialstructure, and technological innovation", *Journal of Economic Behavior & Organization*, Vol. 31, No. 2, 1996, pp. 193 – 224.
③ Camisón C., Villar-López A.,"Organizational innovation as an enabler of technological innovation capabilities and firm performance", *Journal of Business Research*, Vol. 67, No. 1, 2014, pp. 2891 – 2902.
④ Eelko Huizingh, Steffen Conn, Marko Torkkeli,"ISPIM special issue on open innovation", *Technovation*, Vol. 30, No. 1, 2011, p. 1.
⑤ 何郁冰：《技术多元化促进企业绩效的机理研究》，《科研管理》2011 年第 4 期。
⑥ Gambardella, A., Torrisi, S.," Doestechnologicalconver-genceimplyconvergenceinmarkets?", *Research Policy*, Vol. 27, No. 5, 1998, pp. 445 – 463.
⑦ 王保林：《发展中国家汽车产业发展的一种模式》，《中国软科学》2008 年第 4 期。
⑧ 郑晓奋、李少付：《安徽制造业技术创新能力评价》，《财贸研究》2010 年第 3 期。

研发体系化能力的形成，标志着非核心企业在创新价值链的位置已经升级到"创意产生"环节，此阶段企业自主创新能力的提高依赖于对尖端技术的识别，同时，企业家对技术属性的认知和对技术成长路径的认知，促进了企业核心技术与产业核心技术匹配的过程。近年来国外学者针对技术识别主要分为以技术发展视角出发的技术生命周期识别[1]；基于专利分析的基础上以曲线拟合的方法判断和识别，即一个技术产业处于技术生命周期的哪个阶段；基于国家层面的技术识别，即一项专利技术在特定国家的技术应用情况[2]。技术又可分为边缘性技术与核心技术，前者为企业跨行业逆向式创新奠定了基础，而后者为企业自主品牌的建设奠定了基础。对于新兴经济体技术能力的提升是以跨国公司和本土市场规模的扩大为基础，技术能力的提升又会影响新兴经济体在创新价值链中的选择。技术发达国家的跨国公司也将主导全球价值链，技术强度和产品多样化决定创新价值链位置和组织边界。

四 创新生态

从外部生态系统看，互联网对目前和未来企业的经济利益都会产生影响，最终影响企业的市场价值。如整个欧洲经济中，中小企业占据大多数，在快速变化的经济环境中，中小企业需要依附区域创新系统保持自身的竞争力。因此，中小企业在整个创新网络中的唯一需求是与网络连接，通过系统网络连接获取高附加值市场以获取更多的消费者[3]。Arocena,

---

[1] Shu-Hao Chang, Chin-Yuan Fan., "Identification of the technology life cycle of telematics: A patent-based analytical perspective", *Technological Forecasting and Social Change*, Vol. 105, No. 4, 2016, pp. 1 – 10.

[2] Abdulrahman Kassem, Kamal Al-Haddad, Dragan Komljenovic, Andrea Schiffauerova, "A value tree for identification of evaluation criteria for solar thermal power technologies in developing countries", *Sustainable Energy Technologies and Assessments*, Vol. 8, 2016, pp. 18 – 32.

[3] Lindic, J., Bavdaz, M., andKovacic, H., "Higher growth through the Blue Ocean Strategy: Implications for economic policy", *Research Policy*, Vol. 41, No. 5, 2012, pp. 928 – 938.

Goransson, and Sutz[①]认为不同的区域发展有很大的区别,即使在同一个国家也是如此,并且区域的发展与创新有着密不可分的关系。创新所带来的效率增长是国家经济财富增长的基本源泉。更有学者表示地理位置在科研驱动的产业集群内的企业要比集群外的企业获得更多的创新产出、高增长率和市场竞争中的存活率[②]。此外,由大学——企业——政府构建的创新管道对区域创新有着积极影响。全球化、市场化和信息化,意味着"比较优势"已不再是传统意义上对投入产出比例的追求,更多的是基于知识产权、技术、专利、品牌的优势。此外,创新系统已不再是基于国家层面上的,而是像"中关村""硅谷"这样基于区域层面上的企业创新集群居多。地理区域层面上的创新集群为创新活动的理论研究提供了新的视角[③]。创新活动虽然受制于企业水平,但是与其他创新主体如大学,企业创新部门和政府之间的关系也同样影响区域发展。区域创新系统的网络结构可以引入创新并为企业提供创新机会,包括与其相关的信息资本同样为创新提供了良好的知识环境。产业集群、空间位置和科研资本的集聚程度都依赖于创新系统的稳固程度。无论是国家层面还是区域层面都会因为地理环境和位置的不同而显现出不同的动态增长模式。

"中国情境"下企业的发展模式的特殊性是在于"逆向追赶"和"弯道超车",即涌现出阿里巴巴、海尔、华为、吉利等一大批后发追赶式企业,同时也涌现出了一大批具有创新性、开创性和冒险精神的新生代企业家[④]。这种特殊情境一方面表现在中国整体经济正处于转型期,呈现出了

[①] Arocena, R., Goransson, B., andSutz, J., "Knowledge policies and universities in developing countries: Inclusive development and the developmental university", *Technology in Society*, Vol. 41, 2015, pp. 10 – 20.

[②] Gilbert, B., McDougall, P., and Audretsch, D., "Clusters, knowledge spillovers and new venture performance: An empirical examination", *Journal of Business Venturing*, Vol. 23, No. 4, 2008, pp. 405 – 422.

[③] Bourletidis, D., "The strategic model of innovation clusters: Implementation of blue ocean strategy in a typical Greek region", *Procedia-Social and Behavioral Sciences*, Vol. 148, 2014, pp. 645 – 652.

[④] 江诗松、龚丽敏、魏江:《转型经济中后发企业的创新能力追赶路径:国有企业和民营企业的双城故事》,《管理世界》2011年第12期。

多样化的技术体制和多层次的市场缝隙，因此中国企业大批处于后发式技术发展阶段；另一方面，互联网技术、大数据、云技术的飞速发展，为中国后发企业快速嵌入全球化价值网络提供了有利的契机。因此，我们有必要进一步探索和挖掘企业家精神对非核心企业多元体系化能力的形成以及创新价值链中企业商业价值实现的重要作用。

第三节 非核心企业创新行为模式演化机制：创新价值链与体系化能力

创新价值链低端，即体系化能力形成比较低的阶段，企业更多的是通过获取技术许可的方式形成自身的技术体系化能力，而当这种体系化能力增长到一定程度，企业便成为技术许可方。核心企业会通过各种体系化能力的增强不断地强化其地位，到一定程度之后，到达创新价值链"高端锁定"后，其核心地位极易被非核心企业所替代，而核心企业的控制力也会逐渐弱化。弱化的趋势一方面源于其他非核心企业的嵌入或是其他非核心企业在创新价值链中的位置升级，而另一方面源于核心企业自身的学习能力与技术升级能力的弱化（如图5-7）。

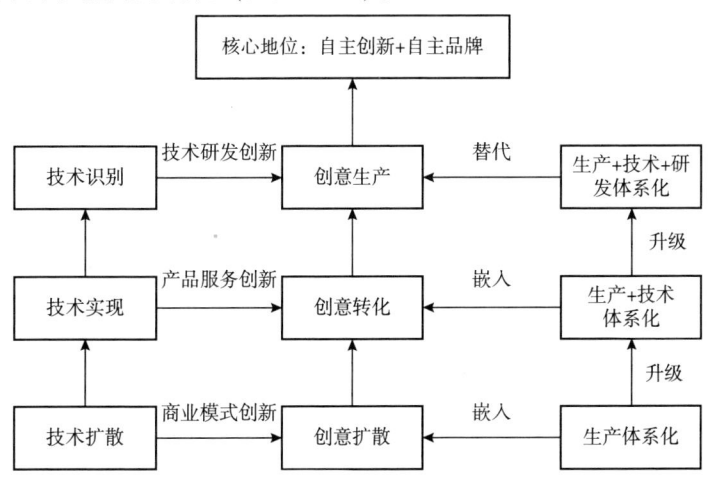

图5-7 创新价值链与体系化能力：非核心企业创新行为模式演化

一 创新价值链整合

在企业嵌入创新价值链初期，企业自有知识的存量与累积量决定了企业嵌入创新价值链的起始环节，高端环节嵌入相比低端环节嵌入需要更多的知识存量和累积量。知识存量资本决定了企业对来自于价值网络中较高环节的企业的技术外溢效应的吸收能力，较强的技术吸收能力能够使企业快速掌握上游企业的技术，在同类企业中快速脱颖而出。在企业延伸创新价值链的过程中，驱动因素主要包括创新要素积累（资本、知识、人才等）、边缘性技术与核心技术的识别与掌握程度以及企业核心技术与产业核心技术的匹配程度。同时，政府政策能够给企业在产品开发和产品销售过程中给予资金支持和财政税收补贴，间接减少企业开发成本；核心技术的掌握与识别有利于企业摆脱对外技术依赖，开发自己的核心品牌；雄厚的资金、知识、人才等成本有利于企业在战略层面上的发展，促使企业能够有站在国际舞台上展示自己技术与新产品的资本。

虽然案例企业在创新价值链嵌入的初始体系化能力有所不同，即上汽以生产体系化嵌入、长城以技术体系化嵌入、比亚迪以研发体系化嵌入，在嵌入初期都呈现出了单一体系化能力。从汽车企业的典型案例分析中可以得出对于我国汽车企业而言技术的变迁历经了边缘性技术向核心技术的突破，即技术的发展模式从"边缘化"走向了"中心化"。在体系化形成路径上，分别历经了"生产+技术+研发+品牌"（上汽集团）、"技术+生产+研发+品牌"（长城）、"研发+技术+生产+品牌"（比亚迪）等路径演化最终形成了与创新价值链成熟度相匹配的多元体系化能力（如图 5-10）。在实现局部核心的过程中，三家汽车企业分别采用了三种不同的模式：上汽集团主要以合资企业的技术溢出为基础最终实现了合资品牌与自主品牌的双重发展路径，而长城汽车主要以单一产品的精细化到系列产品的技术推广化的发展模式；比亚迪则是以单一核心技术的跨行业应用实现了在汽车产业的局部核心地位。从技术知识属性看，上汽、长城和比亚迪汽车企业，均属于部分专有技术的集成，加上一定程度的积累，通过部分"体系"化能力的形成，实现部分核心地位。即从部分或有限核心向局部或片段化的核心转变，从适应性的创新走向了持续高质量的创新行为模式再到突破式的创新行为，以赢得在产业网络中的全面核心。由此可见，创新价值链初期伴随着非核心企业的弱体系化能力，随着非核心企业在创新价值链中的体系化能力逐渐成熟，非核心企业的创新价值链成熟度得到提升。

案例企业的演化过程表明，创新网络中的非核心企业向核心企业的蜕变过程是对现有企业竞争格局的破坏式创新，破坏式创新产生的根源在于外界环境的变化，适者生存法则，在市场激烈的竞争中，必然需要有企业突破现有模式，通过体系化能力的提升创造出新的创新格局。

二 体系化能力成长

在不同类型的产业价值网络中，企业间因创新价值链成熟度与体系化能力成熟度间的差异，导致了企业在网络中的支配地位和领导力的差异性，最终形成了创新网络中的核心企业和非核心企业，然而，核心企业与非核心企业在创新网络中是相互转换的动态过程。尽管非核心企业在创新价值链中向核心企业演化过程中受到多种因素制约，但是企业在网络中位置的本质变化，更多地体现为企业体系化能力与创新价值链的匹配关系。不同的匹配关系和匹配结构，形成不同的演化路径。

尽管企业的初始位置不尽相同，但是依托于不同类型的创新价值链演化路径，有相当比例非核心企业实现了由非核心企业向核心企业的蜕变，对产业网络中的其他企业具有支配作用和领导力——从知识引进者和应用者转变为知识创造者，并形成了某种独立的、较高成熟度生产体系、研发体系、技术体系等多元体系化能力。在这一蜕变过程中，随着企业多元体系化能力的构建，企业对创新价值链各环节的参与程度即创新价值链成熟度日趋成熟。

本研究将这种不同环节的整合能力的高低定义为创新价值链成熟度，主要表现为企业对创新价值链中不同环节价值创造活动的参与程度。基于创新价值链创意产生、创意转换、创意扩散三个环节的可拆分性，非核心企业在创新价值链中的类型可分为离散型、片断型、完整型。离散型出现在创新价值链形成的初级阶段，主要表现为企业间小规模的独立发展，在同行业、同产业内做到最优；片段型为小规模的创新价值链中相关联的几个企业的整体升级，其中包括供应企业的升级和外包企业的升级，而供应企业的升级更多的是取决于外包企业的要求；连续型是价值网络中的非核心企业对原有核心企业的替代效应，其中包括对原有产业的改革与升级，在全新产业中的另辟新径，并且形成自身的新的供应商体系，如新能源汽车产业的出现。

因此，离散型IVC、片段型IVC及完整型IVC依次对应创新价值链成熟度的低、中、高级别。其次，创新价值链具有产业边界性及差异性，即基于技术密集型、劳动力密集型等不同的产业特征，其创新价值链的长度有显著差异性，如制造业的创新价值链涉及创新价值链中的全环节，而对于某些服务业产业则更多地涉及知识的应用与扩散这一单一环节。因此，不同的产业，其创新价值链的长度有所不同。最后，企业在创新价值链的位置具有动态性，企业位于创新价值链的不同环节称之为企业在创新价值链的位置，这一位置具有动态可变性的特征，即受制于企业隶属的创新价值链类型，也受制于企业自身的体系化能力成熟度，两种因素共同影响企业在创新价值链中的位置，最终形成企业以创新价值链的某一环节为特征的领先企业，也可称之为相对核心企业。

企业若想在创新价值链或价值网中占优，就必须先形成与创新价值链某一单一环节相对应的体系化能力，通过适宜的技术升级路径和多元体系化能力的构建成长为核心企业。在创新系统中，核心企业的核心地位并非永久不变，在熊彼特理论中也提到部分创新系统及为后来者提供机会的窗口，主要包括技术换代、商业周期、需要转移和政府法规及其他干预措施。如日本是利用先进的技术机会窗口实现了技术赶超，此外，全球范围内的内存产业也历经了两次世界范围产业领导者的变革，1980年代早期的日本替代美国到1990年代的韩国替代日本，至今韩国的领导地位仍没有变化[1]。上述研

---

[1] Jang-Sup Shin, "Dynamic catch-up strategy, capability expansion and changing windows of opportunity in the memory industry", *Research Policy*, Vol. 46, No. 2, 2017, pp. 404–416.

究表明创新价值链中的核心企业与非核心企业间是一个动态转换过程。现有的核心企业若被"高端锁定",在技术投资回报递增的情况下,则其他企业对破坏式技术创新的反应极易发生核心企业被替代(如图5-8)。非核心企业不同的追赶模式取决于破坏式技术创新的大小、锁定的程度、技术前景和现有核心企业的初始技术能力[1]。

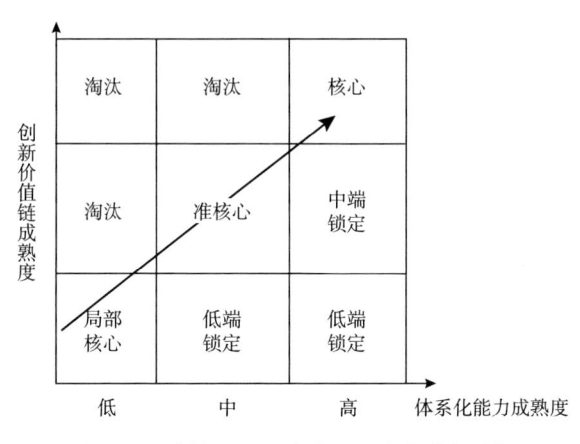

图 5-8 非核心企业演化过程中的路径选择

因此,在创新价值链视角下,核心企业会通过体系化能力成熟度的增强不断地强化其核心地位,直至到达创新价值链"高端锁定",其核心地位极易被非核心企业所替代,而核心企业的控制力也会逐渐弱化。弱化的趋势一方面源于其他非核心企业的嵌入或是其他非核心企业在创新价值链中的升级,而另一方面源于核心企业自身的学习能力与技术升级能力的弱化。

三 "逆向式"创新行为模式

创新价值链自上而下,对应的企业创新行为模式演化依次是研发创新、技术创新、产品创新及市场创新,对于后发企业而言,由于企业的创

---

[1] Fabio Landini, Keun Lee, Franco Malerba, "A history-friendly model of the successive changes in industrial leadership and the catch-up by latecomers", Research Policy, Vol. 46, No. 2, 2017, pp. 431–446.

新能力有限,且创新投入经费与创新人才远低于创新价值链中原有处于高端位置的企业,因此,嵌入创新价值链高端较为困难。对于后发企业而言,往往是从创新价值链的创意扩散阶段进行嵌入,之后逐渐的将创新行为模式从单一的市场创新扩展到产品创新、技术创新及研发创新。

对于非核心企业而言,通常选择在创新价值链的中后端进行嵌入,而不是从创意产生阶段进行全价值链的开发。非核心企业可以选择在创新价值链的创意扩散阶段嵌入,也可以选择在创意转换阶段进行嵌入,其嵌入位置是由自身的资源禀赋与创新竞争力优势所决定的,而无论以在哪个阶段进行嵌入,其最终在创新价值链中的创新路径都是以向创新价值链的高端攀升为目标,这一过程形成了创新价值链中非核心企业逆向式创新行为模式。

上述非核心企业在创新价值链中的逆向式创新行为模式演化可以用图 5-9 表示。图中 A 点表示非核心企业在创意扩散阶段嵌入创新价值链中,其主要创新行为以市场创新为主,在此阶段其从事的主要创新活动包括市场营销与品牌推广或代理销售;A 点到 B 点的这段距离是其嵌入创新价值链后最初对技术的积累与认知阶段,这一阶段技术知识的积累是其向创新价值链上一阶段攀升的基础。B 点到 C 点,是非核心企业历经了 A 点到 B 点的初期技术积累后攀升到创新价值链中的创意转化阶段,此阶段非核心企业主要的创新行为为产品或服务的创新,企业已具备与核心企业创新价值链高端相匹配的生产能力,能够进行产品的生产并配备相应的后续服务,此阶段在技术创新过程中又可以称之为技术的实现阶段。从 C 点到 D 点的过程是非核心企业在创意转化、技术实现的过程中不断地积累技术资本、人力资本积累自身的创新能力,准备向创新价值链的高端攀升。此外,D 点也可以是非核心企业在创新价值链中的另一个嵌入点,在创意的转化阶段的嵌入。从 D 点到 E 点阶段,是非核心企业向创新价值链创意产生阶段攀升的过程,在这个过程中企业的创新行为模式由强调产品和服务的创新转变到强调技术创新,直到非核心企业 E 点,表示其具备了技术创新的能力,能够进行自主研发,不再依赖于原有核心企业的创意,实现了创新价值链中由非核心企业向核心企业的角色转变。因此，从 A 点向 E 点的价值链攀升的过程即是创新价值链中非核心企业逆向式创新行为模式演化的过程。

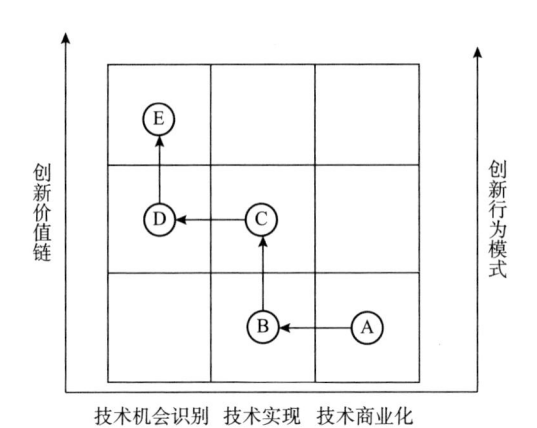

图 5-9　创新价值链中非核心企业"逆向式"创新行为模式演化路径

四　集群网络动态

企业所处产业类型，地区性配套企业的完善程度以及外部市场、政策等因素都会影响非核心企业多元体系化能力的构建过程，特别是在这一过程中非核心企业企业家对外部环境、机会的认知与捕捉能力能够促进非核心企业创新价值链下伴随着企业技术升级实现创新行为模式的商业价值，有利于完成企业创新价值链中创意向商业价值的转换。

一个企业是否具有自生能力，要视其产业、产品、技术选择是否与经济要素禀赋结构所决定的比较优势相一致而定[1]。技术瓶颈和专利制约度较小，在这些领域新兴国家中的后发企业更易成长为领先企业[2]。但是在高技术产业领域，由于该领域技术发展尚未成熟，后发企业的优势在于企业家对本地创新资源的组织与重构以及对市场机会的捕捉。此外，是否能

---

[1] 林毅夫：《自生能力、经济转型与新古典经济学的反思》，《经济研究》2002 年第 12 期。
[2] Govindarajan V, RamaurtiV, "Reverseinnovation, emerging markets and global strategy", *Global Strategy Journal*, Vol. 1, 2011, pp. 191–205.

够融入全球的产业链中是其生存与发展过程中不可或缺的环节或结点，即创新价值链各环节的嵌入，嵌入环节的不同决定了企业间初始体系化能力的差异性，如生产、研发、技术、市场的单一体系化能力。不同企业的企业家凭借自身的认知嵌入到相应产业的创新价值链中，企业需要通过控制其所在产业链的上下游企业或是产业链中的关键环节掌握主动权，通过产业链的融合可以降低交易费用、发挥产业协同效应、促进科研成果转换和技术转移和扩散，最终优化资本配置①。

随着产业集群的发展和升级，核心企业会在激烈的市场竞争中突显，而核心企业与非核心配套型企业之间形成的合作关系是最直接、最紧密的，最明显的方式是核心企业将部分零部件的生产和工艺流程分包给配套企业完成，通过此种方式逐渐形成了一个或多个核心企业和许多个配套企业间的弹性生产网络②。非核心企业可以充分利用所在产业配套体系的完善和上游核心企业选择的技术进行自身技术的引进、吸收和提高，然而，在企业实际的调研过程中，核心企业却存在着找不到合适的下游供应商的难题。究其原因在于核心企业为巩固其竞争力，经常会进行技术的升级换代和新产品的研发，而其下游的非核心企业在技术与研发上过于依赖核心企业，致使自身的技术的先进性与核心企业相比存在着滞后效应③。在完善的产业集群和产业配套体系下的非核心企业存在两类状况，其一是过多依赖于核心企业的技术来源，缺乏主动升级的资源和能力；而另一种则是能够升级主动地研发新的技术。在这一决策的过程中，企业家精神中的冒险性与创新性决定了企业是追求长远利益还是短期利益，是热衷于技术创新与研发还是技术引进。

通过上述对非核心企业发展为核心企业的过程中，虽然案例企业的演化路径各有特色，其体系化能力却有着同一性的规律，即由单一体系化向

---

① 冯炳英：《企业要重视产业链整合》，《经济论坛》2004 年第 8 期。
② 项后军：《产业集群中竞—合关系的演化与核心企业创新》，《科学学与科学技术管理》2011 年第 2 期。
③ 宣烨、孔群喜、李思慧：《加工配套企业升级模式及行动特征——基于企业动态能力的分析视角》，《管理世界》2011 年第 8 期。

第五章 基于案例分析的机理模型构建

多元体系化能力的路径演化特征。非核心企业体系化能力的日趋成熟过程中，又伴随着企业技术由边缘性技术、专业性技术和核心技术的发展历程，即体系化能力与技术升级的匹配特征。同时，伴随着非核心企业在创新价值链某一环节的单一体系化能力的逐渐增强，其开始逐渐向创新价值链其他环节的创新活动延伸，创新价值链类型由离散型向片段型、完整型转换，即创新价值链成熟度不断提高。当企业拥有多元体系化能力时，则该企业就实现了创新价值链的升级，逐步摆脱了非核心企业的位置，或者成为某种类型的核心企业。

非核心企业升级到核心企业过程中的技术升级、体系化能力演化和创新价值链成熟度的过程受制于企业诸多因素的影响，特别是参与创新价值链全过程的企业家精神的影响。因此，本书是基于创新价值链理论基础上，非核心企业的创新行为模式不再遵循创新价值链理论中的"创意产生——创意转化——创意扩散"三个阶段顺序实现创新价值增值的过程。而是，通过整合企业内、外部资源及自身优势形成研发体系化、技术体系化或生产体系化等单一体系化能力嵌入创新价值链中，通过多元体系化能力的形成与构建实现在其所处的创新价值链中的升级的过程（如图5-10）。

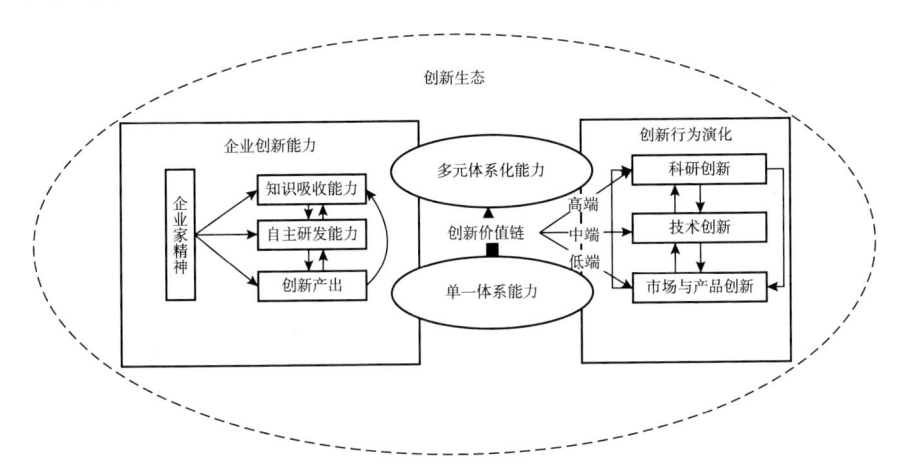

图5-10 非核心企业创新行为模式演化机理图

第四节 本章小结

本章是基于多案例对比分析的基础上，探究案例企业从非核心企业发展成为核心企业过程中，伴随着体系化能力的演变，其创新价值链成熟度日趋成熟。通过案例研究发现，上汽集团、长城汽车以及比亚迪汽车虽同属汽车产业，但其体系化能力的演变过程却有所差异，即上汽集团的发展路径为"生产+技术+研发+品牌体系化"，即由创新价值链下游环节向创新价值链顶端环节延伸的"自下而上模式"；长城汽车的发展路径为"技术+生产+研发+品牌体系化"，是创新价值链的中间环节向创新价值链的顶端和末端环节分别延伸的"混合式"模式；比亚迪汽车的发展路径为"研发+技术+生产+品牌体系化"，是创新价值链的顶端环节向下游环节延伸的"自上而下"模式。虽然三家企业从最初的非核心企业到最终的核心升级的实现路径不同，但却有相似之处，即无论是创新价值链的嵌入阶段还是在企业创新价值链多元体系化能力演化阶段均离不开关键性人物——企业家本身所具备的企业家精神的影响，同时企业自身的知识技术、科研团队对来自外部知识与技术的吸收能力影响了其在创新价值链中升级机制。此外，企业不是独立的个体，其所处的创新外部生态环境也对企业的创新行为模式有所影响，最终，企业的创新行为模式通过创新绩效体现，并最终占据较大的市场份额，此时，非核心企业拥有了自身的核心竞争力，实现了创新。

第六章　非核心企业创新行为模式演化的绩效分析

——基于企业家精神视角

基于上述对案例企业的拓展分析结构，非核心企业创新行为模式演化的过程中，伴随着其体系化能力由单一体系化能力向多元体系化能力的演化过程，同时，也标志着企业创新行为的全价值链参与性，即创新价值链成熟度由低向高的发展过程，而在非核心企业创新行为模式演化过程中，其创新行为模式绩效受制于知识吸收能力、外部环境等诸多因素的影响，特别是企业家精神在其中起到了重要的促进作用。本章通过问卷调查、深度访谈，构建了企业家精神、知识吸收能力、外部环境以及创新行为模式绩效四个潜在变量，并通过结构方程对对其假设模型进行验证，探索同基于创新价值链不同创新行为模式的企业类型中，企业家精神对创新行为模式绩效的差异性影响。

第一节　企业家精神与创新行为模式

基于创新价值链视角下的企业类型存在差异性，即参与创新价值链"创意产生——创意转化——创意扩散"不同阶段的企业类型可分为研发型企业、技术型企业、市场型企业，不同类型的企业呈现出了对创新活动、生产活动以及市场活动的不同组合与配置，与之相对应的不同类型的企业呈现出异质性的企业家精神，即创新型企业家精神、技术型企业家精神、市场型企业家精神，也包括同时涵盖了两种或两种以上的企业家精神，即混合型企业家精神。企业家精神的异质性受制于技术变更、市场竞争的激烈程度等企业内外部因素的影响。研发型企业家精神呈现出了较高水平的创新性和高水平的开创性以及冒险性；技术型企业家精神表现出的特征为低水平的创新性、开创性和冒险性；混合型企业家精神体现出了高水平的创新性和中水平的开创性和冒险性。

由于在创新价值链不同阶段企业家精神的异质性，不同类型企业家精神对企业创新行为模式绩效影响亦存在差异性。创新价值链"创意产生——创意转化——创意扩散"不同阶段存在着不同的价值创造、转换与扩散的表现形式，即企业创新行为模式。处于创新价值链不同阶段的企业创新行为模式与企业家精神存在着不同类型的匹配适应关系，即创意产生——创新型企业家精神、创意转化——技术型企业家精神、创意扩散——混合型企业家精神，上述匹配关系促使创新价值链下不同类型企业家精神对创新行为模式绩效的差异性影响（如图 6-1）。

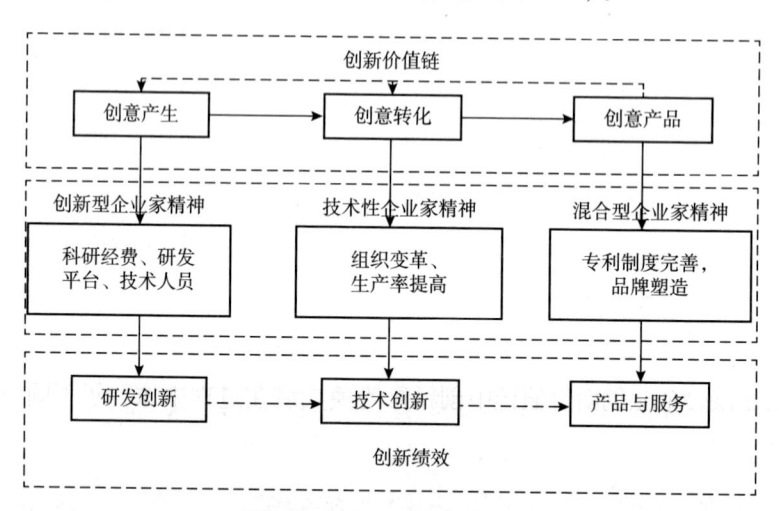

图 6-1 非核心企业创新行为模式演化的绩效分析：基于企业家精神视角

在创新价值链初始阶段——创意产生阶段，企业家精神的开创性、冒险性和创新性表现显著。例如，此阶段企业家倾向于对高 R&D 投入的知识技术进行识别，并引入到生产中，这一阶段的技术可以是企业自主研发的，也可以是企业从外部引进的技术，技术型企业家有利于提高企业生产率，实现技术的商业化过程；创新价值链末端——创意传播阶段，混合型企业家精神能够将创新价值链的末端用户与创意产生、创意转化两个阶段结合，有利于企业最终利润的实现。快速识别技术机会和在生产中尽快引入新技术。

企业的创新利润的获取集中于创新价值链的产品创新过程，但这并不意味着企业的知识创新以及科研创新过程没有创造出新的价值或者潜在价值，在创新价值链的每一个过程都会突显出不同类型的企业家精神，即创新型企业家精神、技术型企业家精神以及混合型企业家精神。企业创新行为模式及结果与企业家精神创新意愿及冒险性息息相关，企业家的创新性体现在创新经费投入，人力资本积聚，以及自身对上游核心企业溢出知识的吸收能力、在发展的不同阶段所处的外围市场与政策环境以及创新绩效之间有着错综复杂的关系，而正是这些因素之间的相互作用机制，实现了企业创新行为模式绩效，成就了非核心企业向核心企业的转换。

第二节　研究假设提出

在上一章典型性案例分析的结论中显示，上汽集团、长城汽车、比亚迪汽车、在中国范围内已成为了各自行业的核心企业，在其从非核心企业向核心企业发展的过程中，最为明显的特征为在创新价值链中的位置升级，而位置的升级体现在从最初的单一体系化能力发展为多元体系化能力。在非核心企业创新价值链中创新行为模式演化过程中体现了不同类型企业家精神，即创新型企业家精神、技术型企业家精神以及混合型企业家精神对知识的吸收能力、创新行为模式绩效的影响。正是这些因素之间的相互作用机制，成就了其从非核心向核心企业发展的创新行为模式演化（如图6-2）。本章在第三章理论分析与第四章案例分析的基础上提出了创新价值链中非核心企业创新理论假设模型。

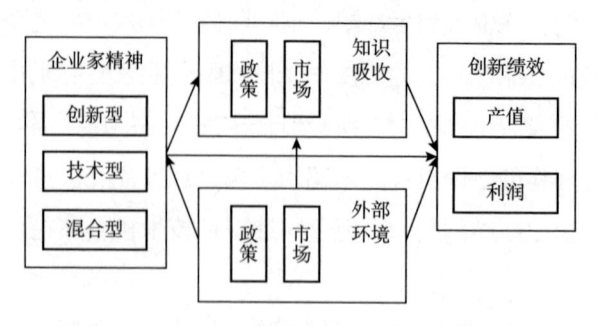

图 6-2　企业家精神及其影响的理论假设模型

一　企业家精神与企业创新绩效

企业家精神反映着企业家行为及能力[1]，企业家所从事的创新活动风险存在差异性[2]，特别是小微企业因"信息不对称性""沉没成本"[3]等因素，其创新行为的资金风险更大，难以获得外部金融机构的支持，但企业家精神仍被认为是新兴企业和小微企业竞争优势的关键因素。这意味着，产业集群中的非核心企业的创新行为需要企业家更具冒险精神。企业间企业家精神的差异性表现为企业家个性特征差异、企业家为核心的高管团队（Top Management Team，TMT）年龄、任期、教育水平、经验和性别的异质性，直接影响着管理者的认知能力、资源整合能力[4]及商业化运营活动。企业家精神的异质性与企业发展阶段均存在影响，这意味着企业家精神的差异性可以导致其对创新行为绩效的差异性影响。比较而言，新兴企业的

---

[1] 李四海、陈旋：《企业家专业背景与研发投入及其绩效研究——来自中国高新技术上市公司的经验证据》，《科学学研究》2014 年第 10 期。

[2] Cohen, W. M., Klepper, S., "Firm size and the nature of innovation with in industries: the case of process and product R&D", *The Review of Economics and Statistics*, Vol. 78, No. 2, 1996, pp. 232-243.

[3] Kaihua Chen, Mingting Kou, Xiaolan Fu. "Evaluation of multi-period regional R&D efficiency: An application of dynamic DEA to China's regional R&D systems", *Research article*, Vol. 74, 2018, pp. 103-114.

[4] Chesbrough H. W., "Business Model Innovation: Opportunities and Barriers", *Long Range Planning*, Vol. 43, 2010, pp. 354-363.

创新投入、新产品开发和 *R&D* 投资[1]、创新产出以及创新活动策略选择方面要优于传统产业，且与创新绩效的关联性较强，这意味着对于非核心企业而言，企业家精神对创新行为绩效的影响更为显著。

此外，中小企业企业家面对"死亡谷""达尔文海"等创新生态环境时表现出更强的冒险精神[2]，体现出其较强的创新生态适应性，企业家的冒险精神有利于提升企业创新绩效、创造新的就业机会[3]，提升社会福利、带动产业创新投资。企业捕捉和获取外部知识的能力是企业创新过程中的核心能力，企业家精神中的"创新性""开创性"和"冒险性"恰恰是企业核心能力捕获和维持的重要保障。

企业家精神中的创新性、开创性、冒险性可以大大提升企业对创新活动的参与度，而企业家的前瞻性会对企业的创新绩效产生长远影响。基于上述理论，本研究提出如下假设：

假设1：企业家精神对企业创新绩效的影响为正，即企业家的创新意愿、冒险意愿越高，企业的创新绩效就越高。

二 企业家精神与知识吸收能力

知识吸收能力是企业对外部新知识的一种评价（Value）、同化（Assimilate）及应用（Apply），最终形成商业化的能力，包括了知识获取、知识同化、知识转化和知识利用四个阶段。非核心企业知识吸收能力的技术优势在于外部知识的内部化、知识组织管理，并通过自身的资本、R&D 活动的深度和广度等共同提升企业创新绩效[4]、持竞争优势。资源基础观理

---

[1] O. S. Mikkelsen, Thomas E., Johnsen, "Purchasing involvement in technologically uncertain new product development projects: Challenges and implications", *Journal of Purchasing Supply Management*, Vol. 22, 2018, p. 13.

[2] Alex Coad, Agustí Segarra, Mercedes Teruel, "Innovation and firm growth: Does firm age play a role?", *Research Policy*, Vol. 45, 2016, pp. 387 – 400.

[3] Hyun-Sun Ryu, Jae-Nam Lee, "Understanding the role of technology in service innovation: Comparison of three theoretical perspectives", *Information & Management*, Vol. 55, No. 3, 2018, pp. 294 – 307.

[4] Ciftci, M., and Cready, W., "Scale effects of R&D as reflected in earnings and returns", *Journal of Accounting and Economics*, Vol. 52, No. 1, 2011, pp. 62 – 80.

论认为企业自身的内部积累可以产生出具有稀缺性、不可模仿性和无法替代性的资源，这些资源是企业面对创新生态变化的优势竞争力，有利于企业识别新的知识与技术，形成新的技术基础、增加企业未来创新活动。

非核心企业知识能力的积累与管理对其创新行为绩效存在直接影响，而具有创新性、开创性及冒险性的企业家精神能够有效实现知识的高效管理、外部知识资源的捕捉，以及知识资源的整合，迅速适应市场实现创新绩效。在企业家精神影响下，企业的资源优势、知识吸收能力和外部环境动态适应能力[1]，是企业快速成长、获得核心竞争力的重要途径。基于此，本书提出如下假设：

假设2：企业家精神有利于提升企业的知识吸收能力；

假设3：企业自身的知识吸收能力对创新绩效有正向的促进作用。

三 外部环境因素与企业家精神

非核心企业企业家精神对企业创新绩效及知识吸收能力的促进作用依赖于外部市场[2]、政策环境[3]等因素形成的创新生态。创新型企业家精神对市场的开发与拓展，以及其产品和服务产生的对其他企业多重溢出效应能够促进企业核心能力的演化[4]。良好的市场环境能够有利于企业家技术抱负的实现[5]、降低企业家创新风险，降低市场营销成本[6]以及创新行为模式的选择[7]，实现后发企业对领先企业的创新追赶。

---

[1] 张克一、唐小飞、鲁平俊、王春国：《基于C2C与B2C虚拟品牌社区的企业知识创新比较研究·科研管理》2016年第12期。

[2] 路风、慕玲：《本土创新、能力发展和竞争优势——中国激光视盘播放机工业的发展及其对政府作用的政策含义》，《管理世界》2003年第12期。

[3] Lin, C.-C., Yang, C.-H., and Shyua, J., "A comparison of innovation policy in the smart grid industry across the pacific: China and the USA", *Energy Policy*, Vol. 57, 2013, pp. 119–132.

[4] 徐娜娜、徐雨森：《基于全球利基市场的后发企业逆向创新机理》，《技术经济》2015年第6期。

[5] 徐雨森、逯垚迪、徐娜娜：《快变市场环境下基于机会窗口的创新追赶研究——HTC公司案例分析》，《科学学研究》2014年第6期。

[6] 蒲冰：《市场营销创新和风险管理在新时期中小企业的实施》，《宏观经济管理》2017年第S1期。

[7] Hendersonrm, Clarkkb, "Architectual innovation: The reconfiguration existing product technologies and the failure of established firms", *Administrative Seienee Quarterly*, Vol. 31, No. 1, 1990, pp. 9–30.

第六章 非核心企业创新行为模式演化的绩效分析

创新政策能够有效联结私人部门、科研院所、大学和政府[1]，提高集群内企业创新绩效水平。对于初创企业或新兴企业，充分利用外部技术与非技术条件弥补自身创新资源的不足[2]，有助于开展非研发类创新和改进型微创新活动，快速响应市场动态、形成创新型产品谱系和自主品牌[3]、激发创新型企业家的机会认知与甄选动机[4]。

企业家精神与企业技术投资、研发基础和吸收能力等基础要素资源与地区性的基础市场、地区性的开放式创新程度以及地区性创新政策[5]等外部创新生态，共同影响着企业自身、企业之间，进而影响产业和区域的创新绩效。基于上述理论，本书提出如下假设：

假设4：良好的外部环境有利于增强企业知识吸收能力；

假设5：良好的外部环境有利于提升企业家精神；

假设6：良好的外部环境有利于提升企业的创新绩效。

结合理论模型分析（图6-2），本研究的假设模型中包括了企业家精神、外部环境、创新绩效及知识吸收能力四个潜在变量，它们之间存在着直接影响效应和间接影响效应（图6-3）。首先，企业家精神不仅对企业创新绩效有直接的促进作用，也可通过知识吸收能力间接提高创新绩效；其次，外部环境不仅对企业家精神、知识吸收能力以及创新绩效有直接的促进作用，还可通过吸收能力与企业家精神间接地提高创新绩效；最后，企业的知识吸收能力能够直接提升企业的创新绩效。

---

[1] Solleiro, J., and Gaona, C., "Promotion of a regional innovation system: The case of the state of Mexico", *Procedia-Social and Behavioral Sciences*, Vol. 52, 2012, pp. 110-119.

[2] 李捷、霍国庆：《我国战略性新兴产业技术创新模式初探》，《科技管理研究》2017年第10期。

[3] Horizons, "Sensor-based entrepreneurship: A framework for developing new products and services", *Business Horizons*, Vol. 60, 2017, pp. 819-830.

[4] 张爱丽：《潜在企业家创业机会开发影响因素的实证研究——对计划行为理论的扩展》，《科学学研究》2010年第9期。

[5] Stephen Roper, James H. Love, Karen Bonner, "Firms' knowledge search and local knowledge externalities in innovation performance", *Research Policy*, Vol. 46, No. 1, 2017, pp. 43-56.

图6-3 假设模型图

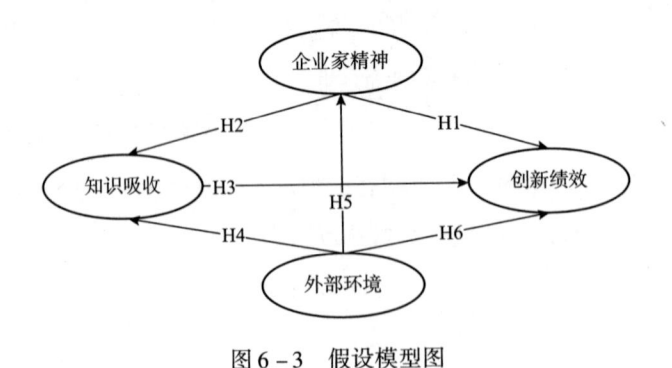

第三节 变量测度与指标设定

评价指标不仅要全面量化，更是需要避免在评价过程中的主观性和测量偏差。[①] 同时，为了综合考虑非核心企业创新行为模式研究过程中所构建指标的指导作用，本研究着重考虑了各指标之间的选择原则，特别是指标间的相互影响与相互制约的关系。在优化指标和最终确定指标的过程中，主要以指标实际可获取性和可操作性为选择标准。本研究在指标的设计和选取的过程中，充分考虑了科学性与实用性相结合、指向性与可行性相结合及定性与定量相结合的方法，在此基础上进行了实证研究过程中指标的最终确定。

（一）企业家精神指标

非核心企业创新过程中的非技术因素主要包括研发团队的构成、研发能力、高层管理者创新意愿、企业组织结构等。在企业由低级向高级演变的过程中，成功的企业是将技术、市场及组织多种创新策略组合在一起[②]。非技术创新包括企业的组织流程、企业文化、管理制度以及、技术创新的协同机制，而只有技术创新与非技术创新的协同效应发挥作用，才能为企

[①] Schneier, "The Role of the Founder in Creating Organizational Cultual", *Organizational Dynamics*, Vol. 12, No. 1, 1985, pp. 13 – 28.

[②] Humphrey J., Schmitz H., "How does insertion inglobal value chains affect upgrading in industrial clusters", *Regional Studies*, Vol. 9, No. 36, 2002, pp. 1017 – 1027.

业真正带来创新绩效[1]。

在现有学者的研究中,Khandwalla[2]与Miller和Friesen[3]的研究中将企业家精神分为"创新性""开创性"和"冒险性",在量表设计上多采用Likert五点计分方式进行计分,其分值从1至5依次表示对量表测量题项的符合程度,1代表很不符合,5代表很符合。

表6-1　　　　　　　　变量测度——企业家精神

度量层面	指标名称	变量测度	变量代码	参考文献
企业家精神	创新性	企业家对R&D活动的热衷性	Q101	Maeda M,Mori K,2011² Miller和Friesen（1982）⁵
	开创性	企业家在利润分配过程中的创新意愿	Q102	
	冒险性	企业家因研发过程而承担的财务风险程度	Q103	

（二）知识吸收能力指标

企业捕捉和获取外部知识的能力是企业创新过程中的核心能力,这一观点已得到了多数学者的验证[4]。资源基础观理论下,企业自身的内部积累可以产生具有稀缺性、不可模仿性和无法替代性的资源,这些资源在企业的竞争中具有比较优势[5]。而创新的过程是连续的,企业的现有知识技术存量影响企业的未来创新活动,而对现有知识与技术有效的组织程序可以保证企业未来创新活动的成功[6]。

---

[1] 许庆瑞:《全面创新管理理论与实践》,科学出版社2007年版,第90页。

[2] Khandwalla, P. N., *The Design of Organisations*, New York: Harcourt Brace Jovanovich, 1977, p. 90.

[3] Miller, D., Friesen, P. H., "Strategy-making and environment: The third link", *Strategic Management Journal*. Vol. 4, 1983, pp. 21-235.

[4] Chesbrough, H., *Open Innovation: Researching a New Paradigm*, Oxford University Press, New York, 2006: 1-12. Dahlander, L., Gann, D. M., "How open is innovation?", *Research Policy*, Vol. 39, 2010, pp. 699-709.

[5] Barney J. B. "Strategic Factor Markets: Expectations, Luck and Business Strategy", *Management Science*, Vol. 32, No. 10, 1986, pp. 1231-1241.

[6] Newbert S. L., "Empirical Research on the Resource-based View of the Firm: An Assessment and Suggestions For Future Research", Strategic Management Journal, Vol. 28, No. 2, 2007, pp. 121-146.

随着产业集群的发展与扩大,在集群中会有少数企业成长为核心企业或龙头企业,形成核心企业与配套非核心企业分工合作的生产格局[①],以由核心企业负责设计与研发及核心部件的生产,而由配套非核心企业完成部分零部件和工艺流程。通过分包的方式,核心企业可以更好地进行创新与研发,而非核心企业可通过核心企业的直接或间接的知识溢出效应掌握行业内的前沿技术[②]。然而,在核心企业与非核心企业的分工协作的过程中,仍然有很多核心企业抱怨配套企业的技术、产品不达标,很难找到合适的本地配套企业[③]。

单个企业很难在市场竞争中保持竞争优势,企业需要整合内部资源的基础上开展与其他企业、高校、研究机构等组织间的合作。联盟中的企业各自都有独特的资源,因此,企业在实施创新的过程中,企业更倾向于通过整合其他企业资源来弥补自身资源的不足[④],加快非核心企业升级的进程。然而,在企业间知识的相互获取的过程中,企业自身的资源和技术起着决定性因素。企业间所构建的合作网络中的协同效应受企业声誉[⑤]、管理经验[⑥]、社会地位、信任水平[⑦]等多种因素的影响,而企业的声誉则是构建合作网络的关键。创新网络中企业间的技术水平差异决定了企业在战略合作关系中的作用和地位。

---

① 杜欣:《集群核心企业与配套企业的协同创新博弈分析及收益分配调整》,《中国管理科学》2013年第S2期。

② 岳鹄、朱怀念:《核心企业与配套企业协同创新的演化博弈仿真分析》,《工业工程》2015年第3期。

③ 项后军、潘锡泉:《产业集群、技术差距的双重影响与核心企业成长》,《研究与发展管理》2011年第5期。

④ 徐雨森、徐娜娜:《后发企业"逆向创新"成功因素研究——以海尔"小小神童"系列产品创新为例》,《管理案例研究与评论》2013年第2期。

⑤ Deeds D. L., Hill C. W. L., "Strategic Alliances and the Rate of New Product Development: An Empirical Study of Entrepreneurial Biotechnology Firms", *Journal of Business Venturing*, Vol. 11, No. 1, 1996, pp. 41–55.

⑥ Stuart T. E., "Network Positions and Propensities to Collaborate: An Investigation of Strategic Alliance Formation in a High-technology Industry", *Administrative Science Quarterly*, Vol. 43, No. 3, 1998, pp. 668–698.

⑦ 徐亮、龙勇、张宗益、黎浩:《信任对联盟治理模式的影响:基于中国四联的案例分析》,《管理评论》2009年第7期。

第六章 非核心企业创新行为模式演化的绩效分析

Baker、Sinkula 采用了"学习承诺""共同愿景""开放心智"三个维度衡量了企业的组织学习能力,合理的测量出了组织范围的对外界知识、技术的学习吸收能力[1]。Marian Garcia Martinez[2] 等针对高低技术产业中,人力资本对多种联盟平台的价值吸收能力的中介效应进行了研究,企业对外部知识、技术的吸收能力能够增强企业的创新绩效,而人力资本在其中扮演了十分重要的地位,人力资本决定了企业从外在平台中获取更高级技术的潜力。因此,本研究认为人力资本能够体现企业对外在新知识、技术的吸收能力,人力资本的衡量本研究采用传统的变量,即科研人员占职工总数比例[3]。此外,研发团队被认为是获取新知识的有力工具,研发团队的建设可以不断更新公司的人力资本管理策略[4]。在对之前学者研究维度借鉴的基础上,本研究分别从人力资本、技术引进方式、产品开发方式三个方面界定了非核心企业自身的知识与技术的吸收能力(表6-2)。

表6-2　　　　　变量测度——知识吸收能力

知识吸收能力	人力资本	企业拥有科研人员占职工总数比例	Q201	Teixeira and Tavares-Lehmann,2014[5];Marian Garcia Martinez(2017)[6]
	技术吸收	企业在技术方面引进国内外先进技术、设备及运营流程的情况	Q202	
	研发经验	企业能够独立进行产品的开发程度	Q203	

---

[1] Khandwalla, P. N., *The Design of Organisations*, New York: Harcourt Brace Jovanovich, 1977, p. 90.

[2] Marian Garcia Martinez, Ferdaous Zouaghi, Mercedes Sanchez Garcia, "Capturing value from alliance portfolio diversity: The mediating role of R&D human capital in high and lowtech industries", *Technovation*, Vol. 59, 2017, pp. 55 – 67.

[3] Teixeira, A. A. C., Tavares-Lehmann, A. T., "Human capital intensity in technol-ogy-based firms located in Portugal: Doesforeign ownership matter?", *Research Policy*, Vol. 43, No. 4, 2014, pp. 737 – 748.

[4] Forés, B., Camisón, C., "Does incremental and radical innovation performance depend on different types of knowledge accumulation capabilities and orga-nizationalsize?" *Journal of Business Research*, Vol. 69, No. 2, 2016, pp. 831 – 848.

[5] Teixeira, A. A. C., Tavares-Lehmann, A. T., "Human capital intensity in technology based firms located in Portugal: Doesforeign ownership matter?", *Research Policy*, Vol. 43, No. 4, 2014, pp. 737 – 748.

[6] Marian Garcia Martinez, Ferdaous Zouaghi, Mercedes Sanchez Garcia., "Capturing value from alliance portfolio diversity: The mediating role of R&D human capital in high and low tech industries", *Technovation*, Vol. 59, 2017, pp. 55 – 67.

(三) 创新绩效指标

创新过程不仅包括研发过程和产业化过程，更需要整个产品商品化过程的成功。因此，创新价值的实现的关键是洞察消费者需求。本土市场需求能够促进和拉动后发企业的创新[①]。大规模多层次的市场结构可使企业获得更有利于企业自身发展的市场环境[②]。"接地气"的非核心企业更易抓住消费者的需求，在商业化过程中具有比较优势。对于后发企业而言，需要充分利用外部技术与非技术条件弥补自身创新资源的不足，提高创新效率，迅速填补市场结构中存在的市场缝隙，实现创新绩效。

本研究的量化数据为在被调研企业可获得数据的基础上，分别从生产能力、技术密集产品、市场能力三个层面衡量企业的创新绩效（表6-3）。

表6-3　　　　　　　变量测度——创新绩效

创新绩效	生产能力	企业的生产规模水平	Q301	路风，慕玲，2003[1]）
	技术密集型产品	企业的高技术产品总产值水平	Q302	
	市场能力	企业的市场规模成长水平	Q303	

(四) 外部环境因素量表

创新价值链中非核心企业的创新绩效除了受创新价值链中其他企业的直接或间接的知识溢出效应、自身的知识吸收能力影响之外，也受地区性的基础市场地区性的开放式创新程度以及地区性创新政策的影响[③]。

资源是可以随着产业链若干层级不断向下游产业转移，直至消费者，而这一传递路径非常复杂，受制于供求关系，本土优势资源及价值传递效率的影响。不同的产业层次可以将本土资源加工成不同的形式，增加资源本身的知识含量提高效用，最终生产出满足消费者需求产品或服务。本土

[①] 路风，慕玲：《本土创新、能力发展和竞争优势——中国激光视盘播放机工业的发展及其对政府作用的政策含义》，《管理世界》2003年第12期。

[②] 徐娜娜，徐雨森：《基于全球利基市场的后发企业逆向创新机理》，《技术经济》2015年第6期。

[③] Stephen Roper, James H. Love, Karen Bonner., "Firms' knowledge search and local knowledge externalities in innovation performance", Research Policy, Vol. 46, No. 1, 2017, pp. 43-56.

第六章　非核心企业创新行为模式演化的绩效分析

优势资源的不同可以在不同地区之间产生产业间的层级，多层级产业间的联系便形成了以优势资源为基础的产业链。同时，在产业内各环节形成了以产品生产为基础的纵向上下游式产业链条。因此，横向产业链间的关联密切程度，纵向产业链条的紧密程度决定了资源配置效率。非核心企业创新的成功受诸多因素影响，其中包括地区产业政策、人力成本和产业配套资源等本土资源优势[①]。后发企业在开放式战略的引导下，能够灵活多变的获取外部知识和技术，快速赶超老牌企业[②]。如我国的高铁技术是在开放式创新策略的基础上将国外引进技术与本土资源与市场相结合，并借鉴了川崎重工、西门子、阿尔斯通、庞巴迪等国际领先企业的丰富经验，最终通过二次创新实现了自主知识产权的开发[③]。

众多学者的研究结论得出外在环境的不确定性对企业家精神、企业的吸收能力及创新绩效有着重要影响[④]，在现有学者的研究中都是从环境的动态性与敌对性两个视角测量环境的不确定性对上述因素的影响。此外，本研究在量表的设计上参考了 Dennis P. Slevin 中对环境敌对性与动态性的衡量，在此基础上结合本研究在实际访谈中所能获得的数据进得量表的设计（见表6-4）。

表6-4　　　　　　　　变量测度——外部网络环境

外部环境	市场竞争	企业所在的行业中市场竞争激烈程度	Q401	（Jian W, Lan X, Zheng L, 2012[⑤]）
	产业因素	企业所在行业的知识、技术、人才等外在因素影响程度	Q402	
	政府政策	企业所在行业政府的行政、技术咨询服务需求程度	Q403	

[①] Jian W., Lan X., Zheng L., "Multinational R&D in China: From home-country-based to host-country-based", *Innovation Management Policy & Practice*, Vol. 14, No. 2, 2012, pp. 192-202.

[②] Chesbrough H W., "*OpenInnovation: The New Imperative for Creating and Profiting from Technology*", Boston: Harvard Business School Press, 2003, p. 90.

[③] 陈劲，黄衡：《回溯创新：一类新的创新模式》，《科技进步与对策》2011年第8期。

[④] Schindehutte, M, Morris, M. H., Kuratko, D., "Triggeringevents, corporate entrepreneurship and the marketing", *Strategic Management*, Vol. 3, 2000, p. 21-31.

[⑤] Jian W., Lan X., Zheng L., "Multinational R&D in China: From home-country-based to host-country-based", *Innovation Management Policy & Practice*, Vol. 14, No. 2, 2012, pp. 192-202.

第四节　研究方法与数据分析

一　研究方法选取

研究方法的选择能够影响研究结果的科学性和准确性，同时也关系到研究数据是否能够正确处理。本研究在数据收集上采用了问卷分析与深度访谈相结合的研究方法，并运用结构方程进行分析。本研究分析的主要变量即创新绩效、企业家精神、知识吸收能力及外部环境因素等指标本身很难量化与衡量，需要通过结构方程中的潜在变量来表示。因此，本研究选取了结构方程模型方法进行实证分析。

结构方程模型，简称 SEM，最早是由瑞典心理测量学家、统计学家 Karlg Joreskog 提出的，结构方程目前已在社会学、教育学、心理学、管理学等领域得到了广泛的应用，特别是针对不可直接观测的变量的内在逻辑方面的研究[①]。结构方程是基于大量理论研究提出理论假设的基础上，研究变量之间的因果关系，能够最大程度上的弥补传统统计方法在因果关系上的不足。

结构方程可分为测量方程和结构方程两个部分。测量方程是用来描述可测量指标与不可测量的潜在变量间的关系，而结构方程是用来描述不能通过测量方式获取数据的潜在变量间的关系。因此，结构方程是融合了测量变量的因素分析与潜在变量的路径分析的多元统计分析方法。

结构方程的优点是：（1）潜在变量的引入。弥补了传统的因子分析方法中不能分析潜在变量之间关系的不足，只有 SEM 可以在同一个模型中研究潜在变量间的结构关系。（2）放宽测量误差。SEM 没有严格的限制观察值不存在测量误差，并且允许自变量与因变量测量误差的存在。（3）强调

---

① 侯杰泰、温忠麟、成子娟：《结构方程模型及其应用》，教育科学出版社 2004 年版，第 90 页。

路径分析。克服了传统统计分析方法中不能包含潜在变量，无法处理互逆的因果关系的缺陷。复杂的关系图在 SEM 中可以一目了然。（4）在一般性线性模型验证性分析的基础上，可以估计整合模型的拟合优度，可以将传统的统计方法相结合。考虑到结构模型的上述优点，本研究在分析创新绩效、企业家精神、知识吸收能力及外部环境因素关系时，采用结构方程模型检验相关假设。

本研究是调查问卷数据在描述性统计分析、信度与效度检验的基础上，运用结构方程进行模型的检验。并且结合统计学软件 SPSS Statistics 22.0 和 smart PLS3.2.6 进行实证分析。其中 SPSS 22.0 软件用于数据的基本描述性统计分析、信度与效度的分析，软件 smart PLS3.2.6 则用于创新绩效、企业家精神、知识吸收能力及外部环境因素潜在变量之间关系的测度与考量。

二 数据基本分析

在进行数据的实证分析验证上，本研究对调查问卷中的数据进行了企业区域分布、产业分布、企业性质、高技术企业分布、财务状况基本的特征描述，此外本研究对所收集的样本信息进行了样本数据统计分析，以更好地了解样本数据统计分布，为实证分析奠定基础。

（一）数据预处理

本研究首先对收集的 1379 家沈阳地区的高新技术企业的数据运用统计软件 SPSS22.0 对回收问卷的原始数据进行了数据清理，其中包括清理异常值、排查重复数据和缺失值处理。

首先，对于异常值的处理，离散性变量采用频数统计表进行查找，连续性变量采用描述统计进行分析，根据描述统计中数据正态分布标准，剔除 Z 分数大于 3 或小于 -3 的数据，同时结合 SPSS 软件中数据探索分析中的"界外值""箱图""茎叶图"等方法，共筛选出异常值企业共计 140 家，占比 10%。共保留 1239 家企业，占总数量比 90%。

第二，重复个案的排查，主要是指两个个案在所有问题（变量）上的回答一样，数据一致。经 SPSS22.0 软件排查，在 1239 家企业中有 49 个重复个案，占总企业数量比例为 3.6%，排除重复个案后共保留企业数量为 1190 家，占总调研企业数量比 86.3%。

第三，缺失值处理。缺失值一般不能超过问卷题量的 10%，本研究对缺失值的主要处理方法有：一删除个案，其中一般采用配对删除，即删除缺失值所在的变量，而不是把个案全部删除。二对缺失值进行替换，运用"转换－替换缺失值"的替换方法。

（二）样本特征分析

1. 区域分布

本研究针对沈阳市 13 个行政区域 1190 家企业进行了调查问卷的填写，其中包括辽中县、浑南区、铁西区、苏家屯区、沈北新区、大东区、法库县、沈河区、康平县、和平区、皇姑区、于洪区、新民市等 13 个区域的企业（表 6-5）。由回收 1190 家有效样本数据可知，不同区域的企业集中度不同，企业集中度排名前五的区域包括辽中县、浑南区、铁西区、苏家屯区和沈北新区。辽中县参与调研企业 304 家，占样本企业比例为 25.5%，浑南区参与调研的企业为 225 家，占样本企业比例为 18.9%，铁西区参与调研企业为 176 家，占样本企业比例为 14.8%，苏家屯区参与调研企业为 155 家，占样本比例为 13%。样本企业在区域分布中呈现出了区域相对集中的特质。

表 6-5　　　　　　样本企业区域分布情况（N=1190）

排序	区域	样本企业数	样本企业占比
1	辽中县	304	25.5%
2	浑南区	225	18.9%
3	铁西区	176	14.8%
4	苏家屯区	155	13.0%
5	沈北新区	106	8.9%
6	大东区	53	4.5%

续表

排序	区域	样本企业数	样本企业占比
7	法库县	48	4.0%
8	沈河区	44	3.7%
9	康平县	38	3.2%
10	和平区	20	1.7%
11	皇姑区	16	1.3%
12	于洪区	12	1.0%
13	新民市	3	0.3%
	总计	1190	100%

2. 产业分布

本研究的调查问卷涉及的产业类型主要包括先进装备制造业、节能环保产业、新能源产业、汽车产业、航空航天、电子信息、现代农业、医药制造业、新材料产业、高技术服务业等10个产业类型。其中先进装备制造业回收样本数为227份，占总样本数比例为19.1%，新材料产业回收样本数为100份，占总样本数比例为8.4%，电子信息产业回收样本数为79份，占总样本数比例为6.6%，节能环保产业回收样本数为75份，占总样本数比例为6.3%，汽车产业回收样本数为70份，占总样本数比例为5.9%，现代农业产业回收样本数为61份，占总样本数比例为5.1%，新能源产业回收样本数为49份，占总样本数比例为4.1%，医药制造产业回收样本数为39份，占总样本数比例为3.3%，高技术服务业回收样本数为37份，占总样本数比例为3.1%，航空航天产业回收样本数为15份，占总样本数比例为1.3%，此外包含其他产业回收样本数为358份，占样本总数的比例为30.1%。由此可见，沈阳高新技术产业分布的技术产业界线较为模糊，所以在产业分布中属于其他类型的企业占了较大的比例（表6-6）。

表6-6　　样本企业产业类型的分布情况统计（N=1190）

指标	序号	类别	回收样本数	百分比
产业分布	1	其他	358	30.1%
	2	先进装备制造业	227	19.1%
	3	新材料产业	100	8.4%
	4	电子信息	79	6.6%
	5	节能环保产业	75	6.3%
	6	汽车产业	70	5.9%
	7	现代农业	61	5.1%
	8	新能源产业	49	4.1%
	9	医药制造业	39	3.3%
	10	高技术服务业	37	3.1%
	11	航空航天	15	1.3%

3. 企业性质分布

本研究的调查问卷涉及的企业性质主要包括国有企业、集体企业、私营企业、港澳台商投资企业、外商企业及其他性质企业。其中私营企业样本数为907份，占总样本比例为76.2%，外商企业回收样本数为100份，占总样本比例为8.4%，其他性质企业回收样本数为80份，占总样本比例为6.7%，港澳台商投资企业样本回收数为52份，占总样本比例为4.4%，国有企业回收样本数为32份，占总样本比例为2.7%，集体企业样本数为9份，占总样本比例为0.7%（表6-7）。

表6-7　　样本企业基本特征的分布情况统计（N=1190）

指标	类别	样本数	占总样本比例
企业性质	私营企业	907	76.2%
	外商企业	100	8.4%
	其他	80	6.7%
	港澳台商投资	52	4.4%
	国有企业	32	2.7%
	集体企业	9	0.7%

4. 企业产能及利润情况

从表6-8中研究样本基本统计情况中可以从以下几个方面看出调研企业在近10年间的整体变化情况。

总产值水平：2014年与2015年调研企业的平均总产值分别为548.25万元和529.71万元，比基期2004年平均总产值分别高出399.37万元和380.83万元，即2015年调研企业平均总产值略低于2014年调研企业平均总产值。2015年平均总产值比2014年平均总产值下降了18.54万元。基期2004年平均总产值中，高新技术产品产值所占比例为0.76%，2014年平均总产值中，高新技术产品产值所占比例为1.34%，2015年平均总产值中，高新技术产品所占比例为1.32%。2015年平均总产值中高新技术产品所占比例较2014的减少了-0.02%。

销售收入及盈利状况：调研企业2014年与2015年平均销售收入为532.04万元和525.19万元，较基期2004年的平均销售收入水平分别增加了372.45万元和365.60万元。2015年调研企业的平均销售收入比2014年平均销售收入增加了152.73万元。2014年与2015年调研企业的平均毛利率分别为13.63%和12.63%，与基期2004年平均毛利率9.3%相比分别高出4.33%和3.33%。2015年调研企业的平均毛利率较2014年平均毛利率增长了8.30%。调研企业在2015—2015年销售水平及盈利水平有明显上升趋势。

资产及负债情况：调研企业2004年、2014年及2015年的固定资产总值平均值分别76.10万元、518.30万元和603.66万元。2014年和2015年的固定资产总平均值较基期2004年分别高出442.20万元和527.57万元。2015年固定资产总平均值较2014年提高161.46万元，即调研企业固定资产投资呈现上升趋势。

调研企业基期2004年的平均资产负债率为20.80%，2014年平均资产负债率为31.79%，2015年平均资产负债率为32.46%。2014年和2015年平均资产负债率分别比2004年高4.33%和3.33%，即平均资产负债水平都有所提高。2015年平均资产负债率与上年相比高出8.30%，即调研企业平均资产负债率有上升趋势。

研发经费投入情况：调研企业 2014 年研发投入经费平均值为 9454.07 元，2015 年研发投入经费平均值为 6373.22 元。2014 年研发投入经费平均值较 2004 年基期的研发投入经费平均值高 6669.29 元，2015 年研发投入经费平均值较 2004 年高出 6373.22 元，而 2015 年的研发经费平均投入却低于 2014 年研发经费的平均投入约 296.07 元，即调研企业各年的研发投入经费并不高，且呈现下降趋势。

表 6-8　　　　　　　　　　样本企业基本统计情况

	总产值	销售收入	高新技术产品产值比例	固定资产总值	研发投入经费	资产负债率	毛利率
2004 平均值	1488839.35	1595872.47	0.76%	760964.77	2784.77	20.80%	9.30%
2014 平均值	5482530.67	5320405.05	1.34%	5182950.65	9454.07	31.79%	13.63%
与基期比较增长值	3993691.31	3724532.58	0.58%	4421985.88	6669.29	10.99%	4.33%
2015 平均值	5297131.17	5251856.72	1.32%	6036635.12	6373.22	32.46%	12.63%
与上年比较增长值	-185399.50	1527324.14	-0.02%	1614649.24	-296.07	21.47%	8.30%
与基期比较增长值	3808291.81	3655984.25	0.56%	5275670.35	3588.45	11.66%	3.33%

（三）统计性描述

根据表 6-9 的统计性描述结果，企业家精神中的创新性、开创性和冒险性的测量指标均值分别为 1.98、1.57 和 2.70，表明企业家精神中的财务风险承担能力高于其他两项指标；同时，知识吸收能力中人力资本均值为 2.22，而技术吸收和研发经验的值分别为 3.21 和 3.61；从创新绩效水平看，企业高技术产品产值平均水平为 2.22，与创新产值与创新利润平均水平相比较低；最后，外部环境中的政府政策变量的平均支持水平为 3.49，表明在外部环境的市场、产业、政府因素中，政府对非核心企业的创新活动的支撑政策相对较多。

表 6-9　　　　　　　　统计性描述（N=1190）

潜在变量	测量变量	极小值	极大值	均值	标准差
企业家精神	创新性	1	5	1.98	1.592
	开创性	1	5	1.57	1.084
	冒险性	1	5	2.70	1.826
知识吸收能力	人力资本	1	5	2.22	1.587
	技术吸收	1	5	3.21	1.579
	研发经验	1	5	3.61	1.798
创新绩效	生产能力	1	5	3.51	1.481
	技术密集型产品	1	5	2.22	1.749
	市场能力	1	5	3.06	1.310
外部环境	市场竞争	1	5	2.62	1.073
	产业因素	1	5	2.89	1.189
	政府政策	1	5	3.49	.824

第五节　信度与效度检验

一　信度分析

在对数据进行了统计性描述之后，需要对问卷的有效性和可靠性进行检验，即信度分析。信度本身与测量的结果正确与否并无关系，信度分析的目的在于检验测量本身是否稳定。Kerlinger 认为信度可以衡量出问卷的可靠度、一致性与稳定性。检验信度越高，表求测验结果越可信。

（一）内部一致性信度系统（Cronbach's α）

采用 Cronbach's α 系数法来检验数据的信度，测量调查问卷各问题之间是否具有内部一致性。运用 Cronbach's α 系数对量表的整体性和内部的一致性进行检验。Cronbach's α 系数表示为：

$$\alpha = \left[\frac{k}{k-1}\right]\{1-[(\sum \sigma i2/\sigma t2)]\}$$

其中 k 表示问卷中的项目数量，σ 表示所有受访者在项目 i 之分数的变异数（i=1, 2, …k），α 表示所有受访者总分的变异数，每一位受访者的总分是指该受访者在各项目之分数的总和。依据 Cronbach[①] 提出的判断准则，即 α 值小于等于 0.35 为低信度；0.35~0.7 为中信度；0.7 以上为高信度（见表 6-10）。系数介于 0 到 1 之间，系数越大，表示样本数据的信度越大。Nunnally[②] 根据探索型研究与验证性研究两大类提出了不同的标准，建议探索型研究的 α 值应大于 0.6 以上；验证性研究的 α 值应大于 0.7 以上。

表 6-10　　　　可信度高低与 Cronbach's α 系数对照表

可信度	Cronbach's α 系数
不可信	Cronbach's α 系数 < 0.3
勉强可信	0.3 ≤ Cronbach's α 系数 < 0.4
可信	0.4 ≤ Cronbach's α 系数 < 0.5
很可信（最常见）	0.5 ≤ Cronbach's α 系数 < 0.7
很可信（次常见）	0.7 ≤ Cronbach's α 系数 < 0.9
十分可信	0.9 ≤ Cronbach's α 系数

（二）复合信度估计

结构方程在模型的信度估计中将信度看作真实分数所占的比例，而测量误差是在观察数值中无法反映真实分数的残差变异量。信度即是测量变量的变异量能够被潜在变量解释的百分比。Fornell & Larker[③] 基于多元相关平方（squared multiple correlation，SMC）概念，提出了潜在变量的复合信度（composite reliability；CR）。

$$CR = \rho r = \frac{(\sum t\pi rt)2}{(\sum t\pi rt)2 + \sum t(1 - \pi rt2)}$$

其中，t 表示潜变量指标的个数，rt 表示第 r 个潜变量第 r 指标的因子

[①] Cronbach L. J., "Coefficient Alpha and the Internal Structure of Tests", *Psychometrika*, Vol. 16, No. 4, 1951, pp. 297-334.

[②] Nunnally, J. C., *Psychometric theory*, 2nd Edition, New York: Mc Graw-Hill, 1978, p. 90.

[③] Fornell, C., and Larcker, D. F., "Evaluating Structural Equation Models with Unobservable and Measurement Error", *Journal of Marketing Research*, Vol. 18, No. 3, pp. 39-50.

第六章 非核心企业创新行为模式演化的绩效分析

负荷。若经公式计算的信度系数 CR 数值较高，表示各指标的内部一致性高。Bagozzi & Yi[①] 建议 CR 值达到 0.6 以上表明问卷有较好的信度，之后 Raine-Eudy[②] 建设组合信度达 0.5 时，表明测量工具基本稳定。

Fornell & Larker 基于多元相关平方（squared multiple correlation，SMC）概念，提出了潜在变量的复合信度（composite reliability；CR），CR 数值较高，表示各指标的内部一致性高。Bagozzi & Yi 建议 CR 值应达到 0.6 以上表明问卷有较好的信度，之后 Raine-Eudy 建设组合信度达 0.5 时，表明测量工具基本稳定。

如表 6-11，经检验本研究企业家精神、知识吸收能力、外部环境以及创新绩效等潜在变量对应的 Cronbach's α 系数分别为 0.96，0.49，0.59 及 0.75，表明潜在变量都有中等水平信度，由于本研究是探索性的问卷研究，因此上述信度水平在可接受范围之内。

表 6-11   测量模型

潜变量	测量变量	因素负荷量	T 值	Cronbach's Alpha	CR	AVE
企业家精神	Q101	0.979	560.54	0.96	0.97	0.92
	Q102	0.950	157.84			
	Q103	0.955	374.02			
吸收能力	Q201	0.964	34.65	0.75	0.86	0.68
	Q202	0.260	2.08			
	Q203	0.273	2.16			
创新绩效	Q301	0.924	7.07	0.49	0.54	0.36
	Q302	0.610	2.96			
	Q303	0.898	6.51			
外部环境因素	Q401	0.973	9.18	0.59	0.81	0.64
	Q402	0.188	0.95			
	Q403	0.970	9.07			

---

① Bagozzi, R. P. & Yi, Y., "On the evaluation of structure equations models", *Academic of Marketing Science*, Vol. 16, No. 1, 1988, pp. 76–94.

② Raines-Eudy, R., "Using structural equation modeling to test differential reliability and validity: An empirical demonstration", *Structural for Equation Modeling*, Vol. 7, No. 1, 2000, pp. 124–141.

二 效度分析

在进行了样本的信度检验之后，有必要再次对问卷进行效度检验。问卷效度能够测量出问卷对所要调研的问题的反应程度，问卷效度越高，则表明问卷设计的质量越高。效度包括收敛效度（Convergent validity）和判别效度（Discriminant validity），目的是测试每个测量变量是否收敛于所观测的潜在变量，以及量表的设计是否能够区分不同测量变量的数值[①]。

当载荷系数大于0.5时，说明构念具有内敛效度；其次，要检验AVE（Average Variance Extracted）值，AVE大于0.5时，表示题项解释了50%以上的方差，即为有效方差。本研究中除Q402题项的因子负荷小于0.5外，其余题项的标准化因子负荷均大于0.5，因为去除该题项后的效度和信度均较低，故仍保留此题项[②]。创新绩效的AVE值为0.36，考虑到CR值，本研究认为其有良好的内敛效度。

判别效度是用来检验模型中的潜变量之间的区别程度，以及是否具有独立性。判别效度主要通过潜变量平均萃取变异量（Average Variance Extracted）的平方和潜变量之间的相关系数大小来判定。若AVE的平方根大于潜变量间的相关系数，表明测量模型有较好的判别效度。

表6-12　　　　　　　　潜变量相关系数及AVE的平方根

	企业家精神	创新绩效	吸收能力	外部环境
企业家精神	0.96			
创新绩效	0.15	0.82		
吸收能力	0.75	0.13	0.60	
外部环境	-0.11	-0.06	-0.12	0.80

在表6-12中，对角线是平均萃取值，对角线下方是潜变量之间相关

[①] Anderson, J. C. & Gerbing, D. W., "Structural equation modeling in practice: A review and recommends two-step approach", *Psychological Bulletin*, Vol. 103, No. 3, 1988, pp. 411-423.

[②] 赵富强：《基于PLS路径模型的顾客满意度测评研究》，博士学位论文，天津大学，2010，第30页。

第六章 非核心企业创新行为模式演化的绩效分析

系数，通过分析，得出结论，即对角线上的 AVE 值平方根大于对角线左下角的相关系数值，表明潜变量之间具有较好的区别效度。

经过上述关于问卷题项中的信度与效度的分析可知，本研究设置的问卷量表具有较好的内部一致性，量表的信度和效度都在可接受范围之内。

第六节 结构方程模型分析

通过以上信度与效度的分析，结果显示本研究所建的模型可以进行进一步的结构方程分析。本研究将用结构方程模型法检验上述所提出来的理论假设。借助于 smart PLS 利用问卷数据测量模型的拟合情况。

一 模型估计

根据初始模型（图 6-4）对总体样本数据运用 smart PLS3.2.6 软件对模型中的参数进行了估计，参数估计的方法选用了最小二乘法。本研究中创新绩效潜变量的 R^2 为 0.56，表示模型具有一定的解释能力，是可以接受的模型。

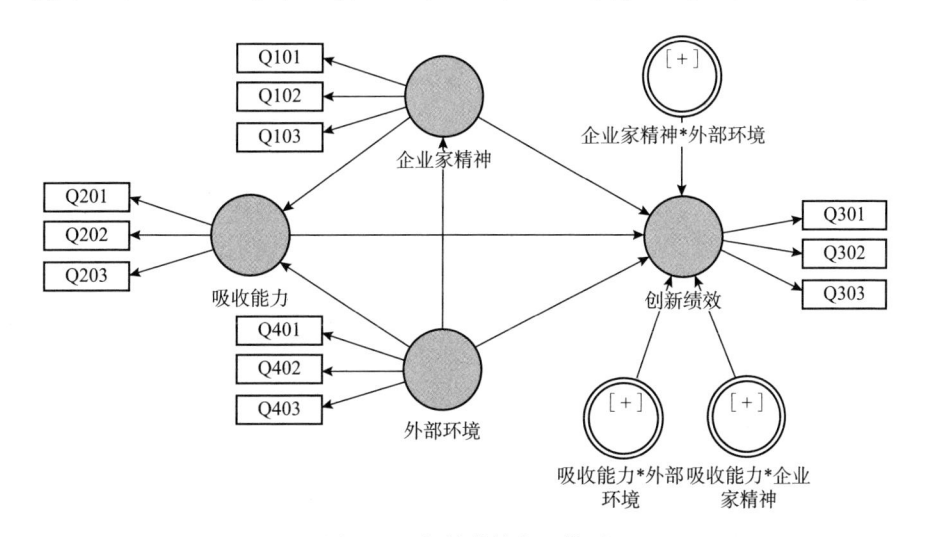

图 6-4 初始结构方程模型

表 6-13 中列出了测量变量和潜变量之间的相关性，可以得出，测量变量与其对应的潜变量的相关系数均大于其他潜变量的相关系数。

表6-13　　　　　　测量变量与潜变量之间的相关性

潜变量	测量变量	企业家精神	吸收能力	创新绩效	外部环境
企业家精神	Q101	0.98	0.68	0.13	-0.09
	Q102	0.95	0.57	0.13	-0.10
	Q103	0.95	0.85	0.16	-0.11
吸收能力	Q201	0.75	0.96	0.13	-0.09
	Q202	0.10	0.28	0.02	-0.13
	Q203	0.11	0.29	0.02	-0.12
创新绩效	Q301	0.13	0.13	0.94	-0.03
	Q302	0.10	0.00	0.52	-0.04
	Q303	0.14	0.14	0.93	-0.07
外部环境	Q401	-0.10	-0.11	-0.07	0.97
	Q402	-0.02	-0.07	0.01	0.19
	Q403	-0.11	-0.11	-0.05	0.97

二　实证结果

经smart PLS3.2.6软件计算得出实证结果如图6-5所示，由实证检验结果可知"企业家精神——创新绩效"的路径系数为0.309，且p值在0.05水平下达到显著性效果，表明企业家精神对企业创新绩效有正向影响；同时，"企业家精神——知识吸收"的路径系数为0.745，且p值在0.001水平下达到显著性效果，表明企业家精神对企业的知识吸收能力有显著的促进作用，"知识吸收——创新绩效"的路径系数为-0.211但p值未达到显著性水平，表明知识吸收对企业的创新绩效有不显著的负向影响。

从外部环境因素的影响看，外部环境对企业家精神的路径系数-0.105，且p值在0.001显著水平下不显著，表明外部环境对企业家精神有负向影响，但并不显著；"外部环境——知识吸收"的路径系数为-0.043，表明有正向的直接影响效果，且p值在0.001水平下达到显著性效果，表明外部环境对企业的知识吸收能力有显著的促进作用；"外部环境——创新绩效"路径系数为-0.064，但p值未达到显著性水平，表明外部环境对企业的创新绩效有不显著的负向影响。

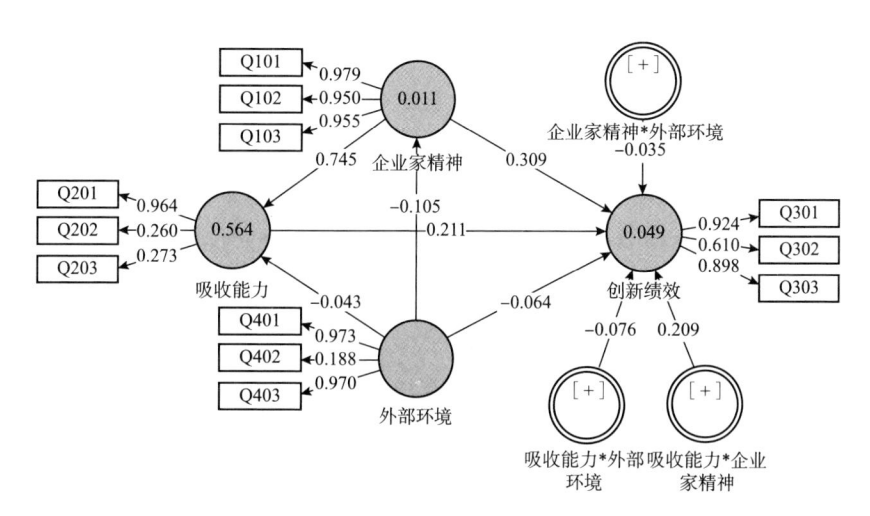

第六章 非核心企业创新行为模式演化的绩效分析

图6-5 模型Ⅰ实证检验结果

三 模型效应分析

结构方程模型中变量间的影响包括直接效应、间接效应以及总效应三个方面。直接效应是由因变量到自变量的直接影响，即由结构方程中自变量到因变量的路径系数表示，能够从方程中直接看出结果。间接效应是指一个自变量通过一个或多个中介变量对因变量产生的间接影响，间接效应的影响系数为两个路径系数的乘积，即为"箭头链"上的路径系数之积[①]。为进一步验证企业家精神、外部环境对创新绩效的直接与间接效应，本研究中结构模型的间接效应与总效应见表6-14。

表6-14　　　　标准化的直接效应、间接效应和总效应

潜在变量	企业家精神 直接	企业家精神 间接	吸收能力 直接	吸收能力 间接	创新绩效 直接	创新绩效 间接	总效果
企业家精神	—	—	0.75	—	0.31	-0.16	0.15
知识吸收	—	—	—	—	-0.21	—	-0.21
外部环境	-0.11	—	-0.04	—	-0.06	-0.01	-0.07

---

① 吴明隆：《结构方程模型：AMOS 的操作与应用（第2版）》，重庆大学出版社2010年版，第125页。

企业家精神对创新绩效的直接效应是 0.31，而吸收能力对创新绩效的直接效应为 -0.21，这表明企业的吸收能力的提高，即转化成新产品以及专利的能力是滞后的，难以在当期实现，因此，企业家精神通过知识吸收对创新绩效的间接效应是 -0.16，这表明企业家精神能够直接促进企业的创新绩效，但若通过吸收能力的提升间接促进创新绩效的模式会使创新绩效存在滞后效应。综合上述因素，企业家精神对创新绩效的总效应为 0.15，说明当其他条件不变时，潜在变量"企业家精神"每提升 1 个单位，潜在变量"创新绩效"共计提升 0.15 个单位。这表明企业家精神对创新绩效的总效应是正向的促进作用。

此外，值得关注的是外部环境对企业家精神、吸收能力以及创新绩效的直接效应都为负向。

首先，外部环境与企业家精神的负向直接效应，这一结论验证了动荡的环境会在某种程度上激发企业的吸收能力，企业家精神发挥作用，最终促进企业的创新绩效。这与之前学者关于企业家精神、外部环境以及绩效的研究结论不谋而合，即动荡的环境会削弱薪酬激励对创新绩效的刺激效应，但却更能激发高管团队以及企业家对创新活动的重视[1]。

其次，外部环境对吸收能力的直接效应为负。外部环境的动态性影响企业管理活动的变化频率与波动幅度[2]。在相对稳定的环境中，企业面临稳定的市场需求、技术变革速度缓慢以及政府政策等相对稳定，企业仅依赖现有的核心技术便可以获得足够多的市场份额，因此，企业不在有创新的必要和动力，最终阻碍了企业的创新绩效[3]。相反，当外在市场环境变化迅速、市场需求不断变化、行业竞争激烈时，创新是企业保持竞争优势

---

[1] 俞仁智、何洁芳：《基于组织层面的公司企业家精神与新产品创新绩效——环境不确定性的调节效应》，《管理评论》2015 年第 9 期。

[2] Wyer F. R., Welsh M. A., "Environmental Relationships of the Internal Political Economy of Marketing Channels", *Journal of Marketing Research*, Vol. 22, 1985, pp. 397 – 414.

[3] 潘松挺、蔡宁：《网络关系强度与组织学习：环境动态性的调节作用》，《科学决策》2010 年第 4 期。

的唯一途径①。

最后,外部环境对创新绩效的直接效应是 -0.06,而外部环境通过知识吸收对创新绩效的间接效应是 -0.01,这表明外部环境通过对企业家精神、吸收能力的负向效应间接作用于企业的创新绩效,即在外部环境动荡时,企业更倾向于投入更多的资金、人才等用于创新活动,最终会提高企业的创新绩效。

四 假设检验结果

(一)企业家精神与创新绩效

本研究理论模型中假设企业家精神对创新绩效有正向的促进作用得到了实证模型验证结论的支持。在本研究结构方程模型中"企业家精神——创新绩效"的标准路径系数为 0.162,非标准路径系数为 0.361,临界比(CR)为 2.681,大于推荐值 1.96,路径系数在 0.05 显著性水平下显著,假设 1 成立。此外,"企业家精神——创新绩效"的直接效应是 0.162,"企业家精神——创新绩效"的间接效应是 -0.009,"企业家精神——创新绩效"的总效应为 0.153。这说明当其他条件不变时,"企业家精神"每提升一个单位,"创新绩效"总共将提升 0.153 个单位,而且"企业家精神——创新绩效"的间接效应并不显著,因此,总效应的影响主要来自于企业家精神对创新绩效的直接影响,可见企业家精神有利于提升非核心企业的创新绩效。与企业家精神对创新绩效的影响相比,非核心企业的知识吸收能力对创新绩效的影响是负的,而且并不显著,这主要是因为对于非核心企业而言知识吸收能力的提升需要较大的资金、人才投入,而这些投入在短期内很难实现创新绩效的增加,因此在同时期的创新绩效中很难体现,这并不说明知识吸收能力的提升对企业的长期创新绩效没有正向的影响。

---

① 王永健、谢卫红、王田绘、成明慧:《强弱关系与突破式创新关系研究——吸收能力的中介作用和环境动态性的调节效应》,《管理评论》2016 年第 10 期。

（二）企业家精神与知识吸收

本研究理论模型中假设企业家精神对非核心企业的知识吸收能力有正向的促进作用得到了实证模型验证结论的支持。在本研究结构方程模型中"企业家精神——知识吸收"的标准路径系数为 0.247，非标准路径系数为 0.897（$p<0.001$），临界比（CR）为 4.041，大于推荐值 1.96，路径系数在 0.001 显著性水平下显著，假设 2 成立。此外，"企业家精神——知识吸收"的直接效应是 0.247，"企业家精神——创新绩效"的间接效应是 0，"企业家精神——知识吸收"的总效应为 0.247。这说明当其他条件不变时，"企业家精神"每提升一个单位，"知识吸收"总共将提升 0.247 个单位，而且"企业家精神——知识吸收"的间接效应为 0。因此，总效应的影响主要来自于企业家精神对知识吸收的直接影响，可见企业家精神有利于提升非核心企业的知识吸收能力。

（三）外部环境与知识吸收

本研究理论模型中假设外部环境对非核心企业的知识吸收能力有正向的促进作用得到了实证模型验证结论的支持。在本研究修正后的结构方程模型中"外部环境——知识吸收"的标准路径系数为 0.110，非标准路径系数为 0.110（$p<0.001$），临界比（CR）为 3.295，大于推荐值 1.96，路径系数在 0.001 显著性水平下显著，假设 3 成立。此外，"外部环境——知识吸收"的直接效应是 0.110，"外部环境——创新绩效"的间接效应是 0，"外部环境——知识吸收"的总效应为 0.110。这说明当其他条件不变时，"外部环境"每提升一个单位，"知识吸收"总共将提升 0.110 个单位，而且"外部环境——知识吸收"的间接效应为 0。因此，总效应的影响主要来自于外部环境对知识吸收的直接影响，可见外部环境有利于提升非核心企业的知识吸收能力，政策对非核心企业创新活动给予技术与资金及财政上的支持，将会提高非核心企业自身的知识吸收能力，有利于提高非核心企业对选择技术的研究的掌握水平，最终会影响企业的长期创新绩效。

第六章 非核心企业创新行为模式演化的绩效分析

(四) 外部环境与企业家精神

本研究理论模型中假设外部环境对非核心企业的企业家精神有正向的促进作用未得到实证模型验证结论的支持。在本研究修正后的结构方程模型中"外部环境——企业家精神"的标准路径系数为 -0.032,非标准路径系数为 -0.010($p<0.001$),路径系数在 0.001 显著性水平不显著,假设 4 不成立。以上结果说明沈阳地区外部环境对企业家精神有负向的影响作用,然而这种作用并不显著,即外部环境并不是影响企业家精神发挥作用的直接因素。

(五) 外部环境与创新绩效

理论模型中假设外部环境对非核心企业的创新绩效有正向的促进作用未得到实证模型验证结论的支持。在本研究结构方程模型中"外部环境——创新绩效"的标准路径系数为 -0.036,非标准路径系数为 -0.025($p<0.001$),路径系数在 0.001 显著性水平不显著,假设 6 不成立。以上结果说明沈阳地区非核心企业外部环境对创新绩效有负向的影响作用,然而这种作用并不显著,即外部环境并不是影响非核心企业创新绩效的直接因素。

(六) 知识吸收与创新绩效

理论模型中假设知识吸收对非核心企业的创新绩效有正向的促进作用未得到实证模型验证结论的支持(见表 6-15)。在本研究的结构方程模型中"知识吸收——创新绩效"的标准路径系数为 -0.039,非标准路径系数为 -0.024($p<0.001$),路径系数在 0.001 显著性水平不显著,假设 6 不成立。以上结果说明沈阳地区非核心企业知识吸收能力对创新绩效有负向的影响作用,然而这种作用并不显著,即外部环境并不是影响非核心企业当期创新绩效的直接因素,但这并不排除非核心企业的知识吸收能力对非核心企业的长期创新绩效没有影响。

综上所述,通过结构方程模型对理论假设的验证分析,得出了企业家精神、外部环境、知识吸收、创新绩效之间较为显著的关系,从而比较全面的揭示了非核心企业创新过程中的影响机制。

表6-15　　　　　　　结构模型路径系数与假设检验

变量间关系		标准路径系数	非标准路径系数	标准误	P	检验结果
企业家精神	← 外部环境	-0.032	-0.010	0.017	0.556	未通过
知识吸收	← 外部环境	0.110	0.123	0.037	***	通过
知识吸收	← 企业家精神	0.247	0.897	0.222	***	通过
创新绩效	← 外部环境	-0.036	-0.025	0.026	0.338	未通过
创新绩效	← 知识吸收	-0.039	-0.024	0.021	0.264	未通过
创新绩效	← 企业家精神	0.162	0.361	0.135	**	可通过

注：*** 表示显著性水平 $P<0.001$，** 表示显著性水平 $P<0.05$。

第七节　结果分析

企业家精神对创新绩效有影响，但是处于创新价值链不同阶段的企业而言，这种影响存在差异性。较高的研发经费投入意味着企业创新中对研发活动的重视，从创新价值链各阶段活动的特点看，企业创新研发的高投入为其参与创新价值链高端活动提供了契机[①]；技术的高效应用促进了企业的高新技术产品产值，有利于创新价值链高端创意向技术产品转化[②]；此外，销售收入是技术商业化的重要体现[③]。我们结合最能体现企业家精神的创新性、冒险性和开创性特点，对1189份问卷进行了再次挖掘，将体现创新性、冒险性和开创性指标高于所有样本均值的不同类型企业，界定创新型企业：研发型、技术型、研发技术混合型（表6-16），即研发型企业（97家）、技术型企业（221家）和混合型企业（73家）。

---

① Hyun-Jung Nam, Yohan., "AnPatent, R&D and internationalization for Korean healthcare industry", *Technological Forecasting and Social Change*, Vol. 117, 2017, pp. 131-137.

② Xiaohui Shi, Kiran Fernandes, Pattarin Chumnumpan, "Diffusion of multi-generational high-technology products", *Technovation*, Vol. 34, No. 3, 201, pp. 162-176.

③ Liisa-Maija Sainio, Emma Marjakoski., "The logic of revenue logic? Strategic and operational levels of pricing in the context of software business", *Technovation*, Vol. 29, No. 5, 2009, pp. 368-378.

表6-16　　　　　　　　　样本企业特征分布

企业类型	企业特征	数量	占样本总数比	平均研发经费	研发投入占比	资产负债率
研发型	研发经费投入高于平均水平	97	8.2%	9996.5	11%	19.16%
技术型	企业高新技术产品产值高于平均水平	221	18.6%	4401.67	4%	10.92%
研发技术型	同时满足研发型、技术型	73	6.1%	12399.7	9%	15.08%

在上述样本总体数据分析的基础上，为了进一步探索不同类型的企业家精神对创新绩效的影响，本研究运用设定的结构方程模型分别对分类后样本数据进行了实证检验，即创新型企业家精神、技术型企业精神、混合型企业精神对创新绩效的影响，分别命名为模型2、模型3和模型4（见表6-17）。

表6-17　　　　　　　　　模型对比分析

路径	模型1（全部样本）	模型2（创新型）	模型3（技术型）	模型4（混合型）	模型5（其他）
企业家精神→创新绩效	0.584***	0.482***	0.181	0.364**	0.552
企业家精神→吸收能力	0.378***	-0.132	0.585***	0.180	0.324***
吸收能力→创新绩效	-0.021	-0.195	-0.094	-0.209*	0.236
外部环境→企业家精神	-0.060	0.202	-0.132	0.177	-0.081
外部环境→创新绩效	-0.029*	0.102	0.238**	0.134	0.080
外部环境→吸收能力	-0.085	-0.443***	-0.084***	-0.431***	-0.099
企业家精神*外部环境→创新绩效	0.022	-0.134	-0.085	0.136	0.192
吸收能力*企业家精神→创新绩效	0.050*	-0.211	0.091	-0.215	-0.107
吸收能力*外部环境→创新绩效	0.044*	-0.134	-0.104	-0.129	-0.125

通过对不同类型企业中的企业家精神对创新绩效的实证结果，本研究得出以下结论：

首先，不同类型企业家精神对创新绩效影响的显著程度存在异质性，这种异质性表现为对创新绩效影响的显著程度不同，即在创新型企业中最为明显，在技术型及其他类型企业中影响并不显著。这一结论反映了高新技术类的企业中参与创新价值链中研发活动，创新投入高的企业的创新绩效实现更依赖于创新型企业家精神在创新活动参与以及创新意愿上所发挥的重要作用。

其次，企业家精神对创新绩效影响的异质性表现在其对中介变量吸收能力的异质性影响上，即企业家精神对吸收能力的影响在不同类型企业间不仅呈现出了差异性的显著程度，还呈现出了"正负"相反的两种效应。从企业家精神对吸收能力的影响看，技术型和其他类型企业的影响为显著正向，而对创新型企业的影响为非显著负向。这一结果反映出在企业从技术的应用及扩散活动向创新价值链高端的 R&D 活动上升的过程中，企业需要不断加大研发经费的投入，在其短期静态的创新绩效中回报速率慢，甚至为负数，即吸收能力对创新绩效的影响存在一定的滞后性。同时，研发投入大于创新产出，这也恰恰反映了创新活动的高投入低产出的高风险性。从吸收能力对创新绩效的影响看，只有其他类型企业的影响为正，虽然这一影响并不显著，但却从某些程度反映出，企业在技术、研发能力都不强时，意味着其知识存量较弱，若其拥有短时间快速的知识吸收能力，便会促进企业短期绩效的增长。

再次，外部环境对创新绩效在总体样本与分类样本间存在"正负"效应差异性，对总体样本的影响为显著负效应，而对各分类样本的效应为不显著的负向效应。这一结果表明，外部政策的制定需要针对不同类型的企业进行分类支持。此外，外部环境知识吸收能力的影响是同向负向的，即在外部环境处于劣势的情况下，更能激发企业的知识吸收能力。需要强调的是外部环境对企业家精神的影响只有在创新型企业和混合型企业的正向效应表现突出，但却并不显著，而对技术型企业和其他类型企业表现为负。这从一方面表明了现有的政策和市场环境会加强对原有创新意愿强、创新投入高的企业家精神，而对技术型或其他类型创新意愿并不强烈、只注重引进技术获取短期利润的企业家精神并无影响，甚至是负向影响。在吸收能力与企业家精神对创新绩效的交互作用中，创新型企业的吸收能力对创新绩效的负向作用占比较大，而技术型企业更多的受制于企业家精神对创新绩效的正向作用。在吸收能力与外部环境对创新绩效的交互作用影响中，表明外部环境的利好性并不能完全抵消吸收能力对创新绩效的负向作用。

上述实证结果表明，企业家精神在不同类型的企业中呈现出了较大的差异性，既包括不同类型企业中企业家精神对创新绩效直接影响的差异性，也包括通过知识吸收能力对创新绩效间接影响的差异性。同时，外部环境因素在不同类型的企业中对企业家精神的促进作用呈现出了显著差异性。这进一步验证了不同类型企业中企业家精神本身存在异质性，这一异质性需要与外部环境、企业自身的吸收能力相匹配才能极大的发挥企业家精神对创新绩效的促进作用。

第八节　本章小结

本章的主要内容包括本研究调查问卷的设计，并对问卷所收集数据回收比和有效比进行简要分析。其次，本研究在理论研究与案例研究的基础上设计出了适合所调研企业的问卷量表。本章在典型性案例分析的基础之上，结合现有学者关于企业家精神与非核心企业创新、企业家精神与非核心企业的知识吸收能力、外部环境与非核心企业的知识吸收能力、外部环境与非核心企业企业家精神、外部环境与非核心企业创新以及非核心企业的知识吸收能力与创新之间的关系进行了深入的分析，并提出了相应的理论假设模型。

通过对《沈阳经济发展状况大调研（高新技术产业）调查问卷》的1189家非核心企业进行实证分析，其中包括对样本数据进行了信度与效度的检验，同时判别非核心企业在企业家精神、创新绩效、知识吸收及外部环境四个方面所需要的测量题项；样本数据筛选预处理以及结构方程分析。实证结果表明，非核心企业的企业家精神对非核心企业的创新绩效与知识吸收能力均有正向的显著性影响，同时，非核心企业所处的产业与地区的外部环境也对知识吸收能力有显著的正向影响，而外部环境对非核心企业的企业家精神与创新绩效都有着不太显著的负向影响，同时非核心企业的知识吸收能力对企业的短期创新绩效并无显著影响。此外，企业家精神在不同类型的企业中呈现出了较大的差异性，既包括不同类型企业中企业家精神对创新绩效直接影响的差异性，也包括不同知识吸收能力对创新绩效间接影响的差异性。同时，外部环境因素在不同类型的企业中对企业家精神的促进作用呈现出了显著差异性。这进一步验证了不同类型企业中企业家精神本身存在异质性，这一异质性需要与外部环境、企业自身的吸收能力相匹配才能极大的发挥企业家精神对创新绩效的促进作用。

第七章 培育企业家精神对非核心企业创新行为影响

——以东北地区为例

2013年以来,东北地区呈现了经济快速增长期后突然减速的"新东北现象",当前,东北地区面临着产业结构调整、转型升级的重要挑战。2017年东北三省的GDP数据显示,辽宁实现GDP 23942亿元,比上年增长4.2%,黑龙江2017年GDP总量首次突破16000亿元大关,实现16199.9亿元,比上年增长6.4%,增幅提高0.3个百分点,为近四年来最高[1]。虽然,相较2016年的负增长有回暖趋势,但东北地区仍存在产业结构单一、创业活动不活跃以及新兴产业发展滞后等问题,促使东北地区的科教优势未能有效转化为经济优势[2]。因此,需要借助于"互联网+""云计算""大数据"等技术,通过打造创新创业发展新高地,形成东北新的增长极和增长带,促进东北地区新一轮的振兴与发展。

作为创新活动主体的企业,其创新创业行为与东北地区新一轮的振兴与发展密切相关[3]。然而,由于创新活动的高风险性,现实中并非所有的

---

[1] http://finance.sina.com.cn/roll/2018-01-29/doc-ifyqzcxh7478535.shtml.
[2] 王伟光、白雪飞、侯军利:《国有企业创新发展对东北地区经济增长的影响》,《中国科技论坛》2016年第11期。
[3] 《中共中央国务院关于营造企业家健康成长环境弘扬优秀企业家精神,更好发挥企业家作用的意见(2017年9月8日)》。

企业家个体都热衷于创新活动[1]。企业价值创造的全过程中企业家创新行为受制于企业家创新认知水平、创业团队以及外在创业生态的共同影响。创业认知是创业者在创业与就业间决策的依据,有效解释了"为什么有人会选择创业"[2];创业团队间的协作性、创新性与风险共担性能够有效促进企业创新行为;外部的创业生态可以诱发不同创业者个体差异化的创业认知[3],进而影响个性化的创新行为决策方式[4]。基于此,本研究在创业认知、组织行为学等相关理论基础上,深入探讨企业家创业认知、创业团队、创业生态对企业创新行为的复杂影响的内在机理,进一步丰富现有理论研究成果,为促进东北地区创新创业和新一轮的振兴与发展提供理论借鉴。

第一节 理论模型与研究假设

企业家认知对企业创新活动的影响贯穿于创新价值链的全过程。企业价值创造的过程是企业将获取的知识通过一系列创新行为植入于新的产品或工艺过程,同时,再次进行知识挖掘的过程[5]。企业的绩效取得是企业创新活动的商业化价值的实现过程,而企业将内外部知识转化为商业价值的过程中受制于技术、资本、企业社会资源等诸多因素的影响[6]。因此,

---

[1] 张振刚、李云健、李娟娟:《心理资本、创新氛围感知与创新行为关系研究》,《中国科技论坛》2015年第2期。

[2] Shaver, K. G. and Scott, L. R., "Person, Process, Choice: The Psychology of New Venture Creation", *Entrepreneurship Theory and Practice*, Vol. 16, No. 2, 1991, pp. 23–45.

[3] Venkataraman, S., Sarasvathy, S. D., Dew, N. and Forster, W., "Reflections on the 2010 AMR Decade Award: Whither the Promise? Moving forward with Entrepreneurship as a Science of the Artificial", *Academy of Management Review*, Vol. 37, No. 1, 2012, pp. 21–33.

[4] Busenitz, L. and Barney, J. B. "Differences between Entrepreneurs and Managers in Large Organizations: Biases and Heuristics in Strategic Decision-making", *Journal of Business Venturing*, Vol. 123 No. 1, 1997, pp. 9–30.

[5] Roper, S., Du, J., Love, J. H., "Knowledge sourcing and innovation", Aston Business School Research Paper 0605. Birmingham. 2006, p. 90.

[6] Stephen Roper, Jun Du, James H. Love., "Modelling the innovation value chain", *Research Policy*, Vol. 37, 2008, pp. 961–977.

第七章 培育企业家精神对非核心企业创新行为影响

企业不同阶段的创新行为在一定程度上决定了企业的效率成本和企业成长。企业的内部 R&D 活动以及外部知识资源获取①以及内外部资源间的相互关联关系共同促进了企业的知识积累与增长②。由于企业家认知的差异性，促使企业外部获取知识存在较大的异质性，进而影响了企业在知识转换为新产品或工艺过程中的效果③。因此，从企业创新知识转化为商业价值的过程中，企业家认知、创业团队特性、外部创业生态与企业创新行为存在着错综复杂的关系。企业家认知水平受制于自身资源禀赋优势以及创新团队间的组织资源，同时受制于外部创新生态系统的影响，三者之间的相互作用共同影响着企业在价值创造全过程中的创新行为（如图 7-1）。

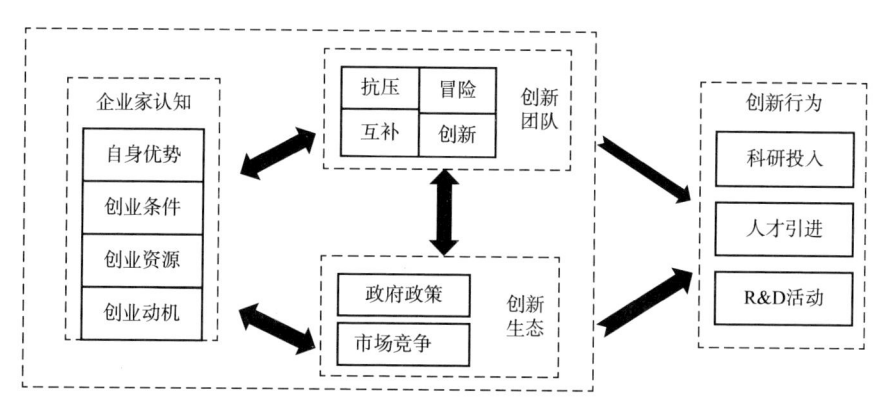

图 7-1 企业家创业认知与创新行为理论模型

一 企业家创业认知与企业创新行为的关系

企业家创业认知包括创业动机的认知，主要包括个人主观意愿和外部

---

① Pittaway, L., Robertson, M., Munir, K., Denyer, D., Neely, A., "Networking and Innovation: A Systematic Review of the Evidence", *International Journal of Management Reviews*, 5/6 (3/4), 2004. pp. 137-168.

② Cassiman, B., Veugelers, R., "R&D cooperation and spillovers: some empirical evidence from Belgium", *American Economic Review*, Vol. 92, 2002, pp. 1169-1184.

③ Michie, J., Sheehan, M., "Labour market deregulation, 'flexibility' and innovation", *Cambridge Journal of Economics*, Vol. 27, 2003, pp. 123-143.

诱导。研究得出，创业认知是创业成功概率、行为控制力以及直观判断等一系列认知因素的组合[①]。创业认知理论强调行为理性包括创业者的创业认知理性与创业过程中的行为决策理性[②]。企业创新行为是指在企业价值创造的过程中，企业将获取的知识转换成创新产品的一系列行为决策[③]，其中企业家认知水平的高低起到了重要的作用，企业家个体认知水平与知识结构的差异性决定了资源在创新行为之间的不同组合和配置，资源的不同组合决定了企业的经济绩效和地区性经济增长。如超导体这一科学发明历经了1908—1983年漫长的科学研究向创新产品和商业价值转换的过程，而在这一过程中企业家起到了重要的推动作用[④]。

综上所述，对于初创企业而言，企业家创业时的创业意愿认知、创业资源与条件认知，对企业创业及成长过程中的创新行为有重要的促进作用。基于此，本书提出如下假设：

H1：企业家特自身、创业条件、资源条件形成的创业认知可以促进企业创新投入。

二 创业团队与企业创新行为的关系

在企业复杂的创业系统中，创业团队凝聚彼此信任的氛围，有利于创业团队成员间高效互动[⑤]，创业团队会对企业创新行为决策产生重要影响。研究表明创业团队结构的正式程度、灵活性以及沟通效率会对企业创新绩效产生显著性影响[⑥]。此外，企业创业团队创新水平受制于经验、识别力

[①] Busenitz, L. W. and Lau, C., "A Cross-cultural Cognitive Model of New Venture Creation", *Entrepreneurship Theory and Practice*, Vol. 20, 1996, pp. 25–39.

[②] Baron, R. and Ward, T. B., "Expanding Entrepreneurial Cognition's Toolbox: Potential Contributions from the Field of Cognitive Science", *Entrepreneurship Theory and Practice*, Vol. 28, 2004, pp. 553–574.

[③] Roper, S., Du, J., Love, J. H., Knowledge sourcing and innovation, Aston Business School Research Paper 2006.0605.

[④] Pier A. Abetti., "From science to technology to products and profits Superconductivity at General Electric and Intermagnetics General 1960 ± 1990", *Journal of Business Venturing*, Vol. 17, 2002, pp. 83–98.

[⑤] 张敏：《任务紧迫性下个体情感网络特征、情绪劳动及创新行为的关系研究》，《中国科技论坛》2013年第8期。

[⑥] 王双龙、马璇：《团队创新行为与标准化工作实践对团队绩效的影响机制研究》，《中国科技论坛》2015年第1期。

以及与社会的组织关联性等因素的影响，创业团队的经验以及团队成员的创业动力，特别是创业团队成员的技能互补性能够对企业家创业认知产生重要影响，作为创业者的企业家可以通过创业团队成员的教育背景、创业实践、年龄阅历等途径获得个体的创业经验[1]。创业团队的创新性、冒险性以及团队成员的技能互补性对企业家创业认知和企业的创新行为的支持起到重要的影响作用。基于此，本书提出如下假设：

H2：创新团队冒险性和创新性有利于加大企业创新活动投入；

H3：创业团队可以促进企业的创业认知水平，最终促进企业创新活动的投入。

三 创业生态与企业创新行为的关系

企业创业活动是一个极其复杂的过程，除了需要依托创业者本身的资源优势和强大的创业动力外，更需要依托地区性发展以及良好的创新创业环境与政策[2]。创业生态系统中的制度、文化和基础设施等外在条件能够直接影响企业创业活动的输出，包括创新行为、创新绩效以及企业在创新价值链中的价值创造活动[3]。良好的创业生态可以有效促进企业间知识共享以及创新主体间相互传递信息和能力，构建良好的创业氛围[4]，有利于企业实现节俭式创新行为[5]。此外，基础要素资源与地区性的基础市场、地区性的开放式创新程度以及地区性创新政策[6]等外部创新生态，共同影响着企业创新行为、创业团队以及创业认知。基于此本书提出如下

---

[1] Sluss, D. M., & Ashforth, B. E., "Relational identity and identification: Defining ourselves through work relationships", *Academy of Management Review*, Vol. 32, No. 2, 2007, pp. 9 – 32.

[2] SPILLING O. R., "The entrepreneurial system: on entrepreneurship in the context of a mega-event", *Journal of Business Research*. Vol. 36, No. 1, 1996, pp. 91 – 103.

[3] StamE., "The Dutch entrepreneurial ecosystem", *Ssrn. Electronic Journal*, Vol. 7, 2014, pp. 12 – 23.

[4] 项国鹏、宁鹏、罗兴武：《创业生态系统研究述评及动态模型构建》，《科学学与科学技术管理》2016年第2期。

[5] 王伟光、侯军利：《资源—市场双重约束下的节俭创新行为：机理与案例》，《技术经济》2016年第8期。

[6] Stephen Roper, James H., Love, Karen Bonner., "Firms' knowledge search and local knowledge externalities in innovation performance", *Research Policy*, Vol. 46, No. 1, 2017, p. 1.

假设：

H4：地区创业生态促进企业创新团队的创新活力；

H5：地区创业生态可以促进企业家认知水平的提高；

H6：地区创业生态可以促进企业创新投入的提高。

综上所述，特定区域创新生态下的企业家或创业者的创新行为受制于创业团队、创新生态以及企业家创业认知的共同影响，基于上述假设，本书提出如下理论研究模型（如图7-2）。

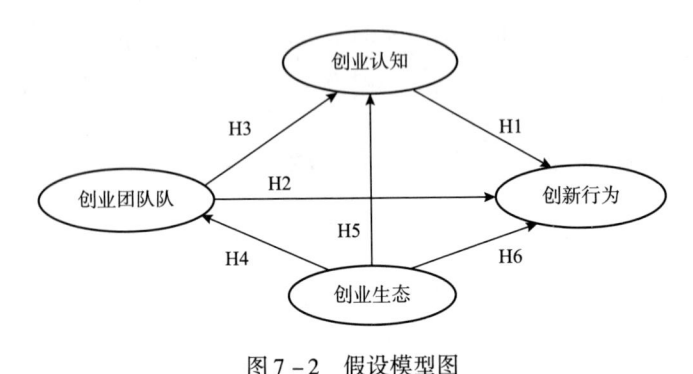

图7-2 假设模型图

第二节 研究方法

一 研究对象

本书选取沈阳地区创新创业者为调查对象。研究共发放500份调查问卷，回收500份。运用统计软件SPSS22.0对回收的500份问卷数据进行了数据清理，根据描述统计中数据正态分布标准，剔除Z分数大于3或小于-3的数据，同时结合SPSS软件中数据探索分析中的"界外值""箱图""茎叶图"等方法，确定有效问卷数量为495份。其次，经SPSS22.0软件重复个案的排查，495份问卷中有4份重复个案，排除重复个案后共保留有效问卷为491份，回收问卷有效率为98.20%。

二 变量测度

立足于研究积累和东北地区区域特色，本书对回收的问卷信息的深度挖掘，借鉴权威研究理论框架及已往实证中被引用证实的量表，重新开发了量表。本书定义了创业认知、创业团队、创业生态和创新行为四个潜在变量，各潜在变量对应的测量变量如表7-1。在量表的在量表设计上多采用Likert五点计分方式进行计分。

表7-1 　　　　　　　　变量测试及编码

度量层面	指标名称	变量测度	变量代码	参考文献
创业认知	自身	创业时，对自身所拥有的知识、技能等情况了解程度	Q101	FOSTER G, SHIMIZU C, 2-13)
	条件	创业时，对创业所必须的条件认知程度	Q102	
	资源	创业时，对自身以及社会资源的认知程度	Q103	
	动机	创业时，对创业动机的了解和认知程度	Q104	
创业团队	抗压性	创业团队对未来创业困难的承受能力	Q201	Maeda M, Mori K, 2011[2] Miller 和 Friesen (1982)[5]
	互补性	创业团队在技术与知识储备上的互补程度	Q202	
	创新性	创业团队的应变能力和创新程度	Q203	
	冒险性	创业团队对未来的不确定性的承受能力	Q204	
创业生态	意识	本地区企业或个体创新创业意识水平	Q301	路风，慕玲 (2003)[11]
	氛围	本地区外部创业环境氛围水平	Q302	
	信任	本地区企业或机构间的相互信任程度	Q303	
	竞争	本地区市场的竞争力水平	Q304	
创新行为	人才	本科以上学历占比	Q401	Marian Garcia Martinez (2017)[①]
	研发	企业拥有科研人员占职工总数比例	Q402	
	经费	企业家对R&D活动的热衷程度	Q403	

---

① Marian Garcia Martinez, Ferdaous Zouaghi, Mercedes Sanchez Garcia, "Capturing value from alliance portfolio diversity: The mediating role of R&D human capital in high and lowtech industries", Technovation, Vol. 59, 2017, pp. 55–67.

三 描述性统计分析

表7-2统计性描述结果显示,491份效问卷各测量变量的均值水平较高,其中,创业认知中较为突出的变量是企业家创业动机的认知,创业生态中较为突出的测量变量为地区性的创业意识。

表7-2　　　　　　　　统计性描述（N=491）

潜在变量	测量变量	极小值	极大值	均值	标准差
创业认知	自身	1	5	3.94	.899
	条件	1	5	3.87	.860
	资源	1	5	3.89	.899
	动机	1	5	3.65	1.037
创业团队协作	抗压性	1	5	3.65	.894
	互补性	1	5	3.84	.837
	创新性	1	5	3.82	.872
	冒险性	1	5	3.59	.988
创业生态	意识	1	5	3.04	1.005
	氛围	1	5	3.04	.990
	信任	1	5	3.03	.966
	竞争	1	5	3.05	1.085
创新行为	人才	1	5	3.50	1.412
	研发	1	5	3.07	1.600
	经费	1	5	3.62	1.540

四 信度与效度检验

信度分析是对问卷有效性和可靠性的检验。信度本身与测量的结果正确与否并无关系,信度分析的目的在于检验测量本身是否稳定。Kerlinger认为信度可以衡量出问卷的可靠度、一致性与稳定性。检验信度越高,表明测验结果越可信。

如表7-3的检验结果,本研究创业认知、创业团队、创业生态以及创新行为等潜在变量对应的Cronbach's α系数分别为0.768、0.820、0.742及

0.718，符合 Cronbach[①]提出的验证性研究的 α 值应大于 0.7 以上的判断准则，表明潜在变量具备较高水平信度。此外，本研究复合信度 CR 值均大于 0.8，表示各指标的内部一致性高[②]。此外，测量题项的负荷系数大于 0.5，说明构念具有内敛效度；各潜在变量的 AVE 大于 0.5，表示题项解释了 50% 以上的方差，即具备良好的内敛效度。

表 7-3　测量模型

潜变量	测量变量	因素负荷量	T 值	Cronbach's Alpha	CR	AVE
创业认知	Q101	0.803	12.2155	0.768	0.854	0.601
	Q102	0.8704	30.6556			
	Q103	0.8456	20.563			
	Q104	0.7493	12.4535			
创业团队	Q201	0.8609	28.578	0.820	0.881	0.652
	Q202	0.8697	29.5486			
	Q203	0.8966	32.9081			
	Q204	0.8334	17.8571			
创业生态	Q301	0.87	23.5085	0.742	0.824	0.547
	Q302	0.9203	35.1056			
	Q303	0.8792	27.8015			
	Q304	0.8072	14.6875			
创新行为	Q401	0.6683	4.3393	0.718	0.836	0.632
	Q402	0.8812	19.6533			
	Q403	0.8551	12.214			

在表 7-4 中，对角线是平均萃取值，对角线下方是潜变量之间相关系数。通过分析，得出结论，对角线上的 AVE 值平方根大于对角线左下角的相关系数值，表明潜变量之间具有较好的区别效度。

[①] Cronbach L. J., "Coefficient Alpha and the Internal Structure of Tests", *Psychometrika*, Vol. 16, No. 4, 1951, pp. 297-334.

[②] Fomell, C., and Larcker D. F., "Evaluating Structural Equation Models with Unobservable and Measurement Error", *A Comment Journal of Marketing Research*, Vol. 18, No. 3, pp. 39-50.

经过上述的关于问卷题项中的信度与效度的分析可知，本研究设置的问卷量表具有较好的内部一致性，量表的信度和效度都在可接受范围之内。

表7-4　　　　　　潜变量相关系数及 AVE 的平方根

	创业团队	创业生态	创业认知	创新行为
创业团队	0.807			
创业生态	0.219	0.739		
创业认知	0.749	0.156	0.775	
创新行为	0.485	0.111	0.308	0.795

第三节　实证分析

一　模型估计

鉴于本研究为探索型研究，且样本的非正态分布以及小样本数量条件等原因[1]，本研究对总体样本数据采用偏最小二乘法（PLS），运用 smart PLS3.2.6 软件对模型中的参数进行了估计（图7-3）。估计果显示本模型中的创业团队、创业认知以及创新行为的 R^2 分别为 0.119、0.585、0.083 均大于0，表明该模型具有良好的预测相关性。因此，本研究的结构模型较为稳健[2]。

表7-5中列出了测量变量和潜变量之间的相关性。从表7-5中可以得出，测量变量与其对应的潜变量的相关系数均大于其他潜变量的相关系数，说明本书提出的理论模型符合基本拟合标准。

---

[1] Dijkstra, T. K., Henseler, J., "Consistent Partial Least Squares Path Modeling", *MIS Quarterly*, Vol. 39 No. 2, 2015, pp. 297–316.
[2] 林润辉、谢宗晓、王兴起、魏军：《制度压力、信息安全合法化与组织绩效——基于中国企业的实证研究》，《管理世界》2016年第2期。

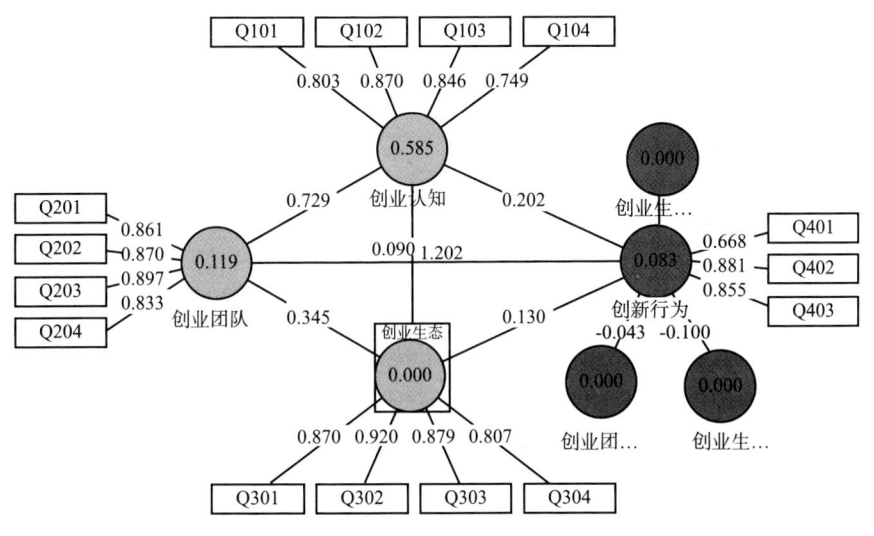

第七章 培育企业家精神对非核心企业创新行为影响

图 7-3 结构方程模型

表 7-5 测量变量与潜变量之间的相关性

潜变量	测量变量	创业认知	创业团队	创业生态	创新行为
创业认知	Q101	0.803	0.584	0.240	0.252
	Q102	0.870	0.645	0.246	0.146
	Q103	0.846	0.652	0.320	0.181
	Q104	0.749	0.602	0.310	0.292
创业团队	Q201	0.683	0.861	0.323	0.238
	Q202	0.676	0.870	0.294	0.232
	Q203	0.676	0.897	0.279	0.228
	Q204	0.592	0.833	0.298	0.242
创业生态	Q301	0.316	0.318	0.870	0.139
	Q302	0.279	0.279	0.920	0.102
	Q303	0.323	0.323	0.879	0.095
	Q304	0.268	0.273	0.807	0.106
创新行为	Q401	0.152	0.145	0.015	0.668
	Q402	0.224	0.229	0.122	0.881
	Q403	0.251	0.261	0.139	0.855

二 实证结果

经 smart PLS3.2.6 软件计算得实证结果如图 7-3 所示,由实证检验结果可知"创业认知——创新行为"的路径系数为 0.202,且未通过显著性水平测试。然而,"创业团队——创业认知"的路径系数为 0.729,且 P 值在 0.001 水平下达到显著性效果,表明创业团队对企业家创业认知有显著的促进作用,"创业团队——创业行为"的路径系数为 0.202 但 p 值未达到显著性水平,表明创业团队对企业的创业行为有不显著的正向影响。

从创业生态的影响看,创业生态对创业认知的影响较为显著,路径系数 0.091,且 P 值在 0.05 显著水平下显著,表明创业生态对企业家创业认知有负向影响;"创业生态——创业团队和创新行为"的路径系数分别为 0.346 和 0.130。虽然影响较对创业认知的系数大,但却呈现出不太显著的影响水平。

三 模型效应分析

为进一步验证创业认知、创业团队、创业生态对创新行为的直接与间接效应,本研究中结构模型的间接效应与总效应见表 7-6。

表 7-6　　　标准化的直接效应、间接效应和总效应

潜在变量	创业团队 直接	创业团队 间接	创业认知 直接	创业认知 间接	创业认知 总效应	创新行为 直接	创新行为 间接	创新行为 总效应
创业团队	—	—	0.81	—	0.81	0.29	0.26	0.55
创业生态	0.15	—	0.10	0.12	0.22	—	0.04	0.04
创业认知	—	—	—	—	—	0.32	—	0.32

创业团队对创业认知和创新行为的总效应最为突出,分别为 0.81 和 0.55,这表明对于沈阳地区的创新创业者而言,创业团队的创新性、冒险性以及对于未来不确定性的抗压能力,有利于促进企业家对创业过程的内部资源和外在条件的认知,进而影响企业创新行为。此外,创业生态对创业团队、创业认知以及创新行为间都存在直接或间接的效应,总效应分别

为 0.15、0.22 和 0.04。比较而言，创业生态对创业认知的效应最为突出，这表明沈阳地区创新意识以及政策、市场等创业环境的建设，能够极大促进企业家对外在资源环境的认知。

四 企业家创新行为影响因素的差异性：基于企业家创业技术关联性

在上述样本总体数据分析的基础上，为了进一步探索企业家创业的专业关联性对企业创新行为的影响，本书运用设定的结构方程模型分别对分类后样本数据进行了实证检验，即专业关联型企业家、跨界创业型企业家的创新行为的差异性分析，分别命名为模型 2 和模型 3（见表 7-7）。

表 7-7　　　　　　　　　　　模型对比分析

路径	模型 1 （全部样本）	模型 2 （专业关联型）	模型 3 （跨界创业型）
创业团队 →创业认知	0.729***	0.728***	0.750***
创业团队 →创新行为	0.202	-0.278	0.995*
创业生态 →创业团队	0.345***	0.352***	0.329***
创业生态 →创业认知	0.091*	0.089*	0.060
创业生态 →创新行为	0.130	0.110	-0.364
创业认知 →创新行为	0.202	0.589	-0.461
创业团队 * 创业认知 →创新行为	-0.043	-0.004	-0.366
创业生态 * 创业团队 →创新行为	-0.041	0.737	-0.752
创业生态 * 创业认知 →创新行为	-0.100	-0.838	1.190

注：***表示显著性水平 $P<0.001$，*表示显著性水平 $P<0.05$。

通过对专业关联度不同的企业家数据分析，本书得出以下结论：

首先，专业关联与否促使企业家创新认知对创新行为的影响呈现出了"正反"差异性。专业关联型企业家创业认知对创新行为的作用影响为正向，而跨界创业型企业家对创新行为的影响为负向。这一结论表明，专业关联促使企业家热衷于创新活动，重视人才的引进和科研经费的投入，而跨界创业型企业家认知水平的提高并不能增加企业的创新投入。

其次，创业团队对创业认知的影响在专业关联型企业家与跨界型企业家中呈现出的高度的一致性，且均显著；而创业团队对创新行为的影响呈现出了"正反"差异性和显著程度的差异性。对于跨界型企业家而言，由于缺乏专业知识，其创业团队的技能互补性以及创新性能够有效促进跨界型企业家的创新活动的投入水平。

再次，创业生态对企业创业团队起到了非常显著的作用；创业生态对创业认知的影响上在专业关联型企业家中呈现显著影响，而对跨界型企业家的影响并不显著。同时，创业生态对创新行为的影响在两种类型的企业家中呈现"正反"差异性，对于跨界型企业家由于专业知识和技术前瞻性的限制，外在创业生态并未促进其对创新活动的热衷。

最后，创业团队与创业生态对创新行为的交互作用并未呈现对创新行为的显著影响，但在专业关联性与跨界型企业家中仍然呈现出了差异性的影响。

上述研究结果表明，创业团队对创新行为的影响在跨界创业型创业企业中较为显著，而创业生态、创业认知对创新行为的直接影响均不显著；跨界创业型企业中创业生态对创业团队存在正向显著影响，并最终影响创业企业创新行为。比较而言，虽然专业关联型企业中的创业团队对创业认知、创业生态对创业团队、创业认知存在显著正向影响，然而创业团队、创业生态以及创业认知对创新行为的影响均未得到实证。由此可见，与专业关联型创业企业相比，跨界创业型企业的创新行为受创业团队、创业生态的影响较为明显，其中创业生态是通过创业团队间接影响创新行为，而其直接影响并不显著。而专业关联型企业中创业生态、创业团队仅能够影响其创业认知，并未对创新行为产生显著影响。

第四节　本章小结

本研究利用沈阳市491份创新创业者的调查数据，对企业家创业认知、创业团队、创业生态以及创新行为的关系进行了实证研究。研究结果如下：在企业技术创造的整个活动中，企业家创业产业与其自身知识背景的

第七章 培育企业家精神对非核心企业创新行为影响

相关性对其创新行为产生了差异性的影响,而其共性在于创业团队的中介影响作用;专业关联型企业家的创业生态能够通过创业团队间接影响创业认知,且创业团队对创业认知有直接显著正向效应,而跨界型企业中的创业生态可通过创业团队间接影响创新行为,且创业团队对创新行为有显著影响(如图 7-4)。

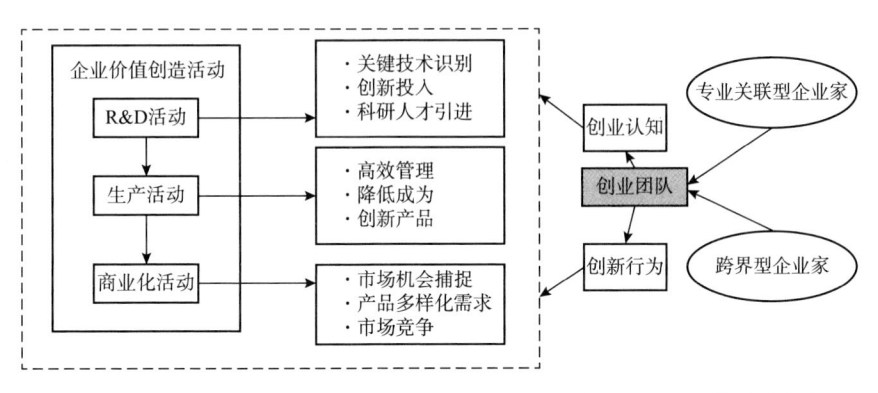

图 7-4 企业家技术关联对企业创新行为的影响机制:基于实证结果的推断

由此可见,企业家具备较高的专业背景更有利于创业认知水平的提升[1],然而近年来有为数较多的创业者选择了跨界创业并取得了成功,这主要归因于创业团队对企业家认知和创新行为的影响,本研究的实证结果也表明,跨界型企业家只要能够构建技术互补、创新活动较高的创业团队,就能够促进企业对创新活动的投入与重视。本研究证明了除企业家创业认知外,创业团队、创业生态对企业创新行为有显著影响。此外,进一步探索了企业家创业的技术关联不同情况下创业团队对创业行为、创业生态对创业认知、创业生态对创业行为三个关系的"正反"差异性影响。实证研究虽未证明创业认知与创新行为二者间有显著的正向促进作用,可能是由于样本数量以及企业类型所属行业的差异性,未来的研究可以针对地区性同一产业的创新创业企业展开大规模的研究,进一步证实创业认知对创新行为的正向促进作用。

---

[1] 郭韬、张亚会、刘洪德:《企业家背景特征对创业企业技术能力的影响——创新关注的中介作用》,《科技进步与对策》2018 年第 1 期。

第八章　创新生态系统构建的政策支撑体系

第一节　创新要素生态环境

一　创新生态系统要素

企业、政府、研究机构以及高等院校等主体间建立的合作关系,被称为21世纪创新生态系统[①]。创新已经不再是单个企业可以独立完成的任务,而是通过与其他企业的互补性协作,才能真正创造有价值的产品和服务,这种互补性组织就是企业技术创新生态系统[②]。理论界对创新生态系统的界定主要分两类:一类是基于创新过程,将创新生态系统界定为相互依赖的三大群落:研究、开发和应用;另一类是基于创新主体,认为创新生态系统是核心企业、上游组件供应商、客户和下游互补件供应商四大要素紧密协作的互补性组织网络。创新生态系统的影响因素是企业、知识部门和相互协作关系,彼此在政策的框架下相互依存、互相促进。长期稳定的组织成员结构有利于供应商进行关键组件的创新、科研单位从事基础研

[①] 钱堃、鲍晓娜、王鹏:《核心企业主导的创新生态系统创新能力开发——一个嵌入式单案例研究的发现》,《科技进步与对策》2016年第5期。

[②] Adner R., "Match your innovation strategy to your innovation ecosystem", Harvard Business Review, Vol. 84, No. 4, 2006, p. 98.

究及高效的转化,也有利于核心企业在理论上洞察业务的未来发展趋势。企业间通过技术创新生态系统,实现 R&D 基地间的密集互动,这不仅为各企业彼此快速进入对方的知识场景创造了机会,同时也大大增加了企业"知识和资源池"的价值[1]。在技术创新生态系统中,企业间相互依赖和共同进化,使得弱者能够生存。为此,政府要准确把握全球产业分工的趋势,制定正确的发展战略,通过体制创新,引导企业实施创新发展战略。企业要集中优势资源做强主业,培育和提升自身的核心竞争力和组织治理能力。对于东北地区来说,建设和优化东北地区创新创业生态系统,面临着新型创新文化匮乏、产业链、服务链、资金链无法融合等问题的挑战[2]。东北地区应该在国家供给侧结构性改革的宏观战略背景下,抓住机遇,不断完善创新生态环境,为创新主体提供良好的发展环境,促进地区经济增长。

二 技术转移和扩散的环境

新技术的产生、转移与扩散受到创新要素体系中多种因素的影响和制约。技术在省际间的转移受到市场需求、创新能力基础、科技资金筹集和相邻区域技术转移行为等主要因素的显著影响,表现出"市场导向""能力导向"与"竞争导向"等三个内在的主导决定机制,同时还受到知识产权保护等环境方面的影响[3]。知识产权对技术转移有显著影响。当知识产权保护较高时,拥有高质量产品的全球价值链链主更愿意将生产制造部分放置于成本较低的发展中国家,从而增加技术转移的可能性[4]。我国技术转移呈现良好的演化态势,但总体水平相对较低,其薄弱环节为技术中介

---

[1] Persaud A.,"Enhancing Synergistic:Innovative Capability in ultinational Corporations:An Empirical Investigation",*Journal of Product Innovation Management*,Vol. 22,No. 5,2005,pp. 412–429

[2] 孙中博:《东北地区创新创业生态系统建设的新挑战与对策》,《中国管理信息化》2017年第6期。

[3] 杨龙志、刘霞:《区域间技术转移存在"马太效应"吗?——省际技术转移的驱动机制研究》,《科学学研究》2014年第12期。

[4] 顾振华、沈瑶:《知识产权保护、技术创新与技术转移——基于全球价值链分工的视角》,《国际贸易问题》2015年第3期。

和扩散系统①。在技术扩散方面，对技术扩散产生影响的因素主要包括自身是否具备使用某种共性技术的能力、使用该技术可能产生的经济效益、政策力度、中介服务、信息交流，以及共性技术的技术优势、风险性和相容性②。开放的经济环境促使新技术能够以更快的速度引进来，并且以较快的速度在国内普及开来③。东北老工业基地的改造和振兴关系到我国经济和社会发展的进程，东北地区在技术转移的过程中要注意：①技术选择的耦合性，合理选择适当技术进行转移。②多维度的技术转移相结合，先通过垂直型技术转移引进先进技术，消化吸收之后，再以水平型技术转移在地区内进行扩散。③合理保护知识产权，做到不侵权的同时，也不让知识产权流失。

三 军民融合机制

军民融合战略思想既是实现军民结合、寓军于民的具体途径和方法，也是军民结合在更高层次、更广范围和更深程度上的发展。世界发达国家在推进国防工业军民融合方面起步较早，其基本经验和做法是，以保障国防安全为前提，以提高资源配置效率为核心，以强化相关制度建设为支撑，以贴近本国国情为基点，选择独具特色的军民融合发展模式。校、企、军、民合作推进民用技术向军工领域转移是国外军工企业发展的主要途径。美国的"军民一体化"模式通过军事部门和军工企业领域的改革，在二者之间开展交流合作，从而打通军民两用技术和资源双向转移的渠道。日本的"以民掩军"模式指日本在二战后，由于军事力量发展受到限制，依赖本国民间企业，发展国防科技工业和生产武器装备，进而构建军

---

① 汪良兵、洪进、赵定涛：《中国技术转移体系的演化状态及协同机制研究》，《科研管理》2014年第5期。
② 韩元建、陈强：《共性技术扩散的影响因素分析及对策》，《中国科技论坛》2017年第1期。
③ 别朝霞：《经济增长中的技术扩散：基于中国与韩国的比较》，《科技进步与对策》2015年第4期。

民融合型国家创新体系[1]。

当前相关研究主要从标准、政策、制度设计等方面对军民融合问题展开研究。为保证军民融合健康发展，需要调整军用标准化体系，以促进军民两用技术发展，提高社会资源配置效率[2]。在军民融合发展的过程中有利于创新驱动的制度设计，能够提高国防工业的自主创新能力，也更能促进军民深度融合发展。该制度设计的关键在于通过搭建合理有序的网络结构平台，营造良好的创新互动环境，协调国防科技工业内部资源和外部资源，来促进知识和技术高效流通，进而加速新技术的产生[3]。这种制度设计更需要重视发挥关键作用的创新链条即军方和地方、企业和高校及各科研机构间的连接互动，建立军民企业、高校和科研院所间的有效沟通机制，加快军民融合发展中创新系统的信息化建设[4]。在军民融合政策方面，推动形成全要素、多领域、高效益的军民融合深度发展格局，离不开系统完备、衔接配套、有效激励的军民融合发展政策制度体系。东北地区是全国最早建成的重工业基地和军事工业基地，工业产业门类齐全，尤其是在航空、船舶、装备制造等方面具有独特的优势，工业产业融合基础条件较好。东北地区应加大对航空、船舶、装备制造业、电子信息、新能源、新材料和元器件等战略性产业的筹划，通过多种手段推动军民融合产业发展，以此带动东北地区产业结构转型升级，形成以军带民、以民促军的良好格局。

四 创新文化环境

创新文化是能够激发和促进企业创新思想、创新行为和创新活动的产

---

[1] 林成、邓海潮：《美日两国军民融合发展模式及其对我国的启示》，《军事经济研究》2011年第5期。

[2] Christopher M., Schnaubelt, "Towards a comprehensive approach integrating civilian and military concepts of strategy", Rome: NATO Defense College, 2011, p. 90.

[3] Tatham P, Rietjens S., "Integrated disaster relief logistics: a stepping stone towards viable civil-military networks?", *Disasters January*, Vol. 1, 2016, pp. 7 – 25.

[4] Manescu, Gabriel, Kifor, ClaudiuVasile, Zerbes, Mihai., "The Design of A Collaborate Model for Defense Industry Using The Idef. Methodology", *Science & Military Journal*, Vol. 3, 2015, p. 101.

生，有利于创新实施的一种组织内在精神和外在表现的综合体，主要包括价值观念、行为准则和制度。创新文化的核心是激励探索、鼓励创新、包容个性和宽容失败[①]。创新文化不但指创新需要一个良好的文化环境，而且指文化对创新具有引导和推动作用，无论是市场创新还是技术创新，文化在其中的作用不断凸显。从区域角度来看，区域文化环境对企业与相关组织和机构的交互学习以及企业的技术创新绩效有着积极的正向影响，即区域文化环境越好，那么企业与相关组织和机构之间开展交互学习就越容易，区域内企业的技术创新绩效也越好[②]。区域内所蕴含的创新文化是区域创新发展的基础条件，它提供了什么样的创新氛围，决定区域以什么样的姿态迎接竞争和挑战，形成区域特有的竞争方式。对东北而言，良好的创新文化氛围是企业成长的温床，有利于科学发展与技术创新，更能够为东北地区中小企业快速发展，规模化发展，提供一种能够产生积极心理暗示和精神鼓励的文化环境。

五　创新政策与创新要素集聚

创新要素结构的优化和完善离不开政策的支持，好的政策可以加速创新要素结构调整进度，优化资源配置效果。很多国家或地区都制定许多创新政策，以引导和激励创新主体优化创新资源配置，提高创新绩效。在资金支持政策方面，政府资金多集中于共性技术、关键技术和重大技术的开发，重点解决国家、行业和区域经济社会发展中的重大科技问题，或者鼓励多种形式的创新资金投入。在知识产权政策方面，近年来，发达国家不断完善知识产权制度和政策。欧洲许多国家制定了包括知识产权研发创造政策、申请资助政策等在内的激励中小企业创新发展的相关政策，日本、韩国也都规定了包括知识产权费用在内的研发加计扣除政策。随着科技创

---

① 顾美玲、毕新华：《企业创新文化对 IT – 业务融合的影响机制研究——来自东北地区的实证》，《科技进步与对策》2017 年第 15 期。

② 薛捷：《文化环境对区域创新系统的作用：理论与实证研究述评》，《技术经济》2011 年第 6 期。

新体制的不断完善，东北地区各省市也相继出台了许多具体的知识产权保护的政策，如辽宁沈阳、大连出台的《新形势下加快知识产权强市建设的若干意见》，黑龙江省出台的《黑龙江省深入实施知识产权战略行动计划(2015—2020年)》等，进一步优化东北地区创新环境，提高地区自主创新积极性。

支持和促进创新要素集聚正在成为创新政策的一个重要方向。创新要素在空间上的集中、集聚和集群，是提升企业自主创新能力的基础，也是构建以企业为主体的创新体系的重要前提，需要法律法规、人才开发与培养等多种类型的政策支持[1]。美国、英国、日本等在技术、资金、人才、政策和体制等方面集聚创新要素，促进了本国经济的增长，这对东北老工业基地创新要素结构优化和集群化发展提供了一个重要的政策指向。

六 创新治理机制与模式

科技创新治理是国家治理体系在科技、创新领域的延伸，用"治理"的理念和方法对科技创新的公共事务进行管理，强调多元参与、民主协商和依法治理[2]。创新治理体系是创新要素生态网络中重要的一环。近年来，世界主要发达国家分别根据各自的政治体制、经济发展模式、科技资源禀赋及创新特点，不断推进科技宏观管理体制的改革和发展，构建自己的创新治理体系[3]。系统论和协调理论指出，创新体系是一个复杂的系统，包括科技创新、产业发展、宏观政策、市场机制等多个子系统，畅通的信息反馈是提升系统间协同发展和资源配置效率的基础，因此要从国家层面建立高级别的领导机构，并建立组织化、制度化机制，保证参与的多样性和

---

[1] 周学政：《区域创新要素集聚的理论基础及政策选择》，《科学管理研究》2013年第2期。
[2] 李建军、余伟、高国武：《提升上海科技创新治理能力对策研究》，《科学发展》2014年第72期。
[3] 杨继明、冯俊文：《从创新治理视角看我国科技宏观管理体制改革走向》，《科技进步与对策》2013年第3期。

有效的协调手段，加强和促进国家部门间、部门与区域间的互动与合作[1]。目前我国的科技创新治理的组织模式包括中央与地方政府间纵向治理、地方政府跨部门间横向科技治理、多主体间网络化科技治理三种模式。创新治理强调多元主体参与科技创新决策的重要性。

第二节　创新要素结构优化与创新主体协同

一　创新的技术组织

技术组织是不同利益相关者在权衡诸多影响因素的过程中，为实现创新资源优化配置的一种制度设计。国外该领域研究主要有三个方面内容。①关于技术组织的边界或影响因素；②关于技术组织的基本类型；③关于技术组织的其他模式。国内学者关于技术组织问题研究主要集中在企业内部，将技术组织作为研究的重点，强调部门内部的 R&D 组织设计、R&D 项目管理等。企业家、机构多样化、纵向一体化和技术合作组织形式虽然存在着时间上的继起性和相互替代性，但在不同国家和产业中仍然发挥着重要作用。当新旧技术部门基因相互独立时，分权的组织模式能够给组织带来快速发展的能力。组织间学习能力在商业网络关系嵌入、政府网络关系嵌入与技术创新绩效间起到完全中介的作用[2]。知识密集型商业服务机构与企业获取外部知识源和企业产品创新能力之间存在正相关关系，组织创新在产品创新能力与企业绩效之间起着调节作用。

技术组织经历了校企协同、产学研协同、政产学研协同、政产学研用协同、政产学研用金介协同等从两类主体到七类主体的协同演变，组织所处的创新背景分别经历了从创新资源的聚集到区域创新再到创新生态系统

---

[1] 陈套、尤超良：《我国科技创新系统的治理与创新治理体系建设》，《科学管理研究》2015 年第 4 期。

[2] 吴楠、赵嵩正、张小娣：《企业创新网络中外部知识获取对双元性创新的影响研究》，《情报理论与实践》2015 年第 5 期。

的演进。核心技术群协同创新作为一种适应复杂技术研发情境的创新组织方式，其关键在于建构一种能够实现多元主体充分互动协同的多元化、网络化的技术群整体创新模式，并通过各创新主体间的信息与知识共享来根据情境变化能动地展开合作和资源整合，实现创新活动的"云"性，从而产生系统叠加的非线性倍增效应。

总之，不论国内外学者从何种角度对技术组织进行论述研究，无一例外都强调了技术组织在技术创新中的重要地位。可以看出技术组织是实现自主创新的重要途径，适宜的技术组织形式可以增强技术创新的能力，加快自主创新的实现。然而在供给侧结构性改革驱动下，创新联盟组织由于参与主体多元化、主体异质性特征客观存在、创新联盟组织成立之后关系风险逐步突出，理清影响关系风险的变量对创新组织有效存续至关重要[1]。集群创新网络是由主体、行为和资源三个基本要素构成，具有多元互补性、开放性、动态性、学习性、植根性、协同竞争性特点。组织惯性会提升集群网络的可持续发展能力，增强集群网络的"集聚优势"，提升集群整体的网络效率。

技术组织为创新要素结构优化提供平台，从而促进创新要素的合理化配置，推动地区经济增长。东北老工业基地技术创新组织存在组织惯性，依赖于之前取得竞争力的思维模式，对周围环境变化反应迟钝，失去适应变化的能力，即具有认知惯性的概念，特别是民营企业存在管理创新方法与技术的不匹配问题[2]。东北老工业基地高校及科研院所众多，国家级重点实验室分布广泛，有足够的创新资源构建新型技术组织，解决当前技术组织面临的组织惯性问题，为促进地区经济增长提供支撑。

二 企业技术创新体系

1991 年 Freeman 在 *Research Policy* 上发表文章，最早使用了"创新体

---

[1] 於流芳、尹继东、许水平：《供给侧改革驱动下创新主体异质性与创新联盟关系风险》，《科技进步与对策》2017 年第 5 期。
[2] 姜春林、张立伟、谷丽：《组织惯性的形成及其对我国民营企业转型的影响》，《科技管理研究》2014 年第 20 期。

系"的概念，认为创新体系是应付系统性创新的一种基本制度安排，系统构架的主要联结机制是企业间的创新合作关系，进而把"企业创新视野中的系统构建模式"分为合资企业和研究公司、合作 R&D 协议、技术交流协议、由技术因素推动的直接投资、许可证协议、分包、生产分工和供应商网络、研究协会和政府资助的联合研究项目等。企业创新体系是不同创新参加者（制造业中的企业、R&D 机构和创新导向服务供应者）的协同群体。他们共同参与新产品的形成、开发、生产和销售过程，共同参与创新的开发与扩散，通过交互作用建立科学、技术、市场之间的直接和间接、互惠和灵活的关系[①]。技术创新体系是以市场为导向，以技术开发体系为载体，包括供应、生产、销售、进出口等全部经营活动各个环节在内的具有相应协调机制的完整体系。创新要素间的协同合作，推进技术创新过程不断螺旋上升，达到更高状态。在供给侧结构性改革下，更需要建立连接企业、高等院校、政府等技术创新支撑体系，促进创新技术和知识的区域扩散，使科学成果以最快的速度转化为生产力[②]，促进地区经济增长。

上述国内外关于企业科技创新体系的研究现状表明，创新网络中技术创新是企业（主体企业与相关企业）、大学、科研机构、政府、金融机构、咨询服务机构、中试基地之间建立一种稳定持久的合作关系，可以完成单个企业无法承担的技术创新，促进了技术创新的实现。这种企业创新活动是现代企业创新资源的重组和创新方式的重大变革，这一变革将深刻影响企业的创新活动。由此，东北老工业基地装备制造业技术创新支撑体系构建要遵循统筹规划、开放集成、突出特色和协同发展，以市场化手段打破各类创新组织主体之间的"外墙"，依托本地的高校、科研机构和企业研发部门，突破体制壁垒，共同构建开放型的区域创新体系。

---

① 吴贵生、李红珍、孙议珍：《技术创新网络和技术外包》，《科研管理》2000 年第 4 期。
② 樊杰、刘汉初、王亚飞、赵艳楠、陈东：《东北现象再解析和东北振兴预判研究——对影响国土空间开发保护格局变化稳定因素的初探》，《地理科学》2016 年第 10 期。

三 技术创新共同体

技术创新共同体，是一种基于联合协作、相互作用基础上的网络化组织，拥有创新成功共同目标，由网络技术要素、各种网络关系和技术网络所组成的创新支撑整体。技术创新共同体明确了创新中技术要以集合体、联合体形式运行，这种集合体、联合体形式，蕴含了创新中技术联系融合、联结成为整体，以及发挥联合创新、整体创新优势等方面的内容；只有保持技术共同体中三大要素（资源禀赋、专有功能、制度安排）同步协调发展，才能使金融创新健康有序进行。各个企业、机构拥有的创新资源具有一定的互补性，通过技术创新共同体成员间的协作，整体资源优势得以发挥，产业链和创新链配套条件得到优化，为创新成功提供了保障，有利于企业实现产品升级换代[1]。技术创新活动的特点决定了其独特的交往结构，而每一交往结构在技术创新过程中都构建了具有自身特色的交往共同体，这种交往共同体划分为实验室交往共同体、产业交往共同体、消费交往共同体三种形式。

美国创新共同体是指"知识产权与实物产权的融合，人力资本与金融资本的碰撞"，主要由科技园区、大学与学院、联邦实验室、私营研发企业等四大元素构成，强调共同体创新力量的协同以及创新体系"全流程"参与及"双向互动"。

关于东北老工业基地技术创新共同体，现有研究提出东北老工业基地制造业产业利益主体主要包括：相互关联的制造业企业、政府、产业链用户、高校及研究机构、金融机构和中介机构等，各主体之间是一种多元组合动态复杂结构，是自主创新动力产生的根源。虽然东北老工业基地科技和人才资源蕴藏巨大潜力[2]，但对创新系统主体要素分析后发现，东北老

---

[1] 温新民、左金风：《对创新网络中技术共同体的分析》，《科学学与科学技术管理》2005年第8期。

[2] 张志元、王梓宸：《推进东北老工业基地供给侧结构性改革的思考》，《改革与战略》2017年第5期。

工业基地存在高等院校创新投入冗余现象和科技中介机构相对缺失的现象，成为制约整体创新系统提升的因素。因此，认清不同创新主体所应承担的作用，有助于提高经济绩效。当前关于技术创新共同体的研究较少，主要集中在技术创新共同体的产生、技术创新共同体的效应、技术创新共同体建设等方面。如何降低机会主义行为、促进合作参与者间信息共享，提高创新的效率和成功率，推动产业结构调整，对于区域经济发展至关重要，特别是在供给侧结构性改革下，创新驱动战略须采用从被动适应到主动适应、主体适应客体到客体适应主体、从机遇主义到独步"无人区"、从局部延伸到交叉颠覆、从对称性跨越到非对称性跨越等新方法。

四 开放式创新

关于开放式创新的内涵，学者从不同的角度对其进行了探讨。Chesbrough[1]从资源视角指出其包含两方面内容，即同时利用企业外部创新资源和内外部行业化资源。企业将内外部创新资源整合到一个结构中进行技术研发，同时将内部技术通过自己的渠道带入市场，或利用外部渠道实现商业化。Lichtenthaler[2]则将开放式创新视为企业通过创新过程系统地进行内外部的知识开发（knowledge exploration）、知识保持（knowledge retention）和知识利用（knowledge exploitation）的活动。尽管国内研究已经开始关注中国国情，但总体而言，国内对开放式创新的研究还处于探索阶段。理论研究主要是对开放式创新这个概念的解释与扩展，实证研究则是引入国外研究的理论体系，使用国内数据进行检验。

国内有学者认为，开放式创新是一个将多元化信息融入企业内部、将内部信息耗散给外部的有机过程。开放式创新的实施过程是企业协调与其他组织之间在资源分配、战略文化、技术和组织等各方面的关系，保证资

---

[1] Chesbrough, H., *Open Innovation: The New Imperative for Creating and Profiting from Technolog*, Boston: Harvard Business School Press, 2003, p. 90.

[2] Lichtenthaler, U., "OpenInnovation: Past Research, Current Debates and Future Directions", *Academy of Management Perspectives*, Vol. 2, 2011, pp. 75 – 93.

源分配协同、战略文化协同、技术协同和组织协同[1]。开放式创新的驱动主体包括企业，高校、研发机构，用户、供应商，政府，中介服务机构等五个方面[2]。高校作为创新要素的主体之一，在开放式创新生态系统中显现出较强的主导性与推动性。关于开放式创新与创新生态系统的关系，相关研究发现，开放式创新范式与创新生态系统的融合发展推动了开放式创新生态系统的发展，研发生态圈和商业生态圈不同的融合表现是开放式创新生态系统运行的外在表征，而分别扮演生态系统消费者、生产者和分解者角色的核心企业是不同创新阶段开放式创新生态系统运行的驱动主体[3]。开放式创新环境有助于创新要素的区域间流动，实现创新要素在某一区域的自然集聚，从而发挥创新的集聚效应，带动区域经济增长。东北老工业基地应着力构建开放式创新环境，在制度设计、配套服务等方面重点发力，吸引区域外创新要素向本地区流动。

五 技术创新主体间协同

技术创新是同时设计创新决策主体、创新 R&D 主体、生产技术创新主体、市场创新主体、管理创新主体等活动并行的过程。企业技术创新活动的主体主要包括股东、企业家、研发人员等重要主体。技术创新主体的柔性激励，有利于创新主体协同的环境，提高创新主体间的协同度，共同实现企业技术创新能力的提高[4]。国内学者关于企业协同创新的研究多围绕与企业创新高度相关的创新要素如技术、组织、市场、文化等展开。围绕这些创新要素之间的协同来研究企业协同创新的机制与过程、协同创新的模式以及协同创新的效果。技术创新主体间协同创新是一种网络创新模

---

[1] 王文华、张卓：《开放式创新模式下外部技术与内部研发协同管理体系研究》，《科技管理研究》2017 年第 9 期。

[2] 朱斌、曾威强：《区域开放式创新驱动机理和路径探析》，《区域经济评论》2015 年第 5 期。

[3] 吕一博、蓝清、韩少杰：《开放式创新生态系统的成长基因——基于 iOS、Android 和 Symbian 的多案例研究》，《中国工业经济》2015 年第 5 期。

[4] 吴伟：《企业技术创新主体协同的系统动力学分析》，《科技进步与对策》2012 年第 1 期。

式，是在核心要素与辅助要素中的多元主体之间的协同与互动基础上形成的，发挥企业、大学、研究机构各自的能力优势，整合互补性资源，实施跨学科、跨部门、跨行业组织、跨区域的深度合作和开放创新，有利于加快不同领域、不同行业、不同区域以及创新链各环节之间的技术融合与扩散[1]。协同创新是以知识增值为核心，以政府、企业、高校、科研院所和中介服务机构为创新体系的价值创造过程。企业协同创新的影响因素与协同度之间基本呈现正相关关系，政策环境因素对多维协同程度的影响最为显著。协同创新是一项复杂的创新组织方式，其关键是形成以大学、企业、研究机构为核心要素，以政府、金融机构、中介组织、创新平台、非营利性组织等为辅助要素的多元主体协同互动的网络创新模式，各个创新主体要素要进行系统优化、合作创新。核心资源与协同创新显著正相关，核心资源通过技术、市场、管理协同创新这一"中央处理器"的动态作用推动企业成长[2]。

区域科技孵化网络多主体协同创新以地方政府为主导，整合各类孵化器和高校、中介机构、投资机构、科研机构等主体，通过建立各类公共服务平台进行信息交流、资源共享的复杂系统，包括战略协同、知识协同和组织协同等三个层次[3]。而在多主体协同创新项目则是涵盖了以政府各相关部门、政策性研究机构为代表的规划责任主体，以研究型大学和科研机构为代表的知识创新主体、以大企业为代表的技术创新主体、以中小型创新企业及应用型大学为代表的创业主体等执行责任主体，以科技服务中介组织、金融机构为代表的维护责任主体，以用户及第三方评估机构为监控责任主体等四类主体。在供给侧结构性改革条件下，要参考德国弗朗霍夫协会模式，加快知识生产型技术转移机构建设，成立全国性的应用科研机构协会或联合会，实现跨领域、跨部门、跨区域组织的协同创新，加速创

---

[1] 陈劲、阳银娟：《协同创新的理论基础与内涵》，《科学学研究》2012年第2期。
[2] 余维臻、李文杰：《核心资源、协同创新与科技型小微企业成长》，《科技进步与对策》2016年第6期。
[3] 李振华、闫娜娜、谭庆美：《多中心治理区域科技孵化网络——多主体协同创新研究》，《中国科技论坛》2016年第7期。

新成果转化和扩散①。

从上述的相关研究可以看出,关于技术创新主体间协同的相关研究主要关注技术创新主体间协同创新的效应,以及创新主体间协同的影响因素,并且多方合作协同已成为创新最有效的组织形式,政府各相关部门、产业界、科学界、金融界、中介、用户等多主体跨界协同、跨组织合作创新成为推动经济转型和可持续发展的有效手段。但从目前来看,对这种在开放创新条件下企业外向协同创新管理的相关研究还不够充分,对于开放式创新条件下企业开放式创新与封闭式创新如何协同管理的问题需要进一步展开研究。特别是在东北老工业基地,东北老工业基地集中分布着一批有全国影响力的高校和科研机构,但这些科技创新机构长期彼此间缺少实质性合作,不同行政隶属关系一直以来阻碍它们之间交流合作,虽然东北优势传统产业规模不小,但缺少行业的"产业公地",如共性的行业技术创新平台等,协同创新机制缺失,由此无法为企业创新提供有效的保障,制约东北地区竞争力提升②。

第三节 技术资源结构调整与产业结构

一 技术资源结构内部优化

基于企业层面的创新要素结构的不同配置决定了企业可持续竞争力,企业的创新要素结构要与企业创新活动相匹配。企业技术创新要素细分为思想因素、技术因素、产品因素、市场因素和组织因素,它们之间相互联系、相互配合、相互制约,主导企业技术创新的全过程。2009 年以来创新对于东北三省经济发展的支持率约 49.3%,说明创新对东北三省经济发展

---

① 盛朝迅、黄汉权:《构建支撑供给侧结构性改革的创新体系研究》,《中国软科学》2017 年第 5 期。

② 叶振宇:《东北地区经济发展态势与新一轮振兴》,《区域经济评论》2015 年第 6 期。

有着重要的推动作用①。特别是在东北的自然资源如煤炭、矿产等资源要素增加有限的情况下，更需要对传统产业进行技术升级与改造，带动东北地区经济的持续稳定发展。制造业的产能过剩与核心技术、自主创新能力滞后体现了我国供给与需求的结构失衡，特别是生活性服务业与生产性服务业需求与供给的不匹配。关于传统制造业的供给侧结构性改革能够从技术要素内部结构优化的角度有效调节技术资源分配，优化技术资源内部结构，促进技术要素市场供给和需求的均衡发展，进而促进产业整体发展和经济增长。

二 要素资源禀赋对关键技术选择的影响

每个地区、国家都有自己产业生态中的天然优势或自身的弊端。产业生态中各个组成部分都可能影响技术选择的方向。比如，产业生态中的"人文历史"。历史上，东北地区较南方地区存在资源优势，自给自足，不过长期以来，竟形成了"缺乏竞争"的思想。而这些要素禀赋决定了不能盲目选择别的地区高新技术，而忽略本身优势和劣势，要因地制宜、因时制宜地选择技术。借鉴于国外研究经验，由于大多数发展中国家政府经济发展战略的失误，没有更好根据自身要素禀赋结构发展此类要素密集型产业，造成了资源配置扭曲和经济效率低下，技术选择假说认为这是发展中国家没有能够成功地缩小与发达国家发展差距的根本原因②。我国城市的要素禀赋结构在很大程度上决定了其技术选择，进而对其现代产业的发展绩效产生显著影响，多数城市选择了偏离比较优势的现代产业发展政策，这表明经济增长的基础是发挥各地域资源禀赋上的比较优势。对于微观视角的企业而言，企业围绕发展阶段构建资源与能力，并且优先选择与自身能力类型相符的升级路径，基于企业层面的资源禀赋又可细分为财产性资

---

① 庞瑞芝、范玉、李扬：《中国科技创新支撑经济发展了吗?》，《数量经济技术经济研究》2014年第10期。

② Lin, J. Y., "Development Strategy, Viability, and Economic Convergence", *China Economic Quarterly*, Vol. 51, No. 2, 2002, pp. 277 - 308.

源、知识性资源以及外部社会资本资源等①。

三 关键技术选择与创新要素结构调整间关系

供给侧结构性改革强调在政府层面上的关键技术选择对创新要素结构以及经济发展的促进作用，特别是对东北老工业基地现行产业结构的调整，更是至关重要。由政府作为宏观层次上的技术选择，强调的是经济整体利益，此外，还需要采取积极的措施推动技术选择从微观层次向宏观层次转变，从而加速整体利益的提高。技术选择不仅能够促进关键性技术的培育，还可以为产业结构升级提供动力②。目前，东北地区经济增长的主要动力仍然是投资扩张，并且投资效率在下降，其原因主要是技术选择偏向于资本密集型，未能充分利用转轨经济中产生的剩余劳动力。东北地区的整体产业发展技术不断进步，带来资本深化和产值增加，进而导致产业不断转型升级。其中技术选择系数对行业人均产值具有正向影响，并且东北合适的技术选择有助于产业结构转型。这说明了合适的技术选择将会较大的推进产业转型升级，但是技术选择路径是自主创新还是技术引进尚需进一步关注。

四 技术之间的配套关系

当前探讨技术之间关系的研究较少，大部分研究主要关注技术与其他因素间的关系，如技术与经济增长、技术与产业集聚、技术与企业绩效等。随着科学技术的发展，技术领域之间的相互影响也在增强，虽然目前还主要集中于大类领域内部，但一些传统意义上亲缘关系较远的小类之间也展现出频繁的引用交流。近年来，随着科学技术与知识活动的日益频繁，以专利为载体的不同技术领域间的引用活动也逐渐频繁，显示出技术

---

① 毛蕴诗、林彤纯、吴东旭：《企业关键资源、权变因素与升级路径选择——以广东省宜华木业股份有限公司为例》，《经济管理》2016 年第 3 期。
② 薛继亮：《技术选择与产业结构转型升级》，《产业经济研究》2013 年第 6 期。

间的联系愈加密切，不同技术领域间互相促进与融合的趋势增强①。东北地区工业基础较好，传统装备制造业体系完备，为发展高端装备制造业打下了坚实基础。传统装备制造业与高端装备制造业能够在技术领域形成配套关系，支撑高端装备制造业快速发展。

五 创新技术连接创新要素与主体

创新技术的本质是连接创新要素与创新主体，东北地区的产业特点与中国南部等地区有显著不同，其特点在于东北地区的产业承载着国家战略产业和历史使命，在技术选择上更多的是被动性的安排，并没有根据自身的区域特点、产业特性、市场需求发展适用性技术或使能技术。东北重工业的发展对全国而言至关重要，特别是随着东北地区企业的创新认知、政府的政策认知上升的基础上，必然产生多种技术融合，进而萌发出新的产业业态，如"i5智能制造"与传统的制造业相比，是一种颠覆性的商业模式，整合了制造技术、互联网技术、物联网技术等。在技术要素结构优化的过程中需要注重技术机会识别和前沿性关键技术的预测。

---

① 杨中楷、刘倩楠、于霜：《基于专利引文网络的技术领域间关系探析》，《科研管理》2011年第5期。

第九章 结论与展望

本书通过对核心企业、非核心企业以及企业创新行为等相关理论梳理，从创新价值链视角出发，通过案例对比分析、拓展分析对非核心企业创新行为模式演化进行了系统、深入的分析。运用结构方程对非核心企业创新行为模式演化的绩效进行综合评价。本章主要是在上文理论研究、案例研究与实证研究的基础上进行概括性的总结，并在此基础上提出促进非核心企业创新发展的合理化建议，最后分析了本研究的研究局限及对未来研究方向的展望。

第一节 研究结论

非核心企业创新行为模式演化过程，是非核心企业由单一体系化能力向多元体系化能力的演变过程，在这一过程中，伴随着非核心企业创新价值链由低成熟度向高成熟度的发展与过渡。在企业体系化能力和创新价值链成熟度的演化过程中，离不开以企业家为中心的创业团队所呈现出的企业家精神对企业创新活动、知识吸收能力以及创新绩效的影响。企业家精神、知识吸收能力、外部政策市场环境及创新绩效之间有着相互关联的关系，分析以上这些潜在变量间的关系及影响机理，通过多案例的分析方法从案例实际应用角度、结合理论研究提出上述变量间的假设关系，最后通过修正后的结构方程模型分析上述潜在变量之间的关联关系。本书的研究结论主要体现在以下几个方面。

（一）以体系化能力成熟度为标准，界定了非核心企业与核心企业

基于现有理论中依据企业规模将企业区分为大中小的分类标准，依据上汽集团、长城汽车和比亚迪汽车三家国内范围内类核心企业的发展路径，运用历史视角分析其创新行为模式演化的规律及路径。通过案例对比分析和深度的拓展分析，得出创新价值链视角下非核心企业与核心企业基于创新行为的显著差异在于其体系化能力成熟度的差异，即非核心企业在创新价值链各环节的创新活动中具有较弱的体系化能力，这一能力表现为其对创新价值链中三个环节的创新行为（研发创新、技术创新、产品和市场创新）的单一性，相反，核心企业在创新价值链中具备较高的体系化能力成熟度，表现为其对创新价值链三个环节创新行为参与的多元性。因此，本书得出体系化能力成熟度可以作为创新价值链视角下界定产业集群内非核心企业与核心企业的标准。

（二）通过非核心企业创新行为模式演化特点与规律，构建了创新价值链视角下非核心企业创新行为模式演化的机理模型

通过对我国国内范围现已发展成为相核心的三家汽车企业（上汽集团、长城汽车、比亚迪汽车）的发展历程对比分析，引入创新价值链视角下的企业创新行为模式（研发创新、技术创新、产品和市场创新），归纳出三家案例企业创新价值链初始嵌入的不同创新行为模式，即上汽集团的创新价值链末端嵌入、长城汽车的创新价值链中端嵌入、比亚迪汽车的高端嵌入。虽然三家案例企业创新价值链嵌入模式存在显著差异性，但其创新价值中的技术升级路径存在着同一性，即有边缘性技术、专业性技术、核心性技术的技术能力成长路径，同时，伴随着品牌由单一产品向多元产品，甚至建立自主品牌的"技术——品牌"匹配的升级路径。此外，在案例的拓展分析中得出，三家案例企业基于创新价值链的创新行为模式演化过程呈现出了较强的差异性，即上汽集团"生产+技术+研发+品牌"的演化路径、长城汽车"技术+生产+研发+品牌"的演化路径、比亚迪汽

车"研发+技术+生产+品牌"的演化路径。上述演化过程虽各有差异，但都呈现出了多种体系化能力的叠加，其演化呈现出了由单一体系化能力向多元体系化能力升级的过程，而每一层级体系化能力成熟度遵循由低向高的演化特点。

（三）通过引入企业家精神，建立了非核心企业创新行为模式的绩效评价指标体系

非核心企业创新行为模式的演化受制于知识吸收能力、外部生态环境（市场竞争、政府政策）等诸多因素的影响，特别是企业家精神。企业家精神不仅能够直接影响企业的创新行为绩效，还能够通过影响非核心企业的知识吸收能力、知识管理、组织管理等，提升企业知识存量、降低企业创新本、促进企业知识转化效率，间接影响非核心企业创新行为绩效。企业家精神更是企业内部和外部创新生态的中介，企业家精神中的创新性、开创性以及冒险性，能够有效捕捉外在创新生态中的市场机会、技术机会，并转换成创新的产品和服务，提升非核心企业创新行为绩效，促进非核心企业创新价值链升级。

（四）基于创新价值链理论，得出非核心与核心企业创新行为模式演化差异性

基于创新价值链理论下的企业创新行为模式由高向低可分为"研发创新——技术创新——产品和市场创新"，与核心企业创新行为模式演化的"正向性"，即与创新价值链高端的"研发创新"式向"技术创新""产品和市场创新"的过程相比，非核心企业创新价值链下的创新行为模式演化具有"逆向性"的特性，即由创新价值链末端行为"技术创新"或"产品和市场创新"向创新价值链高端行为"研发创新"演化。这一逆向式创新行为模式演化特征，有利于非核心企业在核心企业的知识外溢效应影响下，迅速积累知识、技术基础，快速突破技术瓶颈，进而完成产业核心技术的突破，掌握其所在产业的核心竞争力。

第二节　研究不足及展望

本书从对现有学者研究的文献、理论模型、现实案例和实证分析等层面对非核心企业创新效应实现机制进行了深入研究，并得出了一系列结论。但因时间跨度、资料收集及笔者水平等客观条件的限制，本书的研究仍存在诸多的不足之处，期待在未来研究中进行深入分析。

首先，本书非核心企业的案例选择是基于现有国有范围内核心企业的发展历程，通过历史演进的倒推方法，归纳其创新行为模式演化的规律性及特点。本书并不是研究基于全球价值链下的大型跨国公司由小到大的创新价值链升级，从而进一步验证本书所提出的非核心企业创新价值链行为演化的规律。由于跨国公司案例在数据收集、数据可获得等因素上存在限制性，分析大型跨国企业由创新价值链中一个创新活动延伸到下一个创新活动，或是由产业集群中的非核心企业发展成为准核心、核心企业的漫长过程，很难用3—5年时间完成此项研究。因此，对大型跨国汽车企业如通用、奔驰、宝马等公司在全球价值链基础上的创新行为模式演化可以是未来本书的延伸。此外，未来的研究可以进行跨行业、跨产业的多案例比较，进一步验证本书案例分析所得出的创新价值链下非核心企业创新行为模式演化规律。

其次，本书的案例选择汽车行业中的典型代表性企业，对其进行同产业、同产品的同类型企业创新价值链下创新行为模式演化的研究，考虑到行业差异性以及非核心企业创新行为演化的多元性，特别是在新一轮的技术变迁的外部创新生态环境下，其他产业的非核心企业是否存在同样的创新行为模式演化规律？或是存在着其他跃升式、跨界式的创新行为模式演化？需要在未来的研究中对跨产业、跨行业或是跨国企业的加以深入追踪与研究，进一步拓展本书的研究结论。

最后，企业家精神对非核心企业创新价值链升级至关重要，本书通过文献研究、借鉴现有关于企业家精神的量化指标，最大可能将企业家精神这一指标进行量化，但在量表的设计上仍存在不足，未来的研究可以进一步对企业家精神这一指标进行相关量表开发。此外，由于样本数据本身的质量，其对结构方程结果会产生一定影响，未来的研究可以对辽宁省内其他地区，或其他省市的非核心企业的创新行为进行调查问卷分析，以此分析各地区、各省市非核心企业在创新行为模式上的差异性，拓展本书的实证结论。

附　　录

沈阳经济发展状况大调研（高新技术产业）调查问卷

组织机构代码：_____

企业名称：（公章）_____ 联系人：_____

联系电话：_____ 传真：_____ E-mail：_____

所在区县

1. 企业属于：

   A. 国有企业　　　　B. 集体企业　　　　C. 私营企业

   D. 港澳台商投资　　E. 外商投资　　　　F. 其他

2. 从事的技术领域是：

   A. 先进装备制造业　B. 节能环保产业　　C. 新能源产业

   D. 汽车产业　　　　E. 航空航天　　　　F. 电子信息

   G. 现代农业　　　　H. 医药制造业　　　I. 新材料产业

   J. 高技术服务业　　K. 其他

一、企业生产能力

1. 企业高技术产品产值占总产值比例

   A. 小于0%　　　　　B. 0%~0.2%　　　　C. 0.2%~0.4%

   D. 0.4%~0.6%　　　E. 0.6%以上

2. 企业与地区其他企业相比的总产值水平

A. 小于 0　　　　　　　　B. 0 ~ 5000　　　　　　　C. 5000 ~ 10000

D. 10000 ~ 15000　　　　E. 15001 以上

3. 企业与地区其他企业相比固定资产总值水平

A. 0　　　　　　　　　　B. 0 ~ 5000　　　　　　　C. 5001 ~ 10000

D. 10001 ~ 15000　　　　E. 15001 以上

4. 与地区其他企业相比的企业的总产值增长率水平

5. 与地区其他企业相比固定资产总值增长率水平

二、企业研发创新

1. 企业与地区其他企业相比研发投入经费水平

A. 小于 0　　　　　　　　B. 0 ~ 5000　　　　　　　C. 5000 ~ 10000

D. 10000 ~ 15000　　　　E. 15001 以上

2. 本企业投入到创新（或研发活动）的经费占销售收入比重

A. 1% 以下　　　　　　　B. 1.1% ~ 2%　　　　　　C. 2.1% ~ 3%

D. 3.1% ~ 4%　　　　　　E. 4.1% 以上

3. 与地区其他企业相比研发投入经费增长率水平

A. 20% 以下　　　　　　 B. 21% ~ 30%　　　　　　C. 31% ~ 40%

D. 41% ~ 50%　　　　　　E. 50% 以上

4. 在企业在 R&D（研发）部门工作的人员数

A. 0 人　　　　　　　　　B. 1 ~ 10 人　　　　　　　C. 11 ~ 20 人

D. 21 ~ 30 人　　　　　　E. 31 以上

5. 本企业科技人员占企业职工总数比例

A. 0%　　　　　　　　　 B. 0% ~ 0.05%　　　　　　C. 0.06% ~ 0.1%

D. 0.11% ~ 0.15%　　　　E. 0.16% 以上

三、企业产品创新

1. 企业产品数量水平本企业开发成果的新产品项数

A. 0 项 B. 1~5 项 C. 6~10 项
D. 11~15 项 E. 15 项以上

2. 企业优势产品数量水平

A. 0 项 B. 1~5 项 C. 6~10 项
D. 11~15 项 E. 15 项以上

3. 企业优势产品技术水平

A. 无 B. 国内先进 C. 国内领先
D. 国际先进 E. 国际领先

4. 企业新产品开发中采取方式：

A. 到技术产权交易市场购买或其他渠道 B. 委托高校
C. 委托科研院所 D. 与高校科研单位联合开发
E. 自主研发

5. 产品形成的行业以上标准：

A. 无 B. 行业 C. 地方
D. 国家 E. 国际

四、企业技术创新

1. 本企业获得专利件数

A. 0 个 B. 1~5 个 C. 6~10 个
D. 11~15 个 E. 16 个以上

2. 国内专利项水平

A. 0 个 B. 1~5 个 C. 6~10 个
D. 11~15 个 E. 16 个以上

3. 国际专利项水平

A. 0 个 B. 1~5 个 C. 6~10 个
D. 11~15 个 E. 16 个以上

4. 发明专利项水平

A. 0 个 B. 1~5 个 C. 6~10 个
D. 11~15 个 E. 16 个以上

5. 实用新型专利项水平

A. 0 个　　　　　　　　B. 1~5 个　　　　　　　　C. 6~10 个

D. 11~15 个　　　　　　E. 16 个以上

6. 外观设计专利项水平

A. 0 个　　　　　　　　B. 1~5 个　　　　　　　　C. 6~10 个

D. 11~15 个　　　　　　E. 16 个以上

7. 软件著作权、集成电路布图设计等其他项水平

A. 0 个　　　　　　　　B. 1~5 个　　　　　　　　C. 6~10 个

D. 11~15 个　　　　　　E. 16 个以上

五、市场创新

1. 企业成立之初，与地区其他企业相比销售收入水平

A. 0　　　　　　　　　 B. 1~10000　　　　　　　C. 10001~20000

D. 20001~30000　　　　 E. 30001 以上

2. 企业与地区其他企业相比销售收入水平

A. 0　　　　　　　　　 B. 1~10000　　　　　　　C. 10001~20000

D. 20001~30000　　　　 E. 30001 以上

3. 与地区其他企业相比销售收入增长率水平

六、企业创新产出

1. 企业成立之初，与地区其他企业相比企业的毛利率水平

A. 小于 0%　　　　　　 B. 0%~0.05%　　　　　　C. 0.05%~0.1%

D. 0.1%~0.15%　　　　　E. 0.15% 以上

2. 企业与地区其他企业相比企业的毛利率水平

A. 小于 0%　　　　　　 B. 0%~0.05%　　　　　　C. 0.05%~0.1%

D. 0.1%~0.15%　　　　　E. 0.15% 以上

3. 与地区其他企业相比企业的毛利率增长率水平

七、企业创新风险

1. 企业成立之初,与地区其他企业相比企业的资料负债率水平

   A. 小于0   B. 0%~0.1%   C. 0.1%~0.2%

   D. 0.2%~0.3   E. 0.3%以上

2. 企业与地区其他企业相比企业的资料负债率水平

   A. 小于0   B. 0%~0.1%   C. 0.1%~0.2%

   D. 0.2%~0.3   E. 0.3%以上

3. 与地区其他企业相比企业的资料负债率增长率水平

八、政府政策及市场环境

1. 企业在经营过程中遇到的缺乏好项目、资金、技术支持、政策扶持、市场需求等问题。

   A. 仅1项   B. 2项   C. 3项

   D. 4项   E. 5项

2. 贵单位在自主创新中地区人才、政策、环境等影响,如:

   ①优秀人才难求,人才不稳定

   ②成果转化不畅,缺少从高校、院所了解相关技术信息的渠道

   ③创业环境欠佳,如优惠政策落实不及时、市场不够规范

   ④行业进入门槛高,投入大

   ⑤对政府相关政策和获取支持方式不够了解

   A. 仅1项   B. 2项   C. 3项

   D. 4项   E. 5项

3. 企业在自主创新过程中享受的税收等政府政策

   A. 仅1项   B. 2项   C. 3项

   D. 4项   E. 5项及以下

4. 贵单位在自主创新发展过程中需要得到哪些服务:

   ①高新技术企业认定

   ②各级科技创新专项资金申报

③提供各类资金服务（投资、融资、贷款担保、技术入股、股权转让等）

④提供政策支持服务

⑤提供各类科技信息

⑥推荐合适的技术成果

⑦解决各类技术难题

⑧组织上下游产业联盟促进交流（企业家交流、各类产品、技术交流等）

⑨组织各类专题活动（政策解读、知识产权保护等各类专题讲座）

⑩提供生产、试验场地或设备及孵化基地等科技服务平台

⑪其他

A. 仅 1 项　　　　　B. 2 项　　　　　C. 3 项

D. 4 项　　　　　　E. 5 项及以下

6. 经营过程中所面临的问题是：

①缺少好项目

②缺乏资金

③缺少实施项目的技术支持

④缺少政府相关政策的扶持

⑤市场需求不旺

A. 仅 1 项　　　　　B. 2 项　　　　　C. 3 项

D. 4 项　　　　　　E. 5 项及以下

7. 贵单位在自主创新技术产业化问题上提出意见或建议（可附页返回）。

沈阳高新技术产业发展状况调查问卷填写说明

先生/女士：

您好！依据《沈阳经济发展状况大调研工作方案》（沈委办发［2015］2号）文件的要求，为了解沈阳高新技术产业发展情况，进一步优化我市企业科技创新环境，我们进行此次问卷调查。现对表格填写做如下说明：

1. 数据保密。本次调查数据仅用于对沈阳高新技术产业发展调研报告使用，不针对企业和个人。

2. 实事求是。填写人员应如实反映情况，如没有的数据可以用"无"或者"/"代替。

3. 除第"3 基本经济数据"，其他问题答案都对应序号，按照"①②③"的标识填写在问卷右侧答题框内，如有多个选项符合企业情况，答案可以多选。

4. 数据时间节点。除明确要求时间的数据，其他数据都填写2014年数据。

谢谢您的配合！

沈阳高新技术产业发展状况调研组

2015年1月26日

参考文献

中文著作：

侯杰泰、温忠鳞、成子娟：《结构方程模型及其应用》，教育科学出版社 2004 年版。

吴明隆：《结构方程模型：AMOS 的操作与应用（第 2 版）》，重庆大学出版社 2010 年版。

许庆瑞：《全面创新管理理论与实践》，科学出版社 2007 年版。

赵会霞：《企业知识管理对企业创新的影响研究》，博士学位论文，西安电子科技大学，2009。

中文论文：

毕克新、黄平、李婉红：《产品创新与工艺创新知识流耦合影响因素研究——基于制造业企业的实证分析》，《科研管理》2012 年第 8 期。

别朝霞：《经济增长中的技术扩散：基于中国与韩国的比较》，《科技进步与对策》2015 年第 4 期。

曹素璋、高阳、张红宇：《企业技术能力与技术创新模式选择：一个梯度演化模型》，《科技进步与对策》2009 年第 1 期。

陈浩：《人力资本对经济增长影响的结构分析》，《数量经济技术经济研究》2007 年第 8 期。

陈劲、黄衡:《回溯创新: 一类新的创新模式》,《科技进步与对策》2011年第8期。

陈劲、阳银娟:《协同创新的理论基础与内涵》,《科学学研究》2012年第2期。

陈娟、邢建国:《基于新企业成长的商业模式与创业机会匹配——多案例纵向研究》,《科技进步与对策》2018年第21期。

陈套、尤超良:《我国科技创新系统的治理与创新治理体系建设》,《科学管理研究》2015年第4期。

陈岩、蒋亦伟、王锐:《产品多元化战略、企业资源异质性与国际化绩效: 对中国2008—2011年制造业上市公司的经验检验》,《管理评论》2014年第12期。

陈岩、蒋亦伟、王锐:《产品多元化战略、企业资源异质性与国际化绩效: 对中国2008—2011年制造业上市公司的经验检验》,《管理评论》2014年第12期。

池仁勇:《区域中小企业创新网络的结点联结及其效率评价研究》,《管理世界》2007年第1期。

党兴华、王方:《核心企业知识权利运用对技术创新网络关系治理行为的影响——基于管理能力角度的实证研究》,《科学学与科学技术管理》2012年第12期。

邓学芬、黄功勋、张学英、周继春:《企业人力资本与企业绩效关系的实证研究——以高新技术企业为例》,《宏观经济研究》2012年第1期。

董理、莫琦:《需求导向下的区域创新价值链的构建及其机制分析》,《特区经济》2010年第6期。

杜欣、邵云飞:《集群核心企业与配套企业的协同创新博弈分析及收益分配调整》,《中国管理科学》2013年第S2期。

樊杰、刘汉初、王亚飞、赵艳楠、陈东:《东北现象再解析和东北振兴预判研究—对影响国土空间开发保护格局变化稳定因素的初探》,《地理科学》2016 年第 10 期。

樊路青、刘雯雯：《"二元论"视角下的技术获取战略与吸收能力——基于中国经验的实证研究》，《科学学研究》2014 年第 2 期。

范兆斌、苏晓艳：《全球研发网络、吸收能力与创新价值链动态升级》，《经济管理》2008 年第 11 期。

冯炳英：《企业要重视产业链整合》，《经济论坛》2004 年第 8 期。

冯志军、陈伟：《中国高技术产业研发创新效率研究——基于资源约束型两阶段 DEA 模型的新视角》，《系统工程理论与实践》2014 年第 5 期。

冯忠垒、陈圻：《事前被许可企业自主创新投资决策研究——基于技术基础和资金机会成本的分析》，《科技进步与对策》2010 年第 2 期。

高辉、邹国庆：《制度理论与高阶理论整合视角下创业制度环境如何影响企业创新绩效》《科技进步与对策》2018 年第 2 期。

顾美玲、毕新华：《企业创新文化对 IT - 业务融合的影响机制研究——来自东北地区的实证》，《科技进步与对策》2017 年第 15 期。

顾振华、沈瑶：《知识产权保护、技术创新与技术转移——基于全球价值链分工的视角》，《国际贸易问题》2015 年第 3 期。

郭韬、张亚会、刘洪德：《企业家背景特征对创业企业技术能力的影响——创新关注的中介作用》，《科技进步与对策》2018 年第 1 期。

韩元建、陈强：《共性技术扩散的影响因素分析及对策》，《中国科技论坛》2017 年第 1 期。

何郁冰：《技术多元化促进企业绩效的机理研究》，《科研管理》2011 年第 4 期。

胡吉明：《创新型国家的信息服务体制与信息保障体系构建——基于创新价值链的信息服务转型》，《图书情报工作》2010 年第 3 期。

胡青、王胜男、张兴伟、程斌、孙宏伟：《工作中的主动性行为的回顾与展望》，《心理科学进展》2011 年第 19 期。

黄钢、徐玖平、李颖：《科技价值链及创新主体链接模式》，《中国软科学》2006 年第 6 期。

黄钢：《农业企业科技价值链创新管理研究》，博士学位论文，四川大学，2006年。

江诗松、龚丽敏、魏江：《转型经济中后发企业的创新能力追赶路径：国有企业和民营企业的双城故事》，《管理世界》2011年第12期。

姜春林、张立伟、谷丽：《组织惯性的形成及其对我国民营企业转型的影响》，《科技管理研究》2014年第20期。

蒋春燕、赵曙明：《社会资本和公司企业家精神与绩效的关系：组织学习的中介作用——江苏与广东新兴企业的实证研究》，《管理世界》2006年第10期。

蒋军锋：《创新网络与核心企业共生演变研究进展》，《研究与发展管理》2010年第5期。

蒋石梅、吕平、陈劲：《企业创新生态系统研究综述——基于核心企业的视角》，《技术经济》2015年第7期。

李柏洲、周森：《科研院所创新行为与区域创新绩效间关系研究》，《科学学与科学技术管理》2015年第1期。

李柏洲、周森：《科研院所创新行为与区域创新绩效间关系研究》，《科学学与科学技术管理》2015年第1期。

李建军、余伟、高国武：《提升上海科技创新治理能力对策研究》，《科学发展》2014年第72期。

李捷、霍国庆：《我国战略性新兴产业技术创新模式初探》，《科技管理研究》2017年第10期。

李四海、陈旋：《企业家专业背景与研发投入及其绩效研究——来自中国高新技术上市公司的经验证据》，《科学学研究》2014年第10期。

李翔、陈继祥、张春辉：《动态能力影响创新模式选择的机理研究：市场导向与企业家导向的中介作用》，《中国科技论坛》2013年第5期。

李贞、杨洪涛：《吸收能力、关系学习及知识整合对企业创新绩效的影响研究——来自科技型中小企业的实证研究》，《科研管理》2012年第1期。

李振华、闫娜娜、谭庆美：《多中心治理区域科技孵化网络——多主体协同创新研究》，《中国科技论坛》2016 年第 7 期。

梁运文、谭力文：《商业生态系统价值结构、企业角色与战略选择》，《南开管理评论》2005 年第 1 期。

林成、邓海潮：《美日两国军民融合发展模式及其对我国的启示》，《军事经济研究》2011 年第 5 期。

林润辉、谢宗晓、王兴起、魏军：《制度压力、信息安全合法化与组织绩效——基于中国企业的实证研究》，《管理世界》2016 年第 2 期。

林毅夫：《自生能力、经济转型与新古典经济学的反思》，《经济研究》2002 年第 12 期。

刘方龙、吴能全：《"就业难"背景下的企业人力资本影响机制——基于人力资本红利的多案例研究》，《管理世界》2013 年第 12 期。

刘凤朝、姜滨滨：《联盟网络核心节点形成及其影响因素研究》，《管理学报》2013 年第 5 期。

刘家树、菅利荣：《知识来源、知识产出与科技成果转化绩效——基于创新价值链的视角》，《科学学与科学技术管理》2011 年第 6 期。

刘锦英：《核心企业自主创新网络演化机理研究——以鸽瑞公司"冷轧钢带"自主创新为例》，《管理评论》2014 年第 2 期。

刘晓燕、阮平南、李非凡：《基于关键成功因素的技术创新网络动态伙伴选择模型》，《软科学》2014 年第 7 期。

刘志彪：《基于内需的经济全球化：中国分享第二波全球化红利的战略选择》，《南京大学学报（哲学·人文科学·社会科学版）》2012 年第 2 期。

刘志阳、李斌、陈和午：《企业家精神视角下的社会创业研究》，《管理世界》2018 年第 11 期。

柳卸林、何郁冰：《基础研究是中国产业核心技术创新的源泉》，《中国软科学》2011 年第 4 期。

路风、慕玲：《本土创新、能力发展和竞争优势——中国激光视盘播放机工业的发展及其对政府作用的政策含义》，《管理世界》2003 年第 12 期。

路风、慕玲：《本土创新、能力发展和竞争优势——中国激光视盘播放机工业的发展及其对政府作用的政策含义》，《管理世界》2003 年第 12 期。

罗天翼、樊一阳：《中小企业技术创新模式选择：基于博弈思想》，《企业技术开发》2014 年第 31 期。

吕一博、蓝清、韩少杰：《开放式创新生态系统的成长基因——基于 iOS、Android 和 Symbian 的多案例研究》，《中国工业经济》2015 年第 5 期。

毛蕴诗、林彤纯、吴东旭：《企业关键资源、权变因素与升级路径选择——以广东省宜华木业股份有限公司为例》，《经济管理》2016 年第 3 期。

孟东晖、李显君、徐可：《技术吸收能力差异：中国汽车企业实证研究》，《科技进步与对策》2014 年第 19 期。

牛建涛、慕静：《基于复杂适应系统理论的物流企业科技创新行为模式研究》，《科技管理研究》2010 年第 2 期。

潘松挺、蔡宁．网络关系强度与组织学习：环境动态性的调节作用》，《科学决策》2010 年第 4 期。

潘松挺、蔡宁：《企业创新网络中关系强度的测量研究》，《中国软科学》2010 年第 5 期。

庞瑞芝、范玉、李扬：《中国科技创新支撑经济发展了吗？》，《数量经济技术经济研究》2014 年第 10 期。

蒲冰：《市场营销创新和风险管理在新时期中小企业的实施》，《宏观经济管理》2017 年第 S1 期。

钱堃、鲍晓娜、王鹏：《核心企业主导的创新生态系统创新能力开发——一个嵌入式单案例研究的发现》，《科技进步与对策》2016 年第 5 期。

全裕吉、陈益云：从非核心技术创新到核心技术创新：中小企业创新的一种战略》，《科学管理研究》2003年第3期。

任志成：《战略性新兴产业创新价值链锻造方向选择研究》，《南京社会科学》2013年第6期。

沈玉良、庞文瑾：《汽车工业国产化政策研究》，《上海汽车》2001年第11期。

盛朝迅、黄汉权：《构建支撑供给侧结构性改革的创新体系研究》，《中国软科学》2017年第5期。

斯晓夫、王颂、傅颖：《创业机会从何而来：发现，构建还是发现+构建？——创业机会的理论前沿研究》，《管理世界》2016年第3期。

宋正刚、张玉利、何良兴：《高质量创业：如何提高创业活动创新性？——对两家"科技小巨人"企业的跨案例研究》，《科技进步与对策》2018年第12期。

苏屹、李柏洲、喻登科：《区域创新系统知识存量的测度与公平性研究》，《中国软科学》2012年第5期。

孙冰、周大铭：基于核心企业视角的企业技术创新生态系统构建》，《商业经济与管理》2011年第11期。

孙中博：《东北地区创新创业生态系统建设的新挑战与对策》，《中国管理信息化》2017年第6期。

田冠军：《价值链管理理论和运用：戴尔模式分析》，《中国管理信息化》2009年第13期。

汪良兵、洪进、赵定涛：《中国技术转移体系的演化状态及协同机制研究》，《科研管理》2014年第5期。

王保林：《发展中国家汽车产业发展的一种模式》，《中国软科学》2008年第4期。

王雷：《外资嵌入影响集群企业创新能力的实证研究》，《科学学与科学技术管理》2012年第9期。

王雷：《外资嵌入影响集群企业创新能力的实证研究》，《科学学与科学技术管理》2012 年第 33 期。

王双龙、马璇:《团队创新行为与标准化工作实践对团队绩效的影响机制研究》,《中国科技论坛》2015 年第 1 期。

王遂昆、郝继伟:《政府补贴、税收与企业研发创新绩效关系研究——基于深圳中小板上市企业的经验证据》,《科技进步与对策》2014 年第 9 期。

王伟光、白雪飞、侯军利:《国有企业创新发展对东北地区经济增长的影响》,《中国科技论坛》2016 年第 11 期。

王伟光、冯荣凯、尹博:《产业创新网络中核心企业控制力能够促进知识溢出吗?》,《管理世界》2015 年第 6 期。

王伟光、侯军利:《资源—市场双重约束下的节俭创新行为:机理与案例》,《技术经济》2016 年第 8 期。

王文华、张卓:《开放式创新模式下外部技术与内部研发协同管理体系研究》,《科技管理研究》2017 年第 9 期。

王新新:《战略性新兴产业的理论研究及路径选择》,《科技进步与对策》2012 年第 8 期。

王尧:《基于创新价值链的产学研合作模式研究》,《生产力研究》2012 年第 10 期。

王永健、谢卫红、王田绘、成明慧:《强弱关系与突破式创新关系研究——吸收能力的中介作用和环境动态性的调节效应》,《管理评论》2016 年第 10 期。

王玉冬、贾璐璐:《创新资金筹集影响因素研究综述》,《财会月刊》2015 年第 36 期。

魏江、向永胜:《文化嵌入与集群发展的共演机制研究》,《自然辩证法研究》2012 年第 3 期。

魏江、徐蕾:知识网络双重嵌入、知识整合与集群企业创新能力》,《管理科学学报》2014 年第 2 期。

温新民、左金风:《对创新网络中技术共同体的分析》,《科学学与科学技术管理》2005年第8期。

吴贵生、李红珍、孙议珍:《技术创新网络和技术外包》,《科研管理》2000年第4期。

吴楠、赵嵩正、张小娣:《企业创新网络中外部知识获取对双元性创新的影响研究》,《情报理论与实践》2015年第5期。

吴伟:《企业技术创新主体协同的系统动力学分析》,《科技进步与对策》2012年第1期。

项国鹏、宁鹏、罗兴武:《创业生态系统研究述评及动态模型构建》,《科学学与科学技术管理》2016年第2期。

项后军、潘锡泉:《产业集群、技术差距的双重影响与核心企业成长》,《研究与发展管理》2011年第5期。

项后军、裘斌斌、周宇:《核心企业视角下不同集群演化过程的比较研究》,《科学学研究》2015年第2期。

项后军:《产业集群中竞—合关系的演化与核心企业创新》,《科学学与科学技术管理》2011年第2期。

谢光亚、李晓光:《中国太阳能光伏产业的国际竞争力研究》,《对外经贸实务》2012年第2期。

邢红萍、卫平:《中国战略性新兴产业企业技术创新行为模式研究——基于全国七省市企业调查问卷》,《经济学家》2014年第4期。

徐亮、龙勇、张宗益、黎浩:《信任对联盟治理模式的影响:基于中国四联的案例分析》,《管理评论》2009年第7期。

徐娜娜、徐雨森:《基于全球利基市场的后发企业逆向创新机理》,《技术经济》2015年第6期。

徐雨森、逯垚迪、徐娜娜:《快变市场环境下基于机会窗口的创新追赶研究——HTC公司案例分析》,《科学学研究》2014年第6期。

徐雨森、徐娜娜:《后发企业"逆向创新"成功因素研究——以海尔"小小神童"系列产品创新为例》,《管理案例研究与评论》2013年第2期。

许晖、许守任、王睿智：《嵌入全球价值链的企业国际化转型及创新路径——基于六家外贸企业的跨案例研究》，《科学学研究》2014年第1期。

许强、应翔君：《核心企业主导下传统产业集群和高技术产业集群协同创新网络比较——基于多案例研究》，《软科学》2012年第6期。

许庆瑞、朱凌、王方瑞：《从研发营销的整合到技术创新：市场创新的协同》，《科研管理》2006年第2期。

宣烨、孔群喜、李思慧：《加工配套企业升级模式及行动特征——基于企业动态能力的分析视角》，《管理世界》2011年第8期。

薛继亮：《技术选择与产业结构转型升级》，《产业经济研究》2013年第6期。

薛捷：《文化环境对区域创新系统的作用：理论与实证研究述评》，《技术经济》2011年第6期。

严炜炜：《基于知识创新价值链的跨系统协同共享博弈分析》，《图书馆论坛》2013年第1期。

杨继明、冯俊文：《从创新治理视角看我国科技宏观管理体制改革走向》，《科技进步与对策》2013年第3期。

杨龙志、刘霞：《区域间技术转移存在"马太效应"吗？——省际技术转移的驱动机制研究》，《科学学研究》2014年第12期。

杨中楷、刘倩楠、于霜：《基于专利引文网络的技术领域间关系探析》，《科研管理》2011年第5期。

叶振宇：《东北地区经济发展态势与新一轮振兴》，《区域经济评论》2015年第6期。

於流芳、尹继东、许水平：《供给侧改革驱动下创新主体异质性与创新联盟关系风险》，《科技进步与对策》2017年第5期。

余菁：《案例研究与案例研究方法》，《经济管理》2004年第20期。

余维臻、李文杰：《核心资源、协同创新与科技型小微企业成长》，《科技进步与对策》2016年第6期。

余泳泽、刘大勇：《创新价值链视角下的我国区域创新效率提升路径研究》，《科研管理》2014年第5期。

余泳泽、刘大勇：《我国区域创新效率的空间外溢效应与价值链外溢效应——创新价值链视角下的多维空间面板模型研究》，《管理世界》2013年第7期。

俞仁智、何洁芳：《刘志迎．基于组织层面的公司企业家精神与新产品创新绩效——环境不确定性的调节效应》，《管理评论》2015年第9期。

岳鹄、朱怀念：《核心企业与配套企业协同创新的演化博弈仿真分析》，《工业工程》2015年第3期。

张爱丽：《潜在企业家创业机会开发影响因素的实证研究——对计划行为理论的扩展》，《科学学研究》2010年第9期。

张怀民、汤萱、王卉珏：《企业核心竞争力——技术创新和技术创新价值链》，《科技管理研究》2002年第6期。

张慧颖、吴红翠：《基于创新过程的区域创新系统协调发展的比较研究——兼析天津市区域创新复合系统协调性》，《情报杂志》2011年第8期。

张克一、唐小飞、鲁平俊、王春国：《基于C2C与B2C虚拟品牌社区的企业知识创新比较研究》，《科研管理》2016年第12期。

张敏：《任务紧迫性下个体情感网络特征、情绪劳动及创新行为的关系研究》，《中国科技论坛》2013年第8期。

张默、任声策：《创业者如何从事件中塑造创业能力？——基于事件系统理论的连续创业案例研究》，《管理世界》2018年第11期。

张学和、宋伟、方世建：《成就动机理论视角下的知识型员工个体创新绩效实证研究——基于部分科技型组织的调查数据分析》，《科学学与科学技术管理》2013年第34期。

张振刚、李云健、李娟娟：《心理资本、创新氛围感知与创新行为关系研究》，《中国科技论坛》2015年第2期。

张志元、王梓宸：《推进东北老工业基地供给侧结构性改革的思考》，

《改革与战略》2017年第5期。

赵斌、栾虹、李新建、毕小青、魏津瑜：《科技人员主动创新行为：概念界定与量表开发》，《科学学研究》2014年第1期。

赵凤、王铁男、王宇：《开放式创新中的外部技术获取与产品多元化：动态能力的调节作用研究》，《管理评论》2016年第6期。

赵富强：《基于PLS路径模型的顾客满意度测评研究》，博士学位论文，天津大学，2010年。

赵红梅、王宏起、徐建中：R&D联盟网络位置对高新技术企业竞争优势影响研究》，《华东经济管理》2013年第11期。

赵文红、梁巧转：《技术获取方式与企业绩效的关系研究》，《科学学研究》2010年第5期。

郑晓奋、李少付：《安徽制造业技术创新能力评价》，《财贸研究》2010年第3期。

支剑峰、和炳全：《基于六因素模型的主动创新系统研究》，《科学管理研究》2007年第25期。

周表、王乃有、马香媛：《产业技术创新战略联盟冲突类型与影响因素的关联分析》，《科学学研究》2014年第3期。

周学政：《区域创新要素集聚的理论基础及政策选择》，《科学管理研究》2013年第2期。

朱斌、曾威强：《区域开放式创新驱动机理和路径探析》，《区域经济评论》2015年第5期。

朱江：《我国上市公司的多元化战略和经营业绩》，《经济研究》1999年第11期。

《中共中央国务院关于营造企业家健康成长环境弘扬优秀企业家精神，更好发挥企业家作用的意见（2017年9月8日）》

中译著作：

[美] 鲍莫尔：《企业家精神》，武汉大学出版社2010年版。

[美] 罗伯特·K. 殷：《案例研究：设计与方法（第3版）》，重庆大学出版社2004年版。

[美] 约瑟夫·熊彼特：《经济发展理论》，商务印书馆2001年版。

外文著作：

Adams, G., & Schvaneveldt, J., *Understanding Research Methods*, NY: Longman, 1985.

Audretsch, D., and Thurik, R., *Linking Entrepreneurship to Growt*, Paris: OECD Publishing, 2001.

Chesbrough H. W., *Open Innovation: The New Imperative for Creating and Profiting from Technology*, Boston: Harvard Business School Press, 2003.

Chesbrough, H., *Open Innovation: Researching a New Paradigm*, New York: Oxford University Press, 2006.

Chesbrough, H., *Open Innovation: The New Imperative for Creating and Profiting from Technolog*, Boston: Harvard Business School Press, 2003.

Christopher M., Schnaubelt, *Towards a comprehensive approach integrating civilian and military concepts of strategy*, Rome: NATO Defense College Press, 2011.

Fai, F. M., *Corporate technological competence and the evolution of technological diversification*, Cheltenham: Edward Elgar Press, 2003.

Freeman, C., *Technology Policy and Economic Performance: Lessons from Japan*, London: Printer, 1987.

Griliches Z., *R&D and the Productivity*, Chicago: University of Chicago Press, 1998.

Hussey, J. and Hussey, R., *Business Research: A Practical Guide for Undergraduate and Postgraate Students*, London: Macmillan Press, 1997.

Iansiti M., Levien R., *The keystone advantage: What the new dynamics of business ecosystems mean for strategy, innovation, and sustainability*, Harvard

Business School Press, 2004.

Kline, S. J. & Rosenberg, N., *An Overview of Innovation: The Positive Sum Strategy*, Washington: National Academy Press, 1986.

Perez, C. and L. Soete, *Catching up in Technology: Entry Barriers and Windows of Opportunity*, New York: Pinter Publishers, 1988.

Roper, S., Du, J., Love, J. H., "Knowledge sourcing and innovation", Aston Business School Research Paper 0605, Birmingham, 2006.

Schumpeter J. A., *The theory of economic development: An inquiry into profits, capital, credit, interest, and the business cycle*, Boston: Harvard University Press, 1934.

Kirzner, I., *Perception, Opportunity, and Profit*, Chicago: University of Chicago Press, 1979.

Shane, S., *A General Theory of Entrepreneurship, the Individual-Opportunity Nexus*》, UK: Edward Elgar Press, 2003.

外文论文：

Abdulrahman Kassem, Kamal Al-Haddad, Dragan Komljenovic, Andrea Schiffauerova, "A value tree for identification of evaluation criteria for solar thermal power technologies in developing countries", *Sustainable Energy Technologies and Assessments*, Vol. 8, 2016.

Adner R., Kapoor R., "Value creation in innovation ecosystems: how the structure of technological interdependence affects firm performance in new technology generations", *Strateg. Manag. J.*, Vol. 313, 2010.

Adner R., "Match your innovation strategy to your innovation ecosystem", *Harv. Bus. Rev.*, Vol. 844, 2006.

Adner R., "Match your innovation strategy to your innovation ecosystem", *Harvard Business Review*, Vol. 84, No. 4, 2006.

Adner R., *The wide lens: A new strategy for innovation.* Portfolio/Penguin,

New York, 2012.

Adner Ron, Kapoor Rahul. , "Value creation in innovation ecosystems: How the structure of technological interdependence affects firm performance in new technology generations", *Strategic Management Journal*, Vol. 31, 2010.

Agarwal, R. and M. Gort. , "First Mover Advantage and the Speed of Competitive Entry: 1887–1986", *Journal of Law and Economics*, Vol. 41, 2001.

AlexCoad, Agustí Segarra, Mercedes Teruel, "Innovation and firm growth: Does firm age play a role?", *Research Policy*, Vol. 45, 2016.

Alvarez, S. A. , Young, S. L. , Woolley, J. L. , "Opportunities and Institutions: A Co-creation Story of the King Crab Industry", *Journal of Business Venturing*, Vol. 30, No. 1, 2015.

Anderson, J. C. & Gerbing, D. W. , "Structural equation modeling in practice: A review and recommends two-step approach", *Psychological Bulletin*, Vol. 103, No. 3, 1988.

April, L. W. , Zammuto, R. F. , "Creating opportunities for institutional entrepreneurship: The Colonel and the Cup in English County Cricket", *Journal of Business Venturing*, Vol. 28, 2013.

Ardichvili, A. Cardozob, R. , Ray, S. , "A theory of entrepreneurial opportunity identification and development", *Journal of Business Venturing*, Vol. 18, No. 1, 2000.

Arocena, R. , Goransson, B. , and Sutz, J. , "Knowledge policies and universities in developing countries: Inclusive development and the "developmental university", *Technology in Society*, Vol. 41, 2015.

Arow, Kenneth J. , "The Economic Implications of Learning by Doing", *The Review of Economic Studies*, Vol. 29, No. 3, 1962.

Bagozzi, R. P. & Yi, Y. , "On the evaluation of structure equations models", *Academic of Marketing Science*, Vol. 16, No. 1, 1988.

Barney J. B. , "Firm resources and sustainable competitive advantage",

Journal of Management, Vol. 17, 1991.

Barney J. B., "Firm resources and sustainable competitive advantage", *Journal of Management*, Vol. 17, 1991.

Baron, R. and Ward, T. B., "Expanding Entrepreneurial Cognition's Toolbox: Potential Contributions from the Field of Cognitive Science", *Entrepreneurship Theory and Practice*, Vol. 28, 2004.

Becker G. S., "*Human Capital: A Theoretical and Empirical Analysis, with Special Reference to Education, by Gary S. Becker*", London, 1964.

Bianconi G., Barabasi A L., "Competition and multiscaling in evolving networks", *Europhysics letters*, Vol. 54, No. 4, 2001.

Boonstra J. J., Vink M. J., "Technological and organizational innovation: A dilemma of fundamental change and participation", *European Journal of Work and Organizational Psychology*, Vol. 5, No. 3, 1996.

Bourletidis, D., "The strategic model of innovation clusters: Implementation of blue ocean strategy in a typical Greek region", *Procedia-Social and Behavioral Sciences*, Vol. 148, 2014.

Buket Akdol, F., Sebnem Arikboga, "The Effects of Leader Behavior on Job Satisfaction: A Research on Technology Fast 50 Turkey Companies", *Procedia Social and Behavioral Sciences*, Vol. 7, 2015.

Buket Akdol, F. Sebnem Arikboga, "The Effects of Leader Behavior on Job Satisfaction: A Research on Technology Fast 50 Turkey Companies", *Procedia Social and Behavioral Sciences*, Vol. 7, 2015.

Busenitz Lw, Chandler G., Nelson T., "Entrepreneurship Research in Emergence: Past Trends and Future Directions", *Journal of Management*, Vol. 29, No. 3, 2003.

Busenitz, L. and Barney, J. B., "Differences between Entrepreneurs and Managers in Large Organizations: Biases and Heuristics in Strategic Decision-making", *Journal of Business Venturing*, Vol. 123, No. 1, 1997.

参考文献

Busenitz, L. W. and Lau, C., "A Cross-cultural Cognitive Model of New Venture Creation", *Entrepreneurship Theory and Practice*, Vol. 20, 1996.

Busenitz, L. W., "Research on entrepreneurial alertness," *Journal of Small Business Management* Vol. 4, No. 4, 1996.

Camisón C, Villar-López A., "Organizational innovation as an enabler of technological innovation capabilities and firm performance", *Journal of Business Research*, Vol. 67, No. 1, 2014.

Cantwell, J. Santangelo, G. D., "The Boundaries of Firms in the New Economy: M&A as a Strategic Tool toward Corporate Technological Diversification", *Structural Change and Economic Dynamics*, Vol. 17, No. 2, 2006.

Cantwell, J. Santangelo, G. D., "The Boundaries of Firms in the New Economy: M&A as a Strategic Tool toward Corporate Technological Diversification", *Structural Change and Economic Dynamics*, Vol. 17, No. 2, 2006.

Casanueva Cristobal, Castro Ignacio, J. L. Galan, "Informational networks and innovation in mature industrial clusters", *Journal of Business Research*, Vol. 5, 2013.

Cassiman, B., Veugelers, R., "R&D cooperation and spillovers: some empirical evidence from Belgium", *American Economic Review*, Vol. 92, 2002.

Chesbrough H. W., "Business Model Innovation: Opportunities and Barriers", *Long Range Planning*, Vol. 43, 2010.

Cho Y., S., Hwang J., Lee D., "Identification of effective opinion leaders in the diffusion of technological innovation: A social network approach", *Technological Forecasting & Social Change*, Vol. 79, 2012.

ChoY., S., Hwang J., Lee D., "Identification of effective opinion leaders in the diffusion of technological innovation: A social network approach", *Technological Forecasting & Social Change*, Vol. 79, 2012.

Ciftci, M., and Cready, W., "Scale effects of R&D as reflected in earnings and returns", *Journal of Accounting and Economics*, Vol. 52, No. 1, 2011.

Claro D. P., Hagelaar G., Omta O., "The determinants ofrelational governance and performance: How to managebusiness relationships?", *Industrial Marketing Management*, 2003.

Cohen, W. M., Klepper, S., "Firm size and the nature of innovation with in industries: The case of process and product R&D", *The Review of Economics and Statistics*, Vol. 78, No. 2, 1996.

Cohen, W. M. D. A., Levinthal, "Absorptive Capacity: A New Perspective on Learning and Innovation", *Administrative Science Quarterly*, Vol. 35, No. 1, 1990.

Cohen, W. M. D. A. Levinthal, "Absorptive Capacity: A New Perspective on Learning and Innovation", *Administrative Science Quarterly*, Vol. 35, No. 1, 1990.

Corallo Angelo, Taifi Nouha, Passiante Giuseppina., "Strategic and Managerial Ties for the New Product Development", *The Open Knowledge Society*, Vol. 19, 2000.

Crawford Seth, "What is the energy policy-planning network and who dominates it? A network and QCA analysis of leading energy firms and organizations", *Energy Policy*, Vol. 45, 2012.

Crawford Seth, "What is the energy policy-planning network and who dominates it? A network and QCA analysis of leading energy firms and organizations", *Energy Policy*, Vol. 45, 2012.

Cristina, Q. G., Carlos, A. B. V., "Innovative competence, exploration and exploitation: The influence of technological diversification", *Research Policy*, Vol. 37, No. 3, 2008.

Cronbach L. J., "Coefficient Alpha and the Internal Structure of Tests", *Psychometrika*, Vol. 16, No. 4, 1951.

Cronbach L. J., "Coefficient Alpha and the Internal Structure of Tests", *Psychometrika*, Vol. 16, No. 4, 1951.

Daft R. L. , "A dual-core model of organizationalinnovation", *Academy of Management Journal*, Vol. 21, No. 2, 1978.

Dahlander, L. , Gann, D. M. , "How open is innovation?", *Research Policy*, Vol. 39, 2010.

Damanpour F, Gopalakrishnan S. , "Theories of organizational structure and innovation adoption: The role of environmental change", *Journal of Engineering and Technology Management*, Vol. 15, No. 1, 1998.

Dantas Eva, Bell Martin, "The co-evalution of firm-centered knowledge networks and capabilities in late industrializing countries: The case of Petrobras in the offshore oil innovation system in Brazil", *World Development*, Vol. 39, No. 2011.

Day G. S. , Moorman C. , *Strategy from the outside in: Profiting from customer value*, New York: Mc Graw Hill, 2010.

De Jong Jeroen P. J. , Freel Mark, "Absorptive capacity and the reach of collaboration in high technology small firms", *Research Policy*, Vol. 39, No. 1, 2010.

Deeds D. L. , Hill C. W. L. , "Strategic Alliances and the Rate of New Product Development: An Empirical Study of Entrepreneurial Biotechnology Firms", *Journal of Business Venturing*, Vol. 11, No. 1, 1996.

Dieter Ernst, Linsu Kim, "Global production networks, knowledge diffusion, and local capability formation", *Research Policy*, Vol. 31, 2002.

Dijkstra, T. K. Henseler, J. , "Consistent Partial Least Squares Path Modeling", *MIS Quarterly*, Vol. 39 No. 2. 2015.

Doz, Y. , "The Evolution of Cooperation in Strategic Alliances", *Strategic Management Journal*, Vol. 17, 1996. .

Eckhardt, J. , and Shane, S. , "Industry changes in technology and complementary assets and the creation of high-growth firms", *Journal of Business-Venturing*, Vol. 26, No. 4, 2011.

Eelko Huizingh, Steffen Conn, Marko Torkkeli, ISPIM special issue on open innovation. *Technovation*, Vol. 30, No. 1, 2011.

Eisenhardt, K. M., "Making Fast Strategic Decisions in High-Velocity Environments", *Academy of Management Journal*, Vol. 21, 1989.

Eisenhardt, K. M., and M. E. Graebner, "Theory Building From Cases: Opportunities And Challenges", *Academy of Management Journal*, Vol. 50, No. 1, 2007.

Engel, Y., Kaandorp, M. "Tom Elfring Toward a dynamic process model of entrepreneurial networking under uncertainty", *Journal of Business Venturing*, Vol. 32, 2017.

Erkus-Ozturk Hilal, "The role of cluster types and firm size in designing the level of network relations: The experience of the Antalya tourism region", *Tourism Management*, Vol. 30, 2009.

Fabio Landini, Keun Lee, Franco Malerba, "A history-friendly model of the successive changes in industrial leadership and the catch-up by latecomers", *Research Policy*, Vol. 46, No. 2, 2017.

Fangrui Wang, Jin Chen, Yuandi Wang, Ning Lutao, Wim Vanhaverbeke, "The effect of R&D novelty and openness decision on firms' catch-up performance: Empirical evidence from China", *Technovation*, Vol. 1, 2014.

Fomell, C., and Larcker D. F., "Evaluating Structural Equation Models with Unobservable and Measurement Error", *A Comment Journal of Marketing Research*, Vol. 18, No. 3.

Forés, B., Camisón, C., "Does incremental and radical innovation performance depend on different types of knowledge accumulation capabilities and organizational size?", *Journal of Business Research*, Vol. 69, No. 2, p. 2016.

Fornell, C., and Larcker, D. F., "Evaluating Structural Equation Models with Unobservable and Measurement Error", *Journal of Marketing Research*, Vol. 18, No. 3, 2010.

Gambardella, A., Torrisi, S., "Does technological convergence imply convergence in markets?", *Research Policy*, Vol. 27, No. 5, 1998.

Garcés-Ayerbe, C., Rivera-Torres, P., & Murillo-Luna, J. L., "Stakeholder pressure andenvironmental proactivity: Moderating effect of competitive advantage expectations", *Management Decision*, Vol. 2, 2012.

Garcia-Vega, M., "Does technological diversification promoteinnovation? An empirical analysis for European firms", *Research Policy*. Vol. 35, No. 2, 2006.

Gardet Elodie, Fraiha Shady, "Coordination Modes Established by the Hub Firm of an Innovation Network: The Case of an SME Bearer", *Journal of Small Business Management*, Vol. 4, 2012.

Garfielde, "Citation indexes for science an ewdimension in documentation through asociation of ideas", *International Journal of Epidemiology*, Vol. 35, No. 5, 2006.

Gereffi G., Lee J., "Why the world suddenly cares aboutglobal supply chains", *Journal of Supply Chain Management*, Vol. 48, No. 3, 2012.

Gereffi G., "Global Production Systems and Third World Development. Global Change", *Regional Response*, 1995.